JN233229

# 「文明化」による植民地支配

植民地教育史研究年報◉2002年………05

日本植民地教育史研究会

皓星社

# 「文明化」による植民地支配

## 2002　植民地教育史研究年報　第5号　目次

はじめに ……………………………………………年報第5号編集委員会　3

## 特集　シンポジウム（研究集会シンポジウム）

植民地教育支配と天皇制——欧米帝国主義との違いに視点を置いて
　……………………………………………………………井上　薫　8

ベトナムにおけるフランスの植民地教育政策——「文明化使命」をめぐって
　……………………………………………………………古沢常雄　11

教育権回収運動下の中国キリスト教学校 …………………佐藤尚子　27

文明化とキリスト教化の相克——朝鮮における植民地権力とミッションスクール
　……………………………………………………………李　省展　38

「植民地教育支配と天皇制」について——指定討論者としての発言から
　……………………………………………………………佐藤広美　59

シンポジウムの記録…………………………運営委員会（井上薫）　72

## 個別論文

「満洲国」の蒙古族留学政策の展開 ………………………于　逢春　84

「東亜新秩序建設」と「日本語の大陸進出」——宣撫工作としての日本語教育
　……………………………………………………………田中　寛　100

植民地朝鮮におけるラジオ「国語講座」——1945年までを通時的に
　……………………………………………………………上田崇仁　160

朝鮮における徴兵制実施と朝鮮人青年教育 ………………樋口雄一　177

植民地解放後分断国家教育体制の形成、1945～1948
　　　——国立ソウル大学校と金日成綜合大学の登場を中心に
　……………………………………………………金基奭（許哲＝訳）　192

## 旅の記録

開発・文化・学校——2001年タンザニアの旅から …………柿沼秀雄　216

「南洋皇民」の公学校教育、そして今 ………………………宮脇弘幸　227

植民地教育に対するパラオ人の見解——フィールドノートより——
　……………………………………………………………岡山陽子　233

サハリン奉安殿探訪記 ………………………………………佐野通夫　239

## 方法論の広場（研究動向）
日本植民地下朝鮮における体育・スポーツの歴史研究 ………………西尾達雄　246
植民地研究と「言語問題」に関する備忘録 ……………………………三ッ井崇　254
英語公用語論――植民地に対する「国語」教育イデオロギーと
　　戦時下外国語教育との関連から―― ………………………………下司睦子　262

## 書評
小森陽一著『ポストコロニアル』……………………………………弘谷多喜夫　280
稲葉継雄著『旧韓国～朝鮮の日本人教員』……………………………山田寛人　286

## 図書紹介
槻木瑞生他「大東亜戦争」期における日本植民地・占領地教育の総合的研究
　　……………………………………………………………………………佐藤由美　292
宮脇弘幸編『日本語教科書―日本の英領マラヤ・シンガポール占領期（1941-45）』
　　………………………………………………………………………樫村あい子　296

## 研究会の歩み
「植民地教育史研究」第11号、第12号 ……………………………………………　300

編集後記 ………………………………………………………………………………　314
著者紹介 ………………………………………………………………………………　315

# はじめに

## 植民地教育史研究年報第5号
## 編集委員会

　年報第5号は、2002年3月30～31日に早稲田大学で開催した日本植民地教育史研究会第5回研究集会のシンポジウムと研究報告、そしてこの間の研究活動を柱として執筆を依頼し、いくつかの投稿を加えて企画・編集した。

　日本植民地教育史研究会は、「日本」の植民地支配に関心を寄せるメンバーが多いが、それだけを研究していたり、関心とする者だけから成り立っているわけではない。そこで、広く植民地支配にかかわる「文明化」をキーワードとして、本年報のタイトル「『文明化』による植民地支配」を設定し、「文明化」の実態、その問題点や影響などを考察しようと試みた。

　特集は、上記研究集会におけるシンポジウム「植民地教育支配と天皇制―欧米帝国主義との違いに視点を置いて」に関連する3本の問題提起と指定討論者からの論考にシンポジウムの趣旨と当日の概要をあわせて組み立てた。提案を依頼した古沢常雄、佐藤尚子、李省展の各氏からは、シンポジウムでの報告を基としながらも、さらに一歩踏み込んだ論考をいただくことができた。

　古沢常雄論文「ベトナムにおけるフランスの植民地教育政策―『文明化使命』をめぐって」は、資料的制約がありながらも、インドシナの人々の声に耳を澄ませるという視点を重視して、フランスのインドシナ教育政策の変遷と特徴の推移を批判的に概観したものである。「文明化」との関係では、フランスの支配が同化主義政策から協同主義政策へと転換するなかで行われた教育普及の意味、「文明普及の役割」の実際や、「同化」の論理と被植民地人のアイデンティティ剥奪との関係に言及している。

　佐藤尚子論文「教育権回収運動下の中国キリスト教学校」は、中国でのキリスト教学校が奴隷化教育と評価されてきたことに対し、キリスト教学校が実際に果たした役割を再評価する視点から検討を行ったものである。中国が欧米宣教会によって奪われた自国の教育権を取り戻す過程で、キリスト教学校が変容していく状況を描いている。キリスト教学校が中国の私立学校となる選択をす

る際に宗教教育の在り方が問題となるが、あえて選択した道を「文明化使命」との関係でどう理解できるのか、キリスト教精神の維持との関係で提起された課題は意味深長である。

李省展論文「文明化とキリスト教化の相克—朝鮮における植民地権力とミッションスクール」は、帝国主義とキリスト教との関係が必ずしも一致しないこと、キリスト教宣教についても方法論や支配権力との関係が多様であることを前提に論旨を展開する。朝鮮の場合、アメリカ帝国主義がこれほど領土的野心を持ち合わせていなかったという事情や、プロテスタントでも長老派と監理派（メソジスト）の対応が異なることを考慮し、史料には宣教関連資料を用いたことが目をひく。朝鮮における3・1独立運動前後までの時期が検討対象で、主な論点は、アメリカ人宣教師によって移植されたミッションスクール（アメリカ型近代教育）の生成と発展、そこで受容されたアメリカ型近代が日本帝国主義とどのような関係を示したのかにあり、「文明化」「近代教育」の一定の発展があって日本帝国主義への批判が産み出されたという関係が述べられている。

三者三様の問題提起から「『文明化』による植民地支配」の研究の幅広さを読み取っていただければ幸いである。なお、以上のシンポジストに対する史実に基づく疑問や論点など当日の概要は、運営員会「シンポジウムの記録」を参照していただきたい。

佐藤広美論文「『植民地教育支配と天皇制』について—指定討論者としての発言から」は、シンポジウムののねらいについての事務局側の意図と、提言を受けて当日は十分に取り上げられなかった日本の「天皇制支配」との関連性を再考する際に論点としたい事柄がまとめられている。

個別研究論文は、研究集会での自由研究報告や継続開催されている研究会での報告、その他、投稿論文をあわせた5本を掲載した。

于逢春論文「『満州国』の蒙古族留学政策の展開」は、蒙古における唯一の知識人「ラマ僧」を日本留学で「改造」し、蒙古族の「国民」統合を企図したという「満州国」の蒙古族留学政策を明らかにした。蒙古の待遇・自治をめぐる清・関東軍・「満州国」の思惑の推移の延長線上で、「満州国」の場合の統治集団中の民族的背景による蒙古族留学政策の指導思想や派遣の政治的意図の相違、蒙古族の日本留学の特徴の連続性・非連続性が検討されている。

田中寛論文「『東亜新秩序建設』と『日本語の大陸進出』—宣撫工作としての日本語教育」は、日中戦争開始後に展開された中国大陸における宣撫工作・文化工作の一環としての日本語の進出経緯、大陸で試行された日本語教育の形

態や教材の検証を通して、異言語による異民族・異文化支配の考察を試みたものである。また、末尾では日本語教育が残した歴史的所産（遺産）の研究の姿勢にも論及し、昨今起きがちな、「現象」「表面」的意義の継承、さらには「末端に目を覆われ」ていた当時の教授者の思いだけからのアプローチに対して警鐘をならしている。今日の研究者が、「批判的精神」を持ち、「言語の背景にある歴史の塗炭の苦涯に触れる」ことの意義が強調されている。

　上田崇仁論文「植民地朝鮮におけるラジオ『国語講座』—1945年までを通時的に」は、朝鮮におけるラジオの普及、『毎日申報／新報』の調査による語学講座の放送状況、特に「国語」講座の状況について考察したものである。「国語」講座開始と「国語教育」の転換点との関係など、今後の課題も多いが、資料として残りにくいラジオ放送の語学講座を概観したところに意義があろう。また、「国語講座」編纂意図との関係で南方向けテキスト『にっぽんご』が考察の対象に加えられていることも興味深い。

　樋口雄一論文「朝鮮における徴兵令実施と朝鮮人青年教育」は、氏の近著『戦時下朝鮮の民衆と徴兵』（総和社）で明らかにした制度的側面について、徴兵対象男女青年に対する兵時教育・軍隊理解教育を、朝鮮青年特別錬成所、青年訓練所別科、朝鮮女子青年錬成所ごとに具体的に論じたものである。最近公開されたばかりの茗荷谷文書が分析に用いられている。

　金基奭論文（許哲＝訳）「植民地解放後分断国家教育体制の形成、1945～1948：国立ソウル大学校と金日成綜合大学の登場を中心に」は、解放から分断へと至る間に起こった、国立ソウル大学案（国大案）の提案理由、国大案反対運動と植民地高等教育遺産の清算との関係、反対運動と金成日綜合大学への人的関連性について述べられている。特徴として、国大案が、アメリカ軍政ではなく呉天錫ら朝鮮人が主体となり、日帝植民地教育の遺産としての帝国大学式大学自治を清算するものとして立案されていたこと。大学の既得権維持勢力が逆に「教育民主化」を理由に人事権（＝大学の自治）を譲り渡さなかった経緯が興味深い。

　「旅の記録」では、異文化支配にかかわる貴重な調査記録とその旅先での率直な思いが描かれた次の4編を掲載した。　1）柿沼秀雄「開発・文化・学校—2001年タンザニアの旅から」では、アフリカ・タンザニアにおけるイギリス委任統治期1930年代に現地の人々が起こした教育運動などの調査、　2）宮脇弘幸「『南洋皇民』の公学校教育、そして今」では、旧南洋群島での日本語生活に関するインタビュー調査、　3）岡山陽子「植民地教育に対するパラオ

人の見解—フィールドノートより」では、パラオにおける日本統治時代の教育についての調査、4）佐野通夫「サハリン奉安殿探訪記」では、サハリンの奉安殿調査の様子がそれぞれ描かれている。

「方法論の広場（研究動向）」では、次の3編を掲載した。

西尾達雄「日本植民地下朝鮮における体育・スポーツの歴史研究」は、韓国における研究動向を踏まえ、近代体育史と民族主義、植民地期体育史研究の特徴と課題、近代化論と植民地期との連続性の観点から研究史を整理している。

三ッ井崇「植民地研究と『言語問題』に関する備忘録」は、主に朝鮮における「言語問題」について、日本語の強制と被支配言語からの両方のアプローチの意義と課題を整理した。前者には「教育される側の言語体験と言語葛藤」という視点の必要性を、後者では、「朝鮮語抹殺」では語り尽くせない民族分断や支配—被支配についての事実関係の究明が一定進んでいること、また、多様な「言語問題」の解明のため研究領域も広がっていることが指摘されている。

下司睦子「英語公用語論—植民地に対する「国語」教育イデオロギーと戦時下外国語教育との関連から」は、今日の英語公用語論に内在する欺瞞性が、戦前日本の言語政策や指針としたフランスの植民地言語教育政策において見られる構造とどのように関連しているかを明らかにしたものである。

また、書評には、小森陽一『ポストコロニアル』（弘谷多喜夫）、稲葉継雄『旧韓国～朝鮮の日本人教員』（山田寛人）の2編を。

図書紹介では、『「大東亜戦争」期における日本植民地・占領地教育の総合的研究（研究課題番号10410075） 平成10・11・12年度科学研究費補助金（基盤研究（B）（1）研究成果報告書』平成13年3月、研究代表者槻木瑞生（佐藤由美）、宮脇弘幸編『日本語教科書—日本の英領マラヤ・シンガポール占領期（1941-45）』（樫村あい子）の2編を掲載した。

以上、幾つもの論考が、「文明化」がもたらした問題点や影響、必ずしも「文明化」の役割が帝国主義の植民地支配の方向と一致せず、かえって第三国の支配に対して対抗する力となったこと、そして、その「文明化」の役割自体も様々な状況の中で変質してきたことなど、多岐にわたり示唆に富んだ問題提起を与えてくれるだろう。また、「旅の記録」で紹介された、調査対象であるかつての植民地教育の史料・証言と今日現存する人や文化との重なりの中からも「文明化」の意味について考えさせられることだろう。

本年報が、植民地教育研究を深める契機となれば望外の幸いである。

特集　シンポジウム（研究集会シンポジウム）

# 植民地教育支配と天皇制
― 欧米帝国主義との違いに視点を置いて ―

運営委員会
井上　薫*

　このシンポジウムの記録は、日本植民地教育史研究会が第5回研究集会（2002年3月30日、早稲田大学）で行ったものである。
　シンポジウムの主題は「植民地教育支配と天皇制」であり、このタイトルと方向をほぼ定めたのは2001年11月の運営委員会の場であった。決して十分な時間はかけられなかったが、敢えて欧米帝国主義の教育支配を学び、そこから逆照射して天皇制の教育支配を考えるヒントを得ていきたいという思いがあった。司会を担当した関係で、以下にシンポジウムの趣旨およびねらいについて概略まとめることとしたい。

## 1．経緯と趣旨

　日本の支配を欧米帝国主義の支配と比べる試みは、すでに教育史学会などでも取り上げられてはいる。さて、どのような切り口でこの問題を取り上げるか。私としては気になっていた植民地朝鮮における欧米勢力、ミッション・スクールの動向と植民地権力支配に対する抵抗について、欧米人宣教師側の資料ではどのような見え方になるのか興味深かったため、運営委員会の議論の中で是非取り上げてほしいと提案し、これが候補の一つとなった。
　教会の布教・宣教は、医療や教育、社会福祉などの活動を通して行われる。ミッション・スクールは、そのうちの大きな活動舞台であった。これらの宣教活動への評価について、すでに文化帝国主義の尖兵としての役割があったという評価もある。しかし、朝鮮などで、宗教が被支配民族の力となりうるという

\*　釧路短期大学

場面も、また、実際にそういうことがあったと考える立場からも立論することが可能である。中国でのミッション・スクールは今日の中国では「奴隷化教育」と評されるが、それらの近代化に果たした功罪を再検討すべきという立場もある。彼等が植民地支配や権力支配に対していったいどんな力を発揮できたのか、できなかったのか。それはいったいどんな条件で可能であったのかという点を、各報告者の専門分野から提示していただければと考えた。

どの地域、どのような時代状況のもとで支配者の役割を果たしたのか、被支配民族へ強い影響を与えたのか。また、中国や日本の支配と対立したり、あるいは懐柔を受けて方針を変え支配に寄り添っていくような局面を見せたのはどのような事情によるのかなど、複雑になるけれども、あえて欧米勢力を欧米のミッション・スクールで象徴させて、それぞれ中国や日本支配下において支配権力との力関係の在り方をどう模索したのか、フランスの植民地支配と対比させながら考えてみることとした。

## 2. 提言者への依頼とねらい

まず初めの古沢常雄先生の題目は「ヴェトナムにおけるフランスの植民地教育の性格―『文明化使命』をめぐって―」である。すでに古沢先生は「フランス第3共和制期の植民地教育政策研究」として、フランス領西アフリカ、フランス領赤道アフリカに関する論文を出され、「文明化使命」に関わって「フランスの場合の植民地教育史研究再検討」という題での論文も出されている。題目のフランスのインドシナ、特にヴェトナムに対する支配についてはまだほとんど先行研究がない状況の中、果敢に研究史整理に挑まれているとのこと。フランスを通して欧米の教育支配とはどんなものであるのか、その特徴を大いに出していただければということでお願いをした。

2番目の佐藤尚子先生の題目は「教育権回収運動下の中国キリスト教学校」である。中国の場合、アヘン戦争後の不平等条約のもとで、中国政府からフリーハンドで展開可能だった。これらのキリスト教学校での教育を、現在の中国では、伝道・布教のための「奴隷化教育」だったと評価する傾向がかなり強いようだ。それは単なる「奴隷化教育」ではないこと、あるいはその「奴隷化教育」はいつから行われたのかという研究もされていること。そして、思うがままの欧米支配が行われたキリスト教学校が、世俗化・中国化していく過程での

ミッションの変化を支配との関係で何か語っていただけないかという思いがあり、お願いをした。

3番目の李省展先生の題目は「朝鮮における文明化とキリスト教の相克―天皇制支配と朝鮮のミッションスクール―」である。李先生は、宣教資料、ミッションの側の資料を調査研究した論文を幾つか出されており、ミッションの考えが、そもそもどのような形であらわれるのか。日本の支配に対しては如何なる形で、あるいは被抑圧民族であった朝鮮民族に対してどんな形であらわれるのかといった辺りに言及していただけるのではないかという期待を込めてお願いをした。

李省展先生を除いては日本の支配とのかかわりが薄い形になると思われるので、最後に指定討論者を佐藤広美先生にお願いし、天皇制支配を意識した形での発言を準備していただいた。

大雑把ではあるが、以上のような内容を、運営委員として、当日シンポジウムに先立つ趣旨説明と簡単な提言者の紹介として行った。

ただし、数日前から直前の電話でのやり取りのなかで、運営委員会の思いと報告予定者それぞれの専門領域や資料等の関係で、切り込むことが難しい問題が多く、運営側の期待通りには進みにくいだろうことが予想されていた。当日の説明には、その部分は提言者には仮説を大胆に出していただいて構わないということ。また、指定討論者を含めた4氏の報告のあと、フロアーの参加者との意見交換で深めていきたい旨を付け加えた。

# ベトナムにおけるフランスの植民地教育政策
― 「文明化使命」をめぐって ―

## 古沢常雄*

### はじめに

　表題はベトナムとなっているが、ここで主に扱われる地域・時代は19世紀中期以後の20世紀初期までのインドシナである。インドシナ（印度支那）とは、インドと中国（シナ）に挟まれ、その双方の文化的影響を受けた地域、すなわち、タイ、西マレーシア、ラオス、カンボジア、ベトナム、およびビルマ（現在のミャンマー）を含む地域の総称で、19世紀初頭に使用されだした言葉だという。だが、フランス領インドシナ連邦（日本では仏印と呼んだ）が1887年に成立すると、それ以後、本来の、いわば広義のインドシナの用語は、限定的に使用され、これを構成したラオス、カンボジア、ベトナムの三国（地域）をさしていうようになった。今日、インドシナの用語は、この狭義の意味に使用されている。ヨーロッパ列強による植民地支配時代の名称が21世紀に生き続けているのである。

　この3国がフランスの支配下に編入される経緯に触れよう。1802年に、グエン・フォック・アイン(阮福映。のちのザロン〈嘉隆〉帝）がグエン（阮）朝を開く。1945年まで続き、フエを都としたベトナム最後の王朝で、1804年中国の封冊を得て国号をベトナム(越南)とした。これが現在のベトナム社会主義共和国の国号の起りである。グエン朝はその創設期には宣教師ピニョー・ドゥ・ベエーヌ Pigneau de Béhaine(1744-99)をはじめ、フランス人義勇兵の援軍を得るなど、西欧勢力に開放的であった。彼は、アインの助言者として阮朝に仕え、1799年ティナイ(施耐。現、クイニョン)で没したが、フランスのベ

---

＊　法政大学

トナム介入の端緒を作った人物として重視される。ベトナム人カトリック教徒が増加するとともに、3代ティエウチ（紹治）帝のころからグエン朝の対欧米鎖国政策が顕著になった。しかし、宣教師を処刑するなどの鎖国政策はナポレオン3世の対外膨張策を刺激し、1847年と56年にトゥーラン(ダナン)がフランス海軍によって破壊され、58年にはフランス・スペイン連合軍がトゥーラン、フエを攻撃した（第1次仏越戦争58－62）。ベトナムは敗戦し、4代トゥドゥック（嗣徳）帝（在位1847－83）はフランスとサイゴン条約（第1次）を締結し（62）、サイゴン（西貢）がフランスに割譲された。67年にはフランス軍はさらに進んで南部西方3省を武力占拠し、一方的に併合宣言し、コーチシナ(交趾支那、メコンデルタ地域の旧称)を支配下においた。仏領コーチシナの成立（植民地省直轄）である。

他方、フランスは、プノンペンのカンボジア王ノロドムとの間で1863年8月11日に保護条約の締結を強要し、カンボジア（柬埔寨）を保護国（植民地省直轄）とした。

73年F. ガルニエの指揮するフランス軍がハノイ城を占拠し（第2次仏越戦争）、ベトナムは再度敗戦する。その結果、第2次サイゴン条約締結により、フランスは、北部ベトナムのトンキン（東京）を領有した。84年、第2次フエ条約によって、北部トンキン（首府はハノイ河内）の保護領化（外務省直轄）、中部アンナン(安南、首府はフエ)の保護国（外務省直轄）、フランス軍の駐留権を認めさせた。阮朝発足以来、ベトナムに対する宗主権を有していた清朝の中国は、フランスによるベトナム支配を認めず、そのため清仏戦争（84－85）が起こった。中国は敗戦し、天津条約（1885）によって、中国はベトナムに対する宗主権を放棄し、ベトナムに対するフランス支配を認めた。ベトナムは、南から北までフランスの支配下におかれることとなった。こうしたフランスによる一連の武力による植民地化過程は、砲艦外交 Gunboat diplomacyと呼ばれている。

1887年10月、フランスは、植民地省直轄のコーチシナ、カンボジアと、外務省直轄のトンキン、アンナンを一括して植民地省に移管し、総督府をハノイに置くフランス領インドシナ連邦 Union de l'Indochine françaiseを成立させ、本国派遣の総督に総括させた。

ラオスは、それまで実質上シャム（1939年以降、国名はタイ）に支配されていたが、フランスは、シャムに圧力をかけ、1893年10月フランスとシャム

間で仏暹条約を締結し、一方的にラオスをフランス領インドシナ連邦に組み込んだ。

　1945年3月9日、インドシナ総督府は日本軍によって解体され、3月11日、旧アンナン皇帝バオダイ（保大）がベトナムの独立と再統一を宣言し、3月12日、シアヌーク王がカンボジア王国の全ラオスの統一と独立を宣言した。こうしてフランス領インドシナ連邦は瓦解した。そして、45年9月、ホー・チ・ミン（胡志明）のもとで、ベトナム民主共和国が発足する。

　フランスの植民地が最大になった1931年、フランス領インドシナ連邦の面積は、73万7千平方キロメートル、フランス本国の1.4倍の広さ、総人口は200万人を擁していた（Martin, J. Lexique de la colonisation française, Dalloz, 1988, p.イ）。

　19世紀中期以後インドシナ連邦の解体に至るまで、フランスに統治された、ベトナムの分割された3地域（コーチシナ・アンナン・トンキン）およびカンボジア、ラオスの5地域は、それぞれ異なる、統一性を欠いたフランス人による統治が行われていた。従って、インドシナ、あるいはベトナムと言っても、地域によってその状況は異なる。植民地教育政策の分野においても同様である。ところが、先行研究においては、その差異が示されずに記述がされていることが多い。特にフランス人の教育行政官の名前があっても、著名な人物以外は、その位置づけが曖昧に記述されている。だが、実際に調べてみると、総督名も地方長官名も教育担当長官名も不明なことが多い。教育法令が公布されるが、その原典あるいはコピー（複製）さえ見ることができない。教育政策の大転換をはかったとされる1917年12月21日に総督サローに署名された「全般的公教育規定」Réglement général de l'instruction publiqueは、7章600条から構成されているという（文献⑥, 1995, p.51）が、この浩瀚な法規は日本では目にすることはできない。

## 1. ベトナム植民地教育史研究の視点

　ベトナム植民地教育史研究の視点をどこに求めるか。ベトナムの独立と再統一の果たした1945年9月に、ベトナム人指導者が抱いていた問題意識を見ておきたい。

「1945年8月、日本はやっと降伏した。‥‥ホー・チ・ミン（胡志明）は、早くも9月3日、同等に重要性を持つ3つの主要な任務を示した。すなわち、外国の抑圧、飢餓、無知に対する闘争である。‥‥植民地体制は人口の95％を非識字 illiterate のままに残していった。植民地体制が少数の特権者に配分したわずかな教育は、彼らに、〔ベトナムの〕民族文化に対する軽蔑心を教え込み、"母国〔フランス〕"からやってくるすべてを盲目的に崇拝adorationすることを目的としたものであった。非識字と教育の反民族的性格という、植民地化のこの2つの〔囚人に押す〕焼き印は、可能な限り早急に消し去られるべきものである。ベトナム民主共和国成立のまさに最初の1週間に、政府は"人民（民衆）教育省" department of popular education を設立する法令を公布した。その主要な任務は非識字と戦うことであった。」（V. S., Education and revolution, in 'Vietnamese Study' no. 5, 1965, pp. 5-6.）

この文の中に植民地期にフランスが採った教育政策の問題点が正確に指摘されている。それは3点ある。1. 植民地体制がインドシナで実施した教育制度は少数の人々の所有物であったこと。2. 教育機会に与った特権的少数者が受けた教育は、ベトナムの（民族）文化・歴史に対する軽蔑心を教え込んだこと。3. フランスからやってくる全文物を無批判的に崇拝することを教え込んだこと。最後の指摘は、図らずも、第2次世界大戦後から1960年のアフリカの年にいたる間、フランス領西アフリカの教育行政長官を2度務めたカペル（1909－1983、数学者・教育研究者・教育行政官・大学学長）がその著で指摘したことと軌を同じくする。それは、フランス植民地下の教育目的が、アフリカ現地人に対して「フランス語を確実に使用できるようにして、文明のモデルとして見なされているフランスに対する純真で、真摯な崇拝心を頭にたたき込むこと」にあったと記述しているからである（Capelle, J., L'Education en Afrique noire á la veille des indépendances, 1990, Katara, p. 21）。

本節冒頭の引用文の執筆者V. S.氏が2の、フランス植民地教育が自国の「国民文化に対する軽蔑心を教え込」んだとした指摘は、同氏が強く意識していたかどうかは不明だが、20世紀初頭に反仏独立運動に取り組んだファン・ボイ・チャウ（潘佩珠、1867－1940）の著作の一節を思い起こさせる。彼は、ベトナム独立のために「ベトナム維新会」を組織し（1904）、フランスの圧制下でのベトナムの惨状を訴える『ベトナム亡国史』を著し（1906）、また日露戦争での日本の戦勝に刺激を受け、フランスの支配からの脱却を志す人材を養

成するために日本留学を奨励・援助する「ドンズー（東遊）運動」を起こしたが、日本政府は、フランス政府の圧力によって日本に滞在するインドシナ留学生を弾圧し、この運動は挫折させられた。彼は、中国の辛亥革命（1911-12）に励まされ、「ベトナム光復会」を組織し（1912）、武力によるベトナム解放をはかったが、逮捕・投獄され、獄中で『獄中記』（1914）等を執筆し、心ある人々の心を打った。そして1923年に、フランスによる、キリスト教を使った植民地主義、教育政策による人心支配の構造を告発した『天か帝か』（原文「天呼！　帝呼！」）を発表した（邦訳：ファン・ボイ・チャウ『ヴェトナム亡国史他』平凡社〈東洋文庫73〉、1966）。

　この書において、彼は、植民地宗主国フランスのベトナムでの政治が「ひそかに〔ベトナム人〕人種を滅せんとする」ものと糾弾し、植民地教育は「人種を陰滅する教育」であると、以下のように弾劾する。
「亡国以前には良教育はなかったが、未だ奴隷牛馬たるの教育はなかった。亡国以後、良好の教育はもとよりフランス人の増加するところではないのみならず、日々に奴隷牛馬にする教育を強要したのである。」「フランス政府は‥‥50余年来、科挙を奨励してヴェトナム人を愚にし、かつ弱からしめた」「〔1920年の科挙廃止以後にすすめられた〕教育なるもの、われらをして全く失望せしめた。何となればいわゆる新教育は、すなわちヴェトナム人民を駆って、一種のきわめて従順なる牛馬とし、盲目聾唖の奴隷とせんとするにあるのみ。」「教科書の内容もまた、ただフランス人の功徳を頌し、フランス人の武威をひけらかす以外、一つも良好の文字なく、ヴェトナム祖先の如何、ヴェトナム建国の仁人志士が如何に国に尽くせるかなどに至っては、禁じて講ずることを許さない。6歳の児童一度学校に入り、一度教科書を読めば、すでにヴェトナム人たることを忘れしめんとする。」「教員の資質のごときに至っては、痛哭死に至らしめる状にある。一半は放蕩無頼のフランス人で、一半は卑屈無気力のヴェトナム人である。学生の試験昇級に当たって、校長の受くる賄賂各人10元以上、‥‥」「ヴェトナム児童が小学校卒業後、その学校に得たるところは、一、二浅薄なるフランス語以外、ただ驕傲怠惰なる卑賤の習慣を作るにすぎ」ない（178－182頁）。

　私たちフランス教育史研究者は、従来、どちらかと言えば、フランス教育を「光」の面から批判的分析を加えてきた。特に、第三共和政期は、一方で、産業化していく社会での民衆の知的水準向上と社会的上昇の欲求に応え、他方で、

宗教界の激しい抵抗をおさえ、教育界に対するカトリックの影響を排除した、世俗・義務・無償の公教育を確立したものとしてとらえてきた。この教育政策は勿論、国民統合を強力に押し進める制度的手段であったことも、私たちは了解している。

　この教育政策の強力な推進者は、フェリーであった。彼は、文相(1879, 82)、首相(1880－81, 83－85)を務めたが、この間、81年チュニジアの保護領化、83年マダガスカル遠征、アンナンの保護領化，清仏戦争などを展開した。フランスにおいては、彼の教育政策の結果、1840年に47％であった識字率が96年には94.5％に上昇していった。しかしながら、彼によってその下地が整えられたフランス領インドシナ連邦の教育政策によってもたらされた結果が、憤りをもって告発したファン・ボイ・チャウの言葉であり、冒頭に引用した「人口の95％を非識字のままに残していった」であった。国内の教育原則と国外＝植民地における教育原則は、全く逆の、いわば二重基準、すなわち、二枚舌であったといえよう。

　フランス植民地主義に支配されてきたインドシナの人々の声に耳を澄ませることが、フランス教育史研究者の研究視点ではなかろうか。

## 2．インドシナにおけるフランスの教育政策の意図

　ベトナムの植民地化過程において、3代ティエウチ(紹治)帝(在位1841－47)、4代トゥドゥック(嗣徳)帝(在位47－83)のころから対欧米鎖国政策が顕著になったことについては、すでに触れたところであるが、1858年から62年にかけて約15のキリスト教民迫害の勅令が出されている。フランスは、フランス人宣教師・ベトナム人キリスト教徒を援助し、第1次仏越戦争(58-62)を起こす。ベトナムは敗れ、サイゴン条約(第1次)を締結し(62)、フランス側の要求を受け入れ、サイゴン等をフランスに割譲し、さらに、キリスト教信仰の自由を認めた。宣教師たちの急務は、「特に教育制度によってカトリック教徒の立場を強化することであった。」彼らは「最良のヴェトナム人信徒の家庭から選ばれた、最も頭が良くて最も才能のある子供の中から選択された何人かの子供を手許に置いて養育し‥‥、この子供たちは、10歳か12歳頃から神父に仕え、漢字と初歩のラテン語を学び始める。16歳から18歳頃に進路選択が行われる。能力と品行に応じ、神学校に入学するもの、伝道師養成学校に進学するもの、また神父の下で奉仕を続ける者に選別される。」ある神父は「学

校設立は植民地化と〔キリスト教〕布教活動の双方の最良の手段なのである」と言う。ある司教は「特に二つのことが一つの民族を変容させる最良の道具なのである。それは宗教と言語である。フランス政府がその真の国益を理解し、福音宣教とフランス語教育を助成しようとするならば、20年もたたない内に、誰にも無理強いすることなく、この国〔ベトナム〕はキリスト教国になりフランスのものになると私はだんげんできる」と言う（以上の引用は、文献⑫坪井善明、40－43頁）。ファン・ボイ・チャウがその論文『天か帝か』において厳しく指摘した所と一致することがよく理解できよう。

　他方、アンダーソンはその著『想像の共同体－ナショナリズムの起源と流行－』において、「インドシナにおいて、植民地支配者が追究した教育政策には、大きく２つの基本的目的があり‥‥。そのひとつは、植民地住民とインドシナのすぐ外にある世界との既存の政治的・文化的紐帯を破壊することであった。」すぐ外にある世界とは、「カンボジアとラオスについて言えば、‥‥シャムで‥‥、インドシナ東部（トンキン・アンナン・コーチシナの地域）では、‥‥中国と中華文明にあった。」これを具体的に言えば、前の２地域については、宗主国であったシャム（タイ）の諸影響力から切り離すことであり、インドシナ東部（＝ベトナム）については、科挙制度を廃止して、中国との政治的・思想的・文化的繋がりを断ち切り、さらに、ベトナム語のローマ字音標表記である「コックグー」（国語の意）を奨励し、この文字で育った若者たちが王朝の記録や古典を読めないようにし、彼らを過去のベトナムから切り離すことであった、と言う。

　「第2の目的は、フランス語を話し書くインドシナ人を、注意深く測定して必要十分な量だけ生産し、これら政治的に信頼でき、感謝の念に満ちた、フランス化した原住民のエリートを、植民地の官僚機構、大商事会社の下僚として使うと言うことであった」と、指摘されている（以上の引用は、文献⑬アンダーソン、201－202頁、原著の出版年は1983年）。

　このように、植民地宗主国フランスが植民地であるインドシナで展開した教育政策の意図が分析されている。これらの論者の記述には、それぞれ論拠が示されてはいるものの、それでは、教育政策・教育施策に関する法規・法令やそれによってもたらされた教育の実態についてはどうであったのかを探求することが教育の歴史的研究になるのであるが、こうしたことに関する資料が、管見によれば、日本にはない。インドシナにおけるフランスの侵出以後の主要な教

育施策が採択された年はわかるものの、その教育法規の条文の原文は参照しえない状況にある。教育施策の内容の概要が簡略的に紹介されてはいるが、その紹介が信頼に足るものであるかどうか、再検証するすべを私たちはもたない。教育の実情についても具体的にはわからないことが多い。

　ここでは、主に、ヌ・ドゥック・ドゥオンの学位論文（文献⑤）を手がかりに、ブザンソンの著書（文献⑧）に付された年表（pp. 559-594）を使用して、フランスの植民地教育政策の概略を紹介することにする。ヌ・ドゥック・ドゥオンによれば、サイゴン条約を締結した1862年からインドシナ連邦が解体した1945年までの間のベトナムでの基本的な教育改革として8つ挙げている。1)から6)に触れ、7)1932年改革、8)1943年改革については省略する。

　　1)1874年改革　　海軍准将クランツによる「コーチシナ公教育規則」の制定。初等教育と中等教育とを区分。教育内容、および、教育を担当する将校と兵の定義を定める。

　　2)1879年改革　　コーチシナ地方にのみ適用される無償の公教育制度を組織する条例。

　　3)1906年改革　　総督ボーによる、アンナンにおける現地人教育の義務化する改革。アンナン人の伝統的教育を変更する最初の王令（コックグー・西洋科学・フランス語の教育内容を加える）。フランス人－アンナン人学校の拡張。

　　4)1917年改革　　総督サロー署名の「公教育全般的規則」（7編600条）の公布。その内容は、a)初等教育におけるフランス語の位置づけ（第1編）　b)教育内容と時間割（第2・3編）　c)試験制度（第5編）と奨学金制度（第6編）　d)インドシナの奨学生が入学できる本国フランスの上級学校の一覧表（第6編）　e)高等教育（第2編）　f)教員の身分規定（第1・2・3・4編）　g)公教育行政の組織図（第1・3編）　h)初等師範学校の任務（文献⑥チャン・ヴァン・タオ、p. 51）「インドシナ教育憲章」の別称を持つ。

　　5)1924年改革　　総督メルランによる公教育規則改定。ピラミッド型、選別制度、隔絶制度を含んだ統一学校の原則を導入。現地人小学校卒業証書の創設。当初フランス語で編集

　　　　　　　　　され、検閲を受けた後にコックグーに翻訳された教科
　　　　　　　　　書が作成。小学校用教科書として15種が作成され、う
　　　　　　　　　ち、3種（冊）がコックグー読本用教科書、3冊が道徳
　　　　　　　　　用教科書。
　　6)1928年改革　7年制中等教育（前期4年＋後期3年）の推進。（詳細は
　　　　　　　　　戦前の文献②135-137頁参照のこと）

## 3．同化主義政策から協同政策へ ——「文明化使命」の位置——

　19世紀末から20世紀初頭にかけて、以前にも増してインドシナにおける民族運動が活発に展開される。ファン・ボイ・チャウが組織した反仏独立をめざした秘密結社「維新会」（1904年結成）の活動や、失敗に終わったもののインドシナの若者に自国の未来の担い手を育成しようとした「東遊運動」、あるいはファン・ボイ・チャウの運動の行き方に批判的でフランスと協力してインドシナの近代化をめざし、その目的で「東京（トンキン／ドンキン）義塾」を設立した（1907）ファン・チュー・チン（潘周楨、1872－1926）らの活動が知られている。東遊運動挫折後にも、ファン・ボイ・チャウは中国の辛亥革命に刺激を受けて武力革命をめざした「ベトナム光復会」を1912年に結成した。この運動も20年代半ばに解体するが、こうした民族運動の伝統を受けて、1925年にはホー・チ・ミンらの主導で「ベトナム青年革命同志会」が1925年に結成され、インドシナの反仏抵抗・独立運動が展開されていく。これらの動きの中で、フランスの植民地支配方式は、「文明化使命」を旗印の下ですすめられてきた同化（assimilation）政策は、徐々に協同／協力（association）政策に転換していく。
　教育政策上の協同主義を採ったのがベール（Paul Bert, 1833－1886, ハノイで没）であった。1885年以降の反仏抵抗運動、地方の知識人・官僚の蜂起で武力によるインドシナ統治政策が行き詰まり、文官的協同主義を標榜する第3次フレシネ（Freycinet）内閣が登場する（86年1月）と、彼はアンナン・トンキン理事長官に任命され（86年1月）、同年4月ハノイに着任した。ベールは、行政官に占める武官と文官の比率において後者を高めるとともに、政治機構に現地人を積極的に利用するようにし、中央に現地人有力者評議会を、地方にトンキン諮問会議を設置し、またフエの宮廷（阮朝）の権力を認めた。彼は、フェ

リーらと共に第3共和政の教育政策を担い、ガンベッタ内閣時の文部大臣(在任1881-82)をも務めた医師・生理学者であった。

ベール研究者のコトヴチキーヌによると、理事長官に指名されたとき、彼は「共和国政府は、インドシナなる遠隔の地において祖国の利益を私たちの手中に収めるという至上の名誉を私に作ってくださり、あらゆる困難を伴うこの任務を私に委ねたのである」喜んだという（S. Kotovtchikhine, Paul Bert et l'instruction publique, Eds. universitaires de Dijon, 2000, p. 102.）。ベールはまた「「フランスは、〔植民地に〕《我が栄光ある国とその文明普及の役割 rôle civilisateurにふさわしい》寛大な政策をもたらし、原住民に《平和・知識 instruction・自由》を与えるべきである」と言っているという(p.109)。ベールの女婿シャイェ＝ベール Chailley-Bertは、義父ベールの伝記の中で、ベールは、植民地帝国の征服は、フランスが経験している経済的・道徳的危機からフランスを抜け出させるための別の形態の手段であると考えた最初の人たちの一人である、と評価しているとも言う（同書 p.103）。フランスは、19世紀末に自国を襲った経済危機脱出策としての植民地支配を積極的に利用しようとした。「文明普及の役割」ではなく、"フランスのために犠牲を払わせられた植民地"の構図が浮き上がってくる。

ベールは、反教権主義者として知られていたが、「反教権主義は、輸出問題ではない」(p.117)との有名な「名言」をはき、反教会権力闘争はフランス国内問題で植民地では教会と対立しないとの立場から、植民地インドシナでは、フランス政府と教会＝伝道団＝宣教師と手を携えて植民地教育活動を推進した。ベールは「ずっと以前から宣教師は、植民地へのフランスの浸透にとっての極めて有用である、と確信していた」のである(p.118)。

協同政策は「協同主義的近代的植民地政策の推進者」といわれ、フレシネ内閣により任命された第3代総督フランス領インドシナのラヌサン（Lanessan, Jean Marie Antoine de (1843-1919)）（在職1891-1894）に引き継がれた。その後、同化と協同の政策を逡巡していたが、1911年にサロー（Sarraut, Albert (1872-1962)、1920-24年, 32-33年に植民地大臣、1926-28年に内相、33・36年に首相を務める）が総督となり、協同政策を推進し、逆行しえない体制を固めようとしたが、熱病のため14年に帰国を余儀なくされた。彼は1916年に再度総督に任じられる。そして編集・公布したのが、17年12月21日のサロー署名の、7編600条という浩瀚な「公教育全般的規則」であった。

彼は、いかなる構想の下に子どもの教育規則を作成したのであろうか。私たちは、今のところ、この教育法令のオリジナル版も復刻版も手にしていないのであるから、それを分析することはできない。断片的な状況証拠で、脇を固めることしかできない。

1)「現地人を教育することは、確実に我々の義務である。‥‥だが、しかし、この本質的義務は、もっとも明白な我々の経済的・行政的・軍事的・政治的利益に合致する。事実、教育は、多くの現地人労働者の中で、知性intelligenceの質と能力capacitéの数を増加させ、植民地の生産物の価値を改良する結果をもたらす。さらに、教育は、勤労大衆の中に、技術者・現場監督・監視人・サラリーマン・事務職員のようなヨーロッパ人の数的不足を補い、植民地の農業・工業・商業のますます増大する要求を満足させるところの協力的なエリートを掘り出し、訓練するはずである」という、サローの言葉（Suret-Canard, Afrique noire occidentale et centrale, tome 2, p. 475.）。

2) トンキン公教育長官ベラールが12年4月18日に総督サローに宛てた報告「（ベトナム人に対する教育の目的は）フランスの行政、工場経営者、商業経営者そして植民者にとって従順な官吏、教師、通訳そして店員となる土民を訓練することである。」（文献④広木克行、325-356頁）

3) サローは、エリート以外のインドシナ住民については、「ごく簡単な教育、要点だけに絞って、子供が農民、職人としてつつましく生きるうえで、その自然的、社会的生存条件を改良するのに知っておくと役に立つことを教える教育」を提唱した。（文献⑬アンダーソン、225頁）

1931年5月6日から11月15日の6ヶ月間、パリのヴァンセンヌの森で国際植民地博覧会が開催された。この展覧会の責任者は、ガリエニ将軍の下にトンキンの行政に1894年から1897年まで、携わったリヨテ（Louis Hubert Gonzalve Lyautey, 1854－1934）であった。この博覧会を記念してSud-Ouest Economique（『南西経済』誌）がL'Effort colonial dans le monde（『世界における〔フランスの〕植民地での努力』）を特集した。この雑誌の中で、当時の植民地史研究者のアルディ（Georges Hardy, 1884－1972）〔フランス領西アフリカの教育長官、フランスの保護国モロッコの総督リヨテの下での教育長官(1919－1925)、植民地支配官僚養成を目的に1889年にパリに設けられた「植民地学校 Ecole coloniale」の校長(1926－1940)を歴任〕は、植民地教育の

役割について、正直に、次のように言っている。

「現地人教育が実施され、その教育の価値の正しさが根本的に認められると、現地人教育は極めて容易に普及していく。‥‥現地人教育が有効であることについては議論の余地はない。‥‥〔博覧会の展示は〕一方で、現地人教育によって現地人の生活の中にもたらされた変化（衛生の習慣、先を見通し予想する習慣、秩序だった丹念な仕事、耕作方法の改良と仕事の改善、新資源の開発、健全な娯楽の定着、等々）、他方で、明らかに学校〔教育〕 ── この学校が労働者・商業分野の非雇用者・教師・医師と助産婦・郵便局員・土木事業従事者・税関職員・農業や牧畜の従事者、等々を養成した ── によって達成されたフランス人と現地人との協力collaborationを明るみに出している。」(p.712)

「教育課程を支配するもの、それは、フランス語と実物教授leçons de choseである ── この2つは、特に授業がフランス語で行われるとき、緊密になり一つに融合する ── 。それは、衛生の授業、清潔の実行、農村地域での実際的な農作業、そして最後に、都市での見習い修業としての仕事である。この見習い修業としての作業は、手仕事の器用さを発達させ、意味ある努力への関心を与え、能力・適性を探るためのものであり、枡製造、陶器、エスパルト工芸品、厚紙製品といった市場にある雑多な品物によって代表される作業である。」(p.710)

この2つの記述は、フランスの全植民地の教育について述べた箇所であるが、植民地の現地人に与えられた教育が、彼らが植民地の独立を勝ち取り、自国の政治的・経済的・生産的・文化的主体となるための教育ではなく、「フランス人と現地人との協力」の名目で、フランス人の支配下でフランス人のために働く「人材養成教育」を目的としていたことを明白にしている。

1節において、フランス植民地において、現地人に対する教育目的が「文明のモデルとして見なされているフランスに対する純真で、真摯な崇拝心を頭にたたき込むこと」にあったことを紹介した。ベールは「フランスは、原住民に《平和・知識・自由》を与えるべきである」と言った。「栄光ある国」「文明のモデル」たるフランスがおこなう植民地開拓は、未開・野蛮な地域に「光」をもたらす「文明化使命」であり、「文明普及の役割」であると、植民地支配を合理化してきた。だが、「文明化使命」「文明普及の役割」の実際は、19世紀末には、普仏戦争の敗北によりアルザス＝ロレーヌ地方を失った、その失地をアジア・アフリカの植民地化によって回復し、さらに、フランスが陥っていた

経済危機(1885年3月の恐慌)脱出策として植民地支配を積極的に展開しようとするものに成り下がって(?)おり、現地人を労働力として利用するための口実でしかなかった。

## 4．協同政策としての教育政策に潜む同化主義
### ――同化政策の不平等性――

　1924・28年の教育改革は、インドシナの学校制度とフランスの学校制度を基本的に同等化＝同一化しようとするものであった。しかしながら、教育制度的に同一であっても、学業終了時の取得する植民地の免許状は、本国の教育制度との対応において、教育ヒエラルキー上では、下位に位置づけられた。アフリカとインドシナにおけるフランス植民地教育政策研究を行った女性の教育史研究者パラダイス・ケリーは、この問題性を鋭く指摘している。以下、長文に渡るが、教育実情が理解しやすいので、訳出した。

　「本国の学校〔制度〕が植民地の学校〔制度〕を支配した。本国の学校視学官、教師、企画官および行政官が植民地の学校〔制度〕を作り、運営した。本国の学校はまた、〔卒業〕資格を本国のそれと同等 equivalence とし、植民地学校の就学者が本国の〔教育〕制度に参入することが可能とする〔制度〕を通して、植民地教育の価値を決定した。例を挙げれば、フランスの学校〔制度〕は、もし彼らが当初からフランスの中等学校に通い、本国のバカロレアを取得していない場合、例えフランス―ベトナム中等学校で取得したバカロレアを持っていても、その卒業者がフランスの大学に入学することを拒否した。植民地の免許状は、明らかに教育上のヒエラルキーでは、下位に位置づけられた。しかし〔これとは反対に〕、植民者〔本国人〕は、数年間の労働の後であれば、本国のエリート的教育機関に入学することが出来た。このようにして、インドシナのバカロレア取得者であるベトナム人は、彼らがフランスの大学に入学する準備のためにすでに終了した中等教育を再度繰り返すために2～3年間モンプリエやエクサン＝プロヴァンスにあるリセに入学した〔させられた〕。フランス―ベトナム〔卒業〕免許状は、本国の〔教育〕制度の部分として認知された。〔すなわち〕初等後教育 post-primary education の7年間は、6年制フランス・エリート教育のおよそ4年間にしか同等しなかった。フランスの学校は、植民地の〔卒業〕免許状との同等性を展開したのみならず、植民地学校もまた、

個人に対して本国の資格を付与した。例えば、インドシナでは、フランスの資格所有者は、優先的にインドシナの大学に入学できた。〔すなわち〕フランスのバカロレアは、植民地のバカロレアよりも優良なものと見なされた。フランスの上級初等学校終了免許状は、植民地のバカロレアよりも優良なものと見なされた。

植民地学校と本国の学校との間に存在する〔教育上の〕ヒエラルキー関係は、植民地学校の統制とそこが授与する免許状の同等性において明白であるのみならず、就職や賃金にあって、それぞれの免許状の価値においても明白である。‥‥植民地学校と本国の学校との関係は、単線的な single 教育上のヒエラルキー内部における分離した、不平等な類似的〔教育〕制度のそれであった。」( Kelly. G. P. : The Relation between colonial and metropolitan schools : a structural analysis, in "Comparative Education", Vol. 15, No. 2, June 1979, p. 213-214.)

すなわち、フランス人は、インドシナ人がフランス人と教育において、教育終了資格において、対等・平等にならないように、絶えず配慮してきたことがわかる。インドシナ人とフランス人は、対等でも平等でもなく、フランス人はインドシナ人が自己の上位にならないよう、念入りに工夫してきた。

他方、フランス人は「同化政策」の矛盾に気づき出した。1936年に『海外のフランス』La France d'Outre-Merを著したブレオーP. Bréauは、その書の中で次のように言う。「余は、その中に大いなる危険を見る。われわれがわれわれの植民地において諸学校や大学を設立して、われわれはそこで教養ある原住民を養成するのであるが、彼等は将来に於いて我々と同権を要求するに至るのである。‥‥かつて塹壕の中で白人に対して戦闘する価値ありと認められた黒人は、白人優越の信仰を益々減じて彼の村に帰還した。制服を着て、白人の捕虜を監視した者は、‥‥他日、‥‥フランス市民と同権を要求するであろう」（戦前文献⑤ベッケル、345-346頁）。この記述は、第一次世界大戦時にフランス領のアフリカ植民地から戦場の最前線に連れ出された現地人についての記述であるが、インドシナからもヨーロッパの戦場に連れ出された人々がいた。このことについてファン・ボイ・チャウは『天か帝か』において「この欧州大戦中、フランス政府がヴェトナム人を駆って戦線に立たしめたもの6万人、後方勤務に使役したもの18万人の多数であった。ヴェトナム人の、フランス人に対して大功あったことは顕著である」と指摘している（前掲、180頁）

フランスの植民地政策が基本的に同化主義であったことは認められる。だが、上記の引用は、植民地側からの「同権の要求」にたじろぐ本国側の驚きを表している。この状況を、平野千果子は、植民地側から逆にフランス本国に対して「強制された同化」ではないかと指摘している。「フランスの植民地に対する『同化政策』とは、現地住民の権利要求に押される形で、民族運動を懐柔するために譲歩した結果にも見える。そのような措置をもって同化と呼ぶならば、それはフランスが『望まざる同化』であり、状況に『強制された同化』と言うべきではないか。支配しようとして、同化、すなわち本国人と同じ権利を求められる結果になったのは、皮肉である。だが、これも一つの支配の代償である」（文献⑰平野千果子、229頁）

　植民地抑圧・被植民地人のアイデンティティー剥奪の論理としての「同化」は、教育政策上では、フランスを無批判に崇拝させる教育内容を課し、卒業資格においては、同一資格でも本国人の下に位置づけ、この状態を固定化する論理として機能した。だが、この「同化」政策のもとで育った植民地住民は、逆にフランス人と同等の権利を要求し、フランス側に「同化」政策の完全実施・全面を要求するにいたる。フランスは、インドシナ住民の民族独立運動に、運動の正統性を付与したことになった。そして、その運動によって、ベトナムからの完全撤退を余儀なくされる。それは、1954年5月のことである。


ベトナム教育（史）に関する主要な先行研究
〔戦前〕
①文部省教育調査部「フランス領印度支那に於ける教育」『教育制度の調査』（第11輯）1940, pp. 175-206.
②文部省教育調査部「フランス領印度支那に於ける教育」『教育制度の調査』（第12輯）1941, pp. 87-236.
③文部省教育調査部「仏印」『南方圏の教育』（教育調査資料第8輯）1942, pp. 123-231.
④船越康寿「仏領印度支那における植民教育」『南方文化圏と植民地教育』第一出版協会、1943, pp. 85-181.
⑤ベッケル『列国の植民地教育政策』第一出版協会、1943, 592+49 p. 特に第5章「フランスの植民地教育」pp. 289-367.
⑥Branchet, F., L'Oeuvre scolaire de la France en Indochine, dans L'Enseignement public, 1932. （同誌は東京大学教育学部図書室所蔵。但し、次の⑦と共に欠本）

⑦Vial, F., Les Institutions scolaires de Indochine, dans L'Enseignement public, 1939. 12. et 1942. 2・4・5.
〔戦後〜現在〕
①佐藤英一郎「植民地教育政策の性格－とくにインドシナを中心として－」海後勝雄・広岡亮三編『近代教育史』」誠文堂新光社、1956, pp. 46-49.
②佐藤英一郎「植民地教育政策の展開－インドシナを中心として－」梅根悟監修『世界教育史体系10　フランス教育史」』講談社、1975, pp. 192-198.
③古川　原『ベトナムの民族・文化・教育』明治図書（明治図書新書43)、1969, 201 p.
④広木克行「ベトナム教育運動史」梅根悟監修『世界教育史体系６　東南アジア教育史』講談社、1976, pp. 325-356.
⑤Nhu Duc Duong, Education in Vietnam under the French domination, 1862-1945, University Microfilms International, 1984, p.271 (Thesis Ph.D.) : Southern Illinois University, 1978（上智大学図書館蔵）
⑥Trinh Van Thao, L'Ecole française en Indochine, Karthala, 1995, p.325
⑦Conklin, A. L., A Mission to Civilize : The Republican Idea of Empire in France and West Africa, 1895-1930, Stanford University Press, 1997, p.367
⑧ Bezançon, P., Un Enseignement colonial : l'expérience française en Indochine (1860-1945), 2 vol.(p.770), P.U. de Septentrion, 1997.
⑨Truong Bun Lam, Colonialism Experienced : Vietnamese Writings on Colonialism, 1900-1931, University of Michigan Press, 2000, p.328
⑩Kelly, G. P., French colonial education : Essays on Vietnam and West Africa, AMS Press, 2000, p. 271
⑪武田龍兒「ベトナムの科挙制度と学校」多賀秋五郎編著『近世東アジア教育史研究』学術書出版会、1970, pp. 133-188.
⑫坪井善明『近代ヴェトナム政治史』東京大学出版会、1991, p.303
⑬アンダーソン『増補　想像の共同体』NTT出版、1997。特に７章「最後の波」
⑭海原　峻『ヨーロッパがみた日本・アジア・アフリカ－フランス植民地主義というプリズムをとおして－』梨の木舎、1998, p.276
⑮若月純一「ベトナムにおける『近代的』漢文教育についての一考察」木村汎ほか編『日本・ベトナム関係を学ぶ人のために』世界思想社、2000, pp. 40-59.
⑯下司睦子「仏領インドシナ、ベトナムにおける植民地言語教育とその政策」『植民地教育の支配責任を問う－植民地教育史研究年報4』皓星社、2002, pp.180-127.
⑰平野千果子『フランス植民地主義の歴史』人文書院、2002, p.358
⑱ヴィ・ティ・ミン・チ（Vu Thi Minh Chi）「変革期ベトナムの教育 —— その実態と歴史的展開 —— 」一橋大学博士号取得論文（博士号取得年月日：1999年７月27日）

# 教育権回収運動下の
# 中国キリスト教学校

## 佐藤尚子*

### はじめに

　19世紀初め、対外貿易や政治干渉の活発化に伴い、工業化のすすんだ英米両国を中心に、プロテスタント系宣教会のアジア進出が開始された。米国では早くも1810年に組合派宣教会が組織され、続いてバプテスト派、メソディスト派、聖公会の各宣教会が発足した。長老派宣教会が設立された1837年までには、米国プロテスタント各教派はそれぞれの宣教会本部をもつようになっていた。欧米キリスト教宣教会はアジアにおいて宣教事業の傍ら、教育・出版印刷・医薬治療事業に進出したが、この中で教育事業の影響がもっとも深かったと言える。日本や中国において宣教会により多数のキリスト教諸学校が設立されたからである。中国キリスト教学校には中国人信徒の設立したものもあったと思われるが、ほとんど知られていない。

　中国キリスト教学校は、1839年の最初の設立から1952年の全面的廃止まで100年以上にわたって教育活動を展開してきた。その歴史は、欧米宣教会が全面的に支配したミッションスクールから、中国政府が「教育権」を回復して中国の私立学校へという特徴をもっている。その変化をもらたしたものが「教育権回収運動」である。教育権回収運動とは、ミッションスクールと関東州諸学校について、欧米宣教会と日本によって奪われた中国の主権としての教育権を回復し、外国人経営の学校を政府の統制下におこうとする運動であり、半植民地的な状況からの脱却をめざすナショナリズムの運動であった。

　このようなキリスト教学校の歴史に対して、中国では最近、再評価しその影響と役割とをあらためて認識する動きが出てきた。本論は、教育権回収運動下

\*　広島大学

の中国キリスト教学校を再検討し、最近の新しい評価の紹介を通して中国キリスト教学校のもった歴史的な性格を考察しようとするものである。

## 1．欧米プロテスタント宣教会の中国における教育事業

まず最初に欧米宣教会の中国における教育活動を概観してみよう。アヘン戦争以前の中国は清朝のキリスト教禁令のもとにあり、当然のことながら布教はほとんどできなかった。アヘン戦争に敗北した清朝は、1842年、イギリスと南京条約を結んで開国し、広州など5港を開港場とした。続いてアメリカやフランスとも同様な条約を結び、開港場における軍艦の駐留・領事裁判権を認め、関税自主権を失い、居留外国人に対する行政・警察権を本国へ譲渡した。このようにして西洋列強との間に不平等条約がむすばれ、開港場には教会堂が建設されるようになったが、欧米列強や中国官憲の保護のもとでの伝道は中国民衆の反感しか買わなかった。ちなみに1847年から1856年の10年間に35名の米人宣教師が派遣されたが、その間の受洗者は1名だけであったという[1]。このような困難な伝道が学校設立の契機になったのである。もちろん、このような宣教会の世俗的役割は当初からのものでなく、第1に伝道、第2に教育であったことは言うまでもない。学校や病院はあくまでも宣教の付属物であった。

1839年に澳門の地にモリソン学校が設立されて以来、欧米宣教会の経営するキリスト教学校は近代化をめざす中国の需要と合致し、各地にその数を増やしていった。1912年の中華民国成立後も、中国近代教育の全体的な遅れの中で、初等教育から高等教育まで多くの中国人子女を集めていた。しかし、キリスト教を教え、西洋人宣教師が主導した中国キリスト教学校に対して、中国政府は公認することがなかった。このように中国の主権の及ばない聖域となった中国キリスト教学校への反発が、1919年の5・4運動を契機とする中国ナショナリズムの高揚を背景として大きく高まった。中国キリスト教学校は欧米列強の中国侵略の手先であるとして激しい糾弾を浴びることになり、反キリスト教運動や教育権回収運動が各地に頻発したのであった。

教育権回収運動とは、外国勢力によって奪われた中国主権としての教育権を回復し、中国キリスト教学校などの外国人経営の学校を政府の統制下におこうする運動である。そのため、中国キリスト教学校は中国政府への登録を要求され、外国のミッションスクールから中国の私立学校へと転換をはかり、公認を

得ていった。登録の過程で中国キリスト教学校における宗教教育が大きく変わったのは言うまでもない。こうして1930年代には多くの中国キリスト教学校が中国公教育の一翼を担い再出発をしたが、1949年の社会主義革命後の変化には適応できず、解体消滅してしまうでのある。ではどのくらいの中国キリスト教学校があったのか、次の表は1922年の欧米プロテスタント宣教会の調査によるものである。なお、カトリック宣教会もほぼ同じ規模の教育活動を展開していたが、ここでは対象としていない。

中国キリスト教学校概況――1922年――

| 種別 | 学校数 | 生　徒　数 | | |
|---|---|---|---|---|
| | | 男 | 女 | 計 |
| 幼児園 | 139 | 103,232 | | 4,324 |
| 初等小学 | 5,637 | 23,490 | 48,350 | 151,582 |
| 高等小学 | 962 | 12,644 | 9,409 | 32,899 |
| 中学校 | 291 | 360 | 2,569 | 15,213 |
| 師範学校 | 48 | 1,854 | 262 | 612 |
| 大学・専門 | 16 | 1,024 | 159 | 2,017 |
| 聖書学校 | 100 | 391 | 1,635 | 2,659 |
| 神学校 | 13 | 27 | | 391 |
| 法学校 | 1 | 485 | | 27 |
| 医学校 | 10 | | 78 | 563 |
| 看護学校 | 106 | 286 | | 1,380 |
| 盲学校 | 29 | | 508 | 794 |
| 聾唖学校 | 5 | | | 60 |
| 孤児院 | 25 | | | 1,733 |
| 総計 | 7,382 | 143,797 | 62,970 | 214,254 |

＜出典＞中国基督教調査会『中国基督教教育事業』378頁

中国キリスト教学校概況――1922年――
　この表に見るとおり、中国キリスト教学校は幼児教育から高等教育にまで活動が拡がっていた。また、中国政府からの認可も保護も得られないため、宣教会各教派は早くからキリスト教学校の管理組織を結成した。1877年成立の

「学校教科書委員会」がそれであり、教科書59種、約3万冊を出版した[2]。この会は1890年に「中華教育会」と改称した。教科書だけではなく、中国におけるキリスト教学校の政策全体を統一しようと企図したと思われる。中華教育会は当時、中国で唯一の教育団体であった。1912年、中華民国の成立に伴い「全国基督教教育会」と改称するようになった。会の性格を明確にしたわけであるが、すぐに「中華基督教教育会」となった。10の各省に支部をもち、教科書の採択、卒業試験の実施、共通カリキュラムの実行、学校視察、知能テストの実施、教師養成といった教育行政機関であった[3]。

このような中華基督教教育会の状況は中国における主権内主権であったと言えよう。完全な自給自足体制をもって教育活動を展開し、まさに植民地的状況であった。その故に、教育権の回収が叫ばれ激しく攻撃されることになったのである。

## 2．中国キリスト教学校への非難

(1) キリスト教学校への反対

教育権回収運動は1920年代中頃に始まるが、キリスト教学校への批判や非難はもっと早い。なかでも『外交報』の次の記事が早い[4]。

> 国の大いなる政事は教養ということに尽きる。養が第一であり、教は第二である。我が国学制は日本をモデルとした。日本も学制開始の後、多数の外国人教員を雇用したが今は止めた。それだけでなく、列強の東アジア経営に注目しなければならない。商業、工業、鉄道、鉱産から精神的なものにまで及んでいる。開港場には西洋人の学校が林立している。さらに勢力を内地に伸張しようとしている。日本人が関東州でやはり学校を経営して世論を巻き起こしている。このようにして全国教育の権は尽く他人の手に握られている。どうして国として成り立つと言えるのであろうか。

『外交報』にはまた「外国人の我が教育権掌握畏るべしを論ず」[5]の記事もあるが、留学生派遣とお雇い教習（教師のこと－筆者）について述べたものであり、キリスト教学校に言及していない。外国留学や外国人お雇いに反対し、教育活動に対する中国人の努力進歩に期待しているという内容である。

教育雑誌にも同様の記事が見られる。江蘇教育庁長、東南大学校長などを歴

任して教育界で活躍する事になる蔣維喬は、近代社会の成立を述べ、教育と宗教の分離を主張している。特定の教派を掲げる学校の親たちには、カトリックやプロテスタント以外を信仰しているものがある。強迫教育が国家の法令でなされるようになると、その学校の親たちに宗教を強制することになり、信教の自由が侵害されるのではないかというのである(6)。これらのキリスト教学校に対する反対意見は意見のままで終わった。しかし、次に述べる教育権回収運動は強く中国キリスト教学校に影響を与えた。

(2) 教育権回収運動の発生と展開

中国が近代学校教育システムの構築を開始し、これと異なる教会学校と対立するようになると問題が発生するようになった。教育権回収運動は1922年、北京市清華学校で開催された世界基督教学生同盟第11回大会に起因する。同大会は20以上の国から100名以上の代表が、中国内からは500名以上が集まった。この後、中国キリスト教学校に関する言論が活発に展開するようになった。新教育の指導者として著名な蔡元培は次のように述べている(7)。

> いわゆる教育事業とは、完全に教育家に任せなければならない。彼等の独立の地位を保証しなければならない。いささかも特定の政党あるいは宗教の影響を受けてはいけない。

このような中で何と言っても国家主義派が最も論陣を張った。その代表者余家菊は、(1) 教会教育は侵略的である (2) キリスト教は宗教階級を製造するとした。ここでは教会の教育政策は次のようであるとしてキリスト教学校を攻撃したのであった(8)。

- 教会の必要とする人材の養成
- 非キリスト者を入信させ、キリスト教社会の服務者とするため
- 非キリスト者を入信させるだけではなく、彼らに生活の糧を得させ、次第にキリスト教の考えを非キリスト教社会に植え付けようとするため
- 信徒の増加と生活の改良によりきわめて強いキリスト教社会を作ろうとするもの

さらに(3) 教会教育は中国教育の統一を妨害するとして次のように述べている(9)。

> 教育制度や教育方法は様々であってよいが、教育精神は一貫していなければならない。教会教育の方針はこれと完全に反している。重要でない

地方では政府規定と妥協し、重要な地方では改変しない。彼等は次のように言う。「政府の補助と個人の資金は一律受け取らないということではない。しかし、もし契約や条件があるとしたら宗教教育の自由を制限したりあるいは宗教教育を管理したりする。」

当時の教会教育の実態に余家菊の非難しているようなことがあったのかどうかはわからない。しかし、キリスト教学校への非難がそのきわめて強制的な宗教教育にあったことがわかる。キリスト教学校が宗教教育を守るために中国政府の規制に従わないなら、教育権を回収しようということなのである。

1924年4月になると「奉天省教育会教育権回収研究委員会」が発足した。これは日本に対する教育権回収運動である。しかし、租借地内の中国人教育に関する運動であり十分な盛り上がりを見せなかった。大きく盛り上がったのは中国キリスト教学校に関する運動であった。同年の「広州聖三一学生宣言」は次のように「奴隷化教育」であると非難している[10]。

奴隷式教育に反対し、教育権を奪回する

宗教教育の強制への反対

また、1924年7月の「広州学生会収回教育権運動委員会宣言」にも次のように奴隷化教育非難が見受けられる[11]。

外国人が中国で経営する学校は、中国人生徒・学生を"洋奴化"するものである。その民族観念と愛国思想とを消滅させるものである。聖三一、聖心、広一、三育、建道、協和、培心の各校学生は帝国主義者の文化侵略に反対して立ち上がり、ストライキや退学闘争を起こした。(中略)我々を中国布教の教育事業のための洋奴にしようというのは明白である。我々は一斉に立ち上がって連合し闘争しなければならない。すべての外国人の在華経営学校の教育権を回収しよう。

(3) 中国の私立学校としての再出発

以上見てきたように中国キリスト教学校に対しては知識人や文化団体からの非難と共にキリスト教学校学生からの非難もあった。彼らが「奴隷化教育」と非難したのであった。中国共産党が指導する社会主義青年団が反キリスト教運動を推進したためである。それでは中国政府はどのような政策をとってきたのであろうか。次のように法令がいくつか知られている。

1906年　学部の「外人在内地設学毋庸立案」

1917年「中外人士設専門以上同等学校考核待遇法」
　　1920年「外人設立専門以上学校准照大学及専門学校各項法令規程呈部核弁」
　　1921年「教会所設中等学校請求立案弁法」
　　1925年「外人捐資設立学校請求認可弁法」

　1906年のものは外国人の経営する学校は学校として公認しないというものである。1917年や1920年のものは、専門以上の学校に対して公認しようとするものであり、キリスト教学校全体が政策の対象となるのは1920年代に入ってからである。南京に国民政府が成立するようになると、中国の私立学校として政府の公認を求め、登録していくようになる。公認されるためには、宗教教育の必修制を改め選択制にしなければならなかった。中国人校長にし、理事会も中国人を3分の2以上の多数にしなければならなかった。国民政府下の私立学校として中国教育の一翼を担い、公教育の補完的役割を果たすべく期待された。中国キリスト教学校は学生数・生徒数を回復増加させ、特色ある地位をもった。

　南京国民政府とキリスト教学校の関係はきわめて円満であった。1931年の満洲事変以後、国民政府が欧米依存を深めるにつれ、キリスト教学校への規制は緩くなり、キリスト教学校は日本と違って、中国の正規の学校として存続できたのである。

## 3．キリスト教学校に対する評価

　中国キリスト教学校は、その設立当初から中国政府の関与がきわめて小さかった。中国政府の主権が無視され、いわば植民地状態の中で活動を展開してきた。しかし、1920年代後半国民革命期の教育権回収運動、南京国民政府の教育政策により中国の私立学校として公認されることになり活動を継続した。しかし、1950年の朝鮮戦争を経て1952年の院系調整により、中国公教育としてその活動が認められず停止した。このように約1世紀にわたり教育事業を継続した中国キリスト教学校に対して、帝国主義列強の中国侵略の道具であるとする非難の声は高く、こうしたキリスト教学校の中国近代教育にはたした役割に関しては、解放後、改革開放前の中国においてその評価は当然のことながら低い。

　1979年出版の『中国近代教育史』によれば、「解放」前中国においてキリス

ト教学校は、「文化侵略」の先兵としての機能を果たし、そこで行われた教育は、帝国主義の「奴隷化教育」以外の何物でもなかった、と断罪されている[12]。1983年出版の『中国現代教育史』においても、キリスト教学校は「奴隷化教育」を実施し、欧米列強の政治・軍事・経済的侵略と呼応して、中国教育の発展を阻害したものであり、キリスト教学校の教育は帝国主義に服従する知識人を養成しただけでなく、多数の中国人民を欺き、彼らの民族的劣等感と外国崇拝の奴隷心理を養成することで、中国教育を帝国主義の侵略者の利益に奉仕させ、最終的に中国を欧米列強の植民地に変えようとするものであったと言われている[13]。

ところが、1980年代、中国は改革開放政策を開始した。中国内のキリスト教教育の研究者の研究意欲が濃厚になったきた。そしてキリスト教教育史に関する研究では顕著な研究業績があった。『中国教会学校史』は結語で次のように中国教会学校の歴史に対する評価を述べている[14]。

（1）中国と西洋の文化交流を促進したこと
（2）先進的な科学技術に関する知識や技能を輸入したこと
（3）女子教育の気運を高めたこと
（4）近代学校教育のモデルを提供したこと
（5）特徴ある学校経営体制をつくったこと
・効率的な行政事務　　事務経費を少なくして教育経費を増やした
・働きながら学ぶ学生　　労働規律の学習
・学内における規律ある生活　　芝生や校園、宿舎の清潔さ
・優れた学習環境　　学校の家庭化、親密な教師と生徒、生徒間の親密さ
・社会服務の重視　　農村奉仕、農村婦女や児童への奉仕

もちろん同書は、西洋列強の中国侵略の道具として宗教教育の強制、宣教師の学校行政操縦などを挙げている。ただし、これらはかなり複雑な問題であり、具体的に分析しなければならないと言う。また、聖書科の選択制、礼拝への自由参加などキリスト教教育の必修廃止があったが、これに代えて各教科や倫理道徳学習におけるキリスト教の教授、Y.M.C.A.やY.W.C.A.の活動、学校のキリスト教的雰囲気、信徒教師の人格的影響、教会の社会活動への参加などの方法をとったことを指摘している。そして「教会学校の（このような）宗教教育が道徳性の培養や人格形成などの方面で人間を啓発し思考させる一面があった。」と高く評価しているのである[15]。

また、シリーズ『基督教教育と中国社会叢書』はその総序で次のように述べている[16]。

　　アヘン戦争後、宣教師は積極的に中国大陸に学校を建設した。一つには宣教により中国キリスト教化を目指したためであり、もう一つは、政治上の優勢な立場を利用して多くの学校を作った。(中略) キリスト教教育事業は中国教育系統の中の重要な部分である。(中略) 宣教師は100年以上の歳月を中国で過ごし、幼稚園から大学院までその活動が及んだ。中国の教育、文化、医療、科学技術、政治、経済等の領域に深く大きな影響を及ぼした。キリスト教教育の資料は次第に最近の学者の注目するところとなり、今日の中国近現代史を研究するための重要な参考資料となっている。

　このような中国キリスト教学校に対する評価の変化は驚くばかりである。一方、日本の在華教育事業に対する評価は依然として厳しい。確かに激しい教育権回収運動により、中国キリスト教学校は転換を余儀なくされた。しかし、日本のキリスト教学校と比べると学校教育を捨てなかったことがわかる。日本では、公教育つまり学校においては宗教教育は全くできなかった。宗教か教育かという選択を迫られ、当然のことであるが宗教を選んだ方が多かったのである。大部分の中国キリスト教学校はなぜ学校として生き残ることができたのであろうか。転換が成功したからなのか、政府の規制が緩やかだったからであろうか。今回は十分に解明することができなかった。今後の課題としたい。

## おわりに

　教育権回収運動とその後に続く政策により、中国キリスト教学校の宗教教育は大きく変わった。それは、
　① 学校の教育目的からキリスト教を削除したこと
　② 宗教科の必修制を廃止し選択制にしたこと
　③ 宗教行事への強制をやめ自由参加にしたこと
　④ 宗教書・雑誌・新聞・絵画の陳列廃止
などである。しかし、ほんとうにこのような宗教教育でよかったのであろうか。よいとしたらなぜなのか。ではキリスト教学校とは何か。平塚益徳氏は、キリスト教学校を定義して次のように書いている[17]。

日本・中国・印度其他の東洋諸国に於いて主として内外の基督教徒又は基督教に関心を懐く有志者達に依って設立維持され、その陶冶活動並に陶冶理想の一大基礎を濃淡深浅の差こそあれ等しく基督教的精神の宣揚に置く点に特色を有つ所の諸学校

　キリスト教的精神をどうやって維持したのであろうか。宗教教育の変化を警戒し、従来からのキリスト教教育を守ろうとする動きもあったと思われる。また、登録後の規定違反もあった。信徒の割合低下も避けられなかった。前述のような、宗教教育とは呼べないような宗教教育への変容にはきわめて大きな抵抗があったのである。

　しかし、中国キリスト教学校に関わる主な欧米人・中国人教職員は教育機能そのものにいわば宗教上の役割を認めたと考えられる。政府から公認されることはないが宗教教育が形式的に許されるところで活動するよりも、中国近代化のニーズに対応して教育活動を継続することを選んだと言える。日々の教育活動に宗教教育と同じような役割を発見したのである。したがって決して宗教教育を捨てたわけではなかったのである。

[注]
(1) 胡國台「早期美國教会在華教育事業之建立」、台湾政治大学碩士論文、1979年、p.38。
(2) 朱有瓛・高時良主編『中国近代學制史料第四輯』、華東師範大学出版社、1993年、p.33-p.37参照。
(3) 同上、p.50-p.56参照。
(4) 「外国人の我が教育権の掌握危ぶむ可しを論ず」『外交報』185号、1907年8月23日。
(5) 『外交報』210号、1908年6月3日。
(6) 「教育と宗教は一体として混成すべからず」『教育雑誌』1-10、1909年11月。
(7) 「教会教育に関する意見」前掲『中国近代學制史料』、p.695。
(8) 「教会教育問題」『少年中国』4-7，1923年9月。
(9) 同上
(10) 『嚮導』週報、62期、1924年4月23日。
(11) 『嚮導』週報、72期、1924年7月2日。
(12) 陳景磐編『中国近代教育史』、人民教育出版社、第2章参照。
(13) 華東師範大学編『中国現代教育史』、華東師範大学出版社、1983年、p.57。
(14) 高時良主編『中国教会学校史』、湖南教育出版社、1994年、p.292-p.301。

(15) 同上、p.231-p.234。
(16) 呉梓明「総序一」『基督教教育と中国社会叢書』全4冊、福建教育出版社、1996〜1999年、各冊p,1。
(17) 『平塚益徳著作集Ⅰ』日本教育史、p.5。

# 文明化とキリスト教化の相克
―― 朝鮮における植民地権力とミッションスクール ――

## 李 省 展 *

　帝国主義とキリスト教との関係をめぐる言説の中に、宣教師は帝国主義の尖兵という理解がある。確かにキリスト教の布教、宣教にともなう教勢の拡大は、大航海時代に始まり帝国主義の時代にいたる、西洋の、ラテン・アメリカ、アジア、アフリカ諸国への介入、支配と軌を一とするものであった。また「文化帝国主義」という用語も帝国主義諸国の中国侵略という文脈において創出されており、宣教師は文化帝国主義者とレッテルを貼られたりもしている。しかしキリスト教の側から、このような帝国主義とキリスト教との結託・癒着に疑問を呈する動きがなかったわけではない。19世紀中葉のハワイ伝道では商業資本とキリスト教の関係は悪化し、それに対してルーファス・アンダーソン（Rufus Anderson）が、キリスト教化と文明化を峻別すべきであるという主張を展開しているように、商業資本とキリスト教との亀裂が顕在化している事例が見られる[1]。また19世紀末の中国においてジョン・ネビウス（John Nevious）は、現地教会の自立・自給・自主を基軸とした宣教を指向しており、朝鮮の長老派はネビウスの宣教方式の影響を受容している。さらに朝鮮の長老派による宣教は、上流階級よりも勤労・下層階級に力点を置いている。

　また帝国主義一つをとっても、その形成と展開を一元的に説明することは不可能であろう。アメリカ一つをとっても、その帝国主義との関連において述べるのは、必ずしも容易ではない。しかしアジアにおけるアメリカ帝国主義を概観するならば、次のようであろうか。

　アメリカは国内を植民地化[2]し、その周辺にも食指をのばすが、アジアにおいては米西戦争を契機にフィリピンを植民地とし、帝国主義国家としてアジ

\* 恵泉女学園大学

アにおける橋頭堡を築くこととなる。しかし、この時点において西洋列強ならびに日本のアジア分割・支配は進展しており、アメリカはアジアにおいては後発帝国主義国として、既存の帝国主義諸国との布置関係におかれる一方、1905年の「桂・タフト秘密覚書」にみられるように、日本とのバイラテラルな関係においてフィリピンにおけるその帝国主義的権益の確保を図っている。しかしながらアメリカは、国内領土の充足という要因からしても、新たな領土拡張を企図するも、他の帝国主義諸国と比較しても圧倒的に有利な経済力を背景として、市場開放要求へとシフトしていくこととなった。これがアメリカ帝国主義は領土的野心よりも市場的野心に富むとわれるゆえんであろう。

このように、アメリカ帝国主義一つをとっても、その歴史的背景は複雑であり、容易な一般化は拒否されよう。このようにして、フランス、イギリス、ドイツ、日本などの帝国主義もまたその歴史的文脈を異にするということを前提に論議が展開されねばならない。

また朝鮮においては、中国との関係のみならず、ロシア、日本、さらにその他の帝国主義諸国との諸関係が複雑に絡み合いながら多様な近代史が織り成されていくのである。このように帝国主義とキリスト教との関係は、時には結託・共犯関係にあり、またその亀裂を意識させる批判的関係でもありえ、あくまで個々の歴史的文脈において論議されなければならないということ、さらにキリスト教宣教についても、自国の帝国主義との関係性、さらに被宣教地の文化、政治、経済状況により、その方法論のみならず支配権力との関係もまた多様であるという認識を前提としたい。このような点に留意しつつ、本稿では朝鮮の近代教育に焦点を当て、なかでもアメリカ人宣教師により移植されたアメリカ型近代教育の朝鮮における生成と発展を論じるとともに、その教育により受容されたアメリカ型近代のもつ特色および諸問題を、朝鮮の近代の多様性・多系性という観点から、宣教関連資料を用いて、3・1独立運動と「文化政治」初期における日本の帝国主義支配との関係において明らかにするものである。

## 1. 朝鮮におけるアメリカ・プロテスタント宣教師による教育の特質と諸問題

アメリカは1882年に朝鮮との間で修好通商条約を締結している。その条約には、双方の文化人が、相互の国を往来し学問・言語、芸術を始めとして、様々なことを学び合い、友誼を深めるという文化関係に関する条項が記載され

ているのみで、キリスト教宣教に関する条項は含まれていない[3]。すなわち朝鮮は当時、禁教中であり、カトリックを含めたキリスト教宣教の自由をめぐる問題は、19世紀末までは根本的には解決されず、朝鮮政府とキリスト教勢力間で散発的な事件が継続している。

　このように西洋にとっては「隠者の国」と呼ばれる朝鮮に、1884年、プロテスタント宣教師としてわたったのはアレン（H. Allen）が最初であった。彼は、高宗謁見の際に、フット公使に宣教師ではないかと問われたときに、アメリカ公使館付の医師であると、対外的には宣教師の身分を秘匿している。これは、キリスト教宣教が政権により厳禁されていたという政治状況によるものと考えられるが、このアレンは84年の甲申政変時に政府高官の刺傷治療に携わり、政権の寵愛を受け王室付侍医官として任命されるのみならず、85年2月には広恵院設立を許可され、朝鮮における最初の西洋医学教育を展開することとなっている。またアレンが治療した高官・閔泳翊は、83年に全権大使として渡米した際に、ボルチモアのガウチャー大学学長のガウチャー（J.F. Gaucher）と、また東京帝国大学東洋史教授でもあったグリフィス（W.E. Griffis）、さらにカナダ人宣教師ゲール（J.S.Gale）とも出会っており、彼とそれらの人物との接触が、金玉均が青山学院大学の創立者・メソジストのマクレー（R.S.Maclay）監督と接触したことなどともあいまって、朝鮮にアメリカ人宣教師が派遣される一要因ともなっている[4]。

　このように朝鮮においては、プロテスタント宣教師は、政権の承認のもとに入国し、禁教という状況下にあって、宣教の三位一体（伝道・教育・医療）の内、医療事業・教育事業を端緒として宣教が開始されるという特徴を持っている。

　またこの当時のキリスト教は、「世俗化された物質文明や商業拡張という帝国主義的濁流として並行して提示されることはなかった」と指摘されているが、これは当時のアメリカ資本の、中国、日本とは対照的な朝鮮の市場的価値に対する関心の低さと関係があったと考えられる。ゲールの「商人でもなければ官吏でもない宣教師、牧師としての西洋人が、開国の初めより、……この国の、ありのままの姿を、幅広く見渡していた」という言説はこのような状況を反映しているものと理解される[5]。

　1885年になると、メソジスト（監理教）のアペンゼラー（H.G.Appenzeller）、長老派のアンダーウッド（H.G.Underwood）が入国するが、彼らはまず教育

事業に着手している。

　メソジストの教育事業は、アペンゼラーが85年8月に英語教育の学校開設を要請、いち早く政権から公認される。87年に国王高宗が自ら考え、このメソジスト教育機関に与えた扁額には人材育成を意味する『培材学堂』と記されている。培材学堂は、政府の通訳などの官吏養成機関であった。94年に国立育英公院が閉鎖されると、政府との協約によりハルバートバンカー、ギルモアを始めとする教員、学生が移籍し、政府より財政支援が約束され、エリート養成の任が委託され(6)、朝鮮近代教育のモデル・スクールとして発展を遂げていく。また86年に始められたメソジストの女性教育機関は、翌年、明成皇后（ミンビ）より「梨花学堂」という扁額が与えられている。このように政府より認可され、政権の意に適う、ソウルのメソジスト教育は、エリート養成の色彩が濃かったといえよう。

　他方、長老派の教育事業は、メソジストとは色彩を異にする。その教育事業はアンダーウッドによって、孤児院（チョンドン学堂、Boys' School at Seoul、後の儆新学校）として着手されるが、この教育事業は、慈善事業と未分化で、低迷を続け、長老派の教育事業が体系化され、順調に発展していくのは、長老派の教育政策が年次大会で正式に採択される1897年以降であると考えられる。そしてこの教育政策の立案に携わったのはウィリアム・ベアード（William M. Baird）であった。

　彼は日本経由で1891年1月29日に釜山に入港し、釜山伝道に携わり、そこで漢文・聖書・算数・地理などを教える書堂（Chinese School）・小規模の教育機関を創設している(7)。これは伝統教育に依拠しながら、近代教育とキリスト教教育をその内に織り込んでいくものであった。96年にはテグに活動拠点を移すが、ベアードの合衆国ならびに釜山での教育経験が評価され、同年、朝鮮ミッションの教育顧問となりソウルに移籍ている。ソウルではチョンドン学堂の教育に携わるが、ソウルの教育における慈善事業と教育事業の未分化を批判するとともに、英語教育を通じた通訳、官吏養成を主眼とする学校教育を退け、キリスト教土着教育（現地語を用いたキリスト教教育）の展開を主張している(8)。これは培材学堂に見られるメソジストの教育とは異なる、長老派としての教育姿勢を鮮明にしたものと考えられ、ベアードが追求したこのような教育は、「我々の教育政策」(9)として長老派の朝鮮ミッション全体の基本政策として結実する。

この教育政策では伝道の一環としての教育機関が構想されており、その教会形成と有機的に結びついた教育政策は二つの部門から成り立っていた。一つは宣教師の管轄下に自立的な教会経営による初等学校である。この初等学校教員育成のための短期師範科を設置し、有望な朝鮮人を教員とする。その二つは、宣教師を中心とした中等教育ならびに高等教育である。初等学校から選抜した生徒を、宣教師が徹底的に教育するという方法論を特徴としている[10]。

　またキリスト教土着教育では、朝鮮人の主体性を重視する教育が追求されている。「朝鮮教会の発展と朝鮮人に積極的にキリスト者としての働きをなすことができるリーダーの育成」[11]がミッションスクールの主目的とされ、生徒を朝鮮人から分離させすぎないようにするため、朝鮮語を教育媒体として用い、朝鮮文化の発達に寄与できるようにすること、カリキュラムもアメリカのアカデミーの模倣であってはならず、朝鮮人の知力、可能性、必要性に応じてより進んだ学問へと導かれなければならないとされている。さらにベアードは「朝鮮人の指導者は朝鮮人の中から出てこなければならない」[12]と指摘している。このようなベアードの、ネイティヴの主体性重視のキリスト教土着は、中国・登州のマティーア博士（Dr. Mateer）の教育論に影響を受けたもので、彼はそれを朝鮮の実情に合わせて発展させている[13]。このように朝鮮長老派のキリスト教教育論もまた中国の影響を受けたものであった。

　ベアードは最初に求められるカリキュラムとして「①聖書②地理③朝鮮史④歴史概説⑤算数⑥生理学・衛生学⑦初等化学⑧作文⑨キリスト教論証（Christian Evidence）⑩文明論」を挙げている[14]。ベアードは「信仰と学問」は有機的に関連していると考え、「信仰と学問」の二兎を追う教育論に特徴があるといえよう。

　ベアードはこのような教育政策を具現化する拠点として、首都ソウルの喧燥を意識的に避け、権力の中枢よりは、当時、著しい教会発展の最中にあった西北地方、平壌への移籍を選択している。彼は1897年より教育活動に従事し、ピョンヤン学堂（Pyeng Yang Academy）を開設した。この教育機関は、1901年に「崇実学堂」と校名を改めている[15]。当時の教科書不足から、1900年を前後して、宣教師が中心となり、アメリカの中等教育教科書を翻訳し、朝鮮の実情に合わせて編修されている[16]。

　ベアードがモデルとした学校は、長老派系のミズーリ州にあるパーク大学（Park College）とポイネット・アカデミー（Poynette Academy）であった。

両校では学生の自助が奨励されており、慈善事業ではあってはならないとする教育方針から、崇実学堂でも自助事業部が設置されている。半数の学生が半日労働をし、その収入を授業料に充て、勉強したと記されている[17]。

崇実学堂は、18名から出発した生徒数も1905年には367名となり、順調な発展を遂げている[18]。しかしキリスト教教育が始められてから20年を経た1905年まで、崇実学堂の在学生平均年齢は20歳前後であったとされている[19]。

## 2. 日本の支配と朝鮮のミッションスクール

1905年、日露戦争に勝利した日本は、大韓帝国の保護国化を画策、統監府を設置し、その後の朝鮮植民地化ならびの中国侵略への橋頭堡を築いた。朝鮮は外交権の剥奪などにより亡国の危機に瀕していた。他方、19世紀末から世界のキリスト教界では一つのプロテスタントを目指すエキュメニカル（超教派）運動が本格化し、20世紀初頭は、被宣教地のキリスト教事業をプロテスタント諸教派合同（ユニオン）事業として展開することが奨励された時代でもあった。このような朝鮮の新たな政治状況とキリスト教界の動向に対してベアードは次のような対応を見せている。

ベアードは1905年9月15日付書簡[20]において「日本人の流入による新たな状況の出現が連合の必要性をさらに高めている」と指摘する。「日本人がおよぼす影響は反宣教師的であり反キリスト教的」であるとし、「教育を受けなければ、朝鮮人はこの日本の新たな影響に立ち向かうことはできない……キリスト教に好意的であるとはいえない政治権力を有し、優れた教育を受けた侵略的人々の中で、朝鮮教会とその人々が自己自身を保てるよう、できる限りのメリットを与える必要がある」と述べている。ベアードはこのように、日本と対抗するために、連合による教育事業の再編・強化を図り、その結果1906年に連合崇実大学（The Union Christian College）がメソジストとの連合事業として開学されることとなった。またこの時期は、愛国啓蒙運動、国権回復運動が隆盛を極め、朝鮮人の近代教育に対する要求が飛躍的に高まった時代状況にあり、1908年に政府により、朝鮮初の4年制大学、連合崇実大学として認可されている。初期のカリキュラムは、聖書・数学・物理・自然科学・歴史学・人文科学・語学・弁論・音楽よりなっており、1915年には、在学生は180名を超えるまで成長している[21]。

上述したように、朝鮮のキリスト教教育は、大韓帝国政府の近代教育よりもいち早く整備され、また日本が植民地教育を開始する以前に、初等教育から始まる近代教育のネットを張り巡らし、さらに梨花学堂に1910年4月に大学部が設置され、政府より認可されるなど、女子教育までをも含めて、初等教育から高等教育に至る系統ある教育を樹立していた。

日本の統治下に入るとすぐに、主にキリスト教勢力の弾圧を企図する105人事件が発生するが、起訴者123名の中には、ミッションスクールの教師・学生が多数含まれている[22]。これは従来のキリスト教懐柔政策から、植民地下における弾圧政策への変更を意味した。それと時を同じくして、1912年には、さらなるキリスト教教育の再編が追求されている。それは大学問題（College Question）と呼ばれ、努力と経済的支出が重複しないように、各ミッション・ボードと各ミッションは、朝鮮に一つの連合大学を創設するという試みであり、そのもとに全ての下位教育機関がおかれるという、植民地という新たな状況に対する朝鮮における全キリスト教教育の再編を意図したものであった。この一つの連合大学の設置場所をめぐって、平壌にするかソウルにするかをめぐって、宣教師間で論争が生じたが、結果的にはソウルが選択され、それが1917年の延禧専門学校（Chosen Christian College、現在の延世大学校の前身）設立へと繋がっている[23]。

総督府は、1911年に「私立学校規則」、15年に「改正私立学校規則」を公布、植民地下の私立学校弾圧政策を展開している、これは同化教育を徹底化する意味で、民族的な私立学校を自己の管轄下に置くことを企図していた。特に「改正私立学校規則」は教育課程内での宗教教育を禁じている。総督府は「宗教と教育の分離」を主張、総督府総務部外事局長の小松緑は、ミッションスクールが数百の初等教育と関わっている事実を指摘し、帝国の存在と繁栄に貢献する臣民精神を植え付ける必要から、外国の干渉を排除し、教育に関わる事柄を総督府の手に委ねるべきであると、長老派宣教本部のブラウン（A.J. Brown）宛書簡で明らかにしている[24]。この政策をめぐって長老派ではアメリカの宣教本部をも巻き込む議論が惹起されるが、ベアードはこれに対し、「宗教と教育の分離を図る総督府の規則のもとで、これからも学校を運営するのは正しいと思わない」[25]と述べ、閉校を示唆している。

10年間という猶予期間が総督府により与えられていたが、この論議の過程で、宣教本部は、私立学校の宗教問題よりも植民地支配の正当性の問題に総督

府は関心を抱いていると判断し、「朝鮮は日本帝国の必要にして不可欠な一部分である」[26] と帝国主義支配の合法性を認知するのみならず、朝鮮人同化政策に対する理解を表明している。これに対し、メソジストの培材学堂は、私立宗教学校としては最初の認可校となり、現地の長老派とは対照的な動きを見せている。結果的には長老派内で論議が継続される最中に、3・1独立運動が起こり、これが契機となり総督府の「宗教と教育の分離」政策が変更されることとなる[27]。

以上、朝鮮におけるキリスト教教育の生成と発展を、日本の支配との関係性に注目し、論じてきたが、次にアメリカ・ニュージャージーのドリュー大学（Drew Univ.）にあるメソジストのアーカイヴ所収宣教関連資料の事例研究を通じて、3・1独立運動から「文化政治」初期にいたるキリスト教と権力の関係を論じよう。その際に、まず、宣教師、そしてキリスト教学校関係者、アメリカへの留学生、さらにアメリカを根拠に独立運動を展開した李承晩を主とした独立運動資料を分析する。

## 3. 3・1独立運動から「文化政治」にいたる宣教師と植民地権力

1919年3月22、24日と朝鮮ホテルにおいて、主としてキリスト者の総督府官吏ならびに日本人教会関係者そして宣教師が集い、非公式かつ非公開の会合が持たれた。独立運動がまだ展開されている最中に、キリスト教という共通のコードを持ち、互いに胸襟を開いた、突っ込んだやりとりがなされているのがこの会合の特徴である。以下の記録は、宣教師の非公開記録であると考えられる[28]。その中で関屋学務局長は次のように述べている。

「……学生の多くが示威行為に参加している、学務局長としての職責上、このことを責めなければならないかもしれないが、総督府は朝鮮人の思いを無視してきたのかもしれない。例えそうであっても、それは意図しないでしてきたことである。我々の仕事は朝鮮人の幸福を増進させることである。……朝鮮人を日本人化することは困難であるかもしれないが、性格の悪いところは取り除かなければならない。……我々日本人は統治に厳格すぎ、そして急ぎすぎであったかもしれないが、物事をすすめるにあたって人々を抑圧しようと思ったことはない。朝鮮人を喜ばせないことも、ままあるかもしれないが、総督府の政策を実行するにあたって、宣教師は総督府に協力してほしい」

このように述べ、関屋は総督府の過ちを正すので、朝鮮人に自制を促すよう宣教師に対して協力を要請している。

その後、総督府官吏のほうから韓国併合の合法性をめぐる主張がなされ、独立運動の間違いを指摘する意見が続くが、それに対して宣教師の側から、政治不介入の原則を前提としつつも朝鮮統治に対する、主に自治をめぐった個人的意見の披瀝が注目される。

メソジストでYMCAを主導したブロックマン（F.M.Brockman）は、「日本帝国が帝国全土の代表によって構成されることを夢見てきた。台湾人は台湾の利益を代表し、朝鮮人は朝鮮の利益を代表し、日本人は母国を代表する。こうすることにより世界五大国の地位を占めることになるのでは」と指摘し、第二代培材学堂長を務めたバンカー（D.A.Bunker）は「不正義であるという思いが朝鮮人の心を占めている。朝鮮人に自治を与える方が賢明である」と意見している。また、長老派のセブランス連合医学専門学校のエビソン（O.R.Avison）は大英帝国臣民ではあったが、幼少の頃からカナダに居住し、カナダ人としての意識も有することを明らかにした上で、植民者としての経験を披瀝し、①愛国心を持つ自由（カナダのフランス人はフランスに対する愛国心を自由に表明）、②国語（民族言語）を使用する自由、③言論の自由、④出版の自由、⑤集会の自由、⑥自由人の政治参加の権利など、自由と権利が保障されるべきであると述べている。

平壌の長老派宣教師のモフェット（S.A.Moffett）は、平壌でなされた憲兵警察の蛮行を証言し、その上で事実究明を要請するが、これに対して関屋はモフェットの「反日的言辞」に対して、「30年のながきに渡って朝鮮に住む人は誰でも、朝鮮に同情するのは当然」と述べ、さらに先のエビソンの意見に同意するとともに、日本がより広い見識を持たないならば、朝鮮を成功裡に統治できないと述べている。関屋はさらに宣教師に何かあればいつでも尋ねて来るように言い残しており、その後宣教師は3月の29,30日に関屋と接触し、憲兵警察の蛮行などの事態究明を要請している。

次に3.1独立運動後に出された「教会と宣教活動に対しての総督府の施政改善に関する宣教師の意見書」[29]に検討を加える。これには日付が付されていないが、「キリスト教関係連合宗教会議建白書」、1920年月日未詳、「特」秘文書（学秘第149号、20年10月16日、公文書第58号に水野錬太郎から貴族院議員阪谷芳郎に宛てにて明らかになった文書）と類似している。

ここでは、政治不介入の原則が踏まえられるが、どの政府のもとでも保障されるべき宗教の自由に関する宣教師の政治的意見表明を伝道事業、医療事業、教育事業に関してなしているのが注目されるが、以下教育事業に関する要請7項目のみを要約すると以下の通りである。

## 教育事業に関する要請

1. キリスト教学校の教育課程に聖書教育と礼拝を含むことを要請
    ・キリスト教学校卒業式での宗教儀式を禁じた総督府令に抗議。
2. 朝鮮語教育は許可されるべきである
    ・日本語教育を課すことは適切であるが、朝鮮語教育を禁ずるのは良い政策ではない。
    ・朝鮮人のためにきた宣教師に、第二外国語（日本語）の習得を課すのは不合理である。
3. キリスト教学校の運営の自由裁量と不必要な総督府官吏による介入からの自由を要請
    ・教師の給与に関する規制、教師の授業科目変更に関する報告と承認、授業料変更許可申請などの不必要性を指摘し、これらは私立学校の自主性を認めない政策であるとの懸念を表明。
    ・日本人校長と日本人教師の採用に関する強要に対して、朝鮮人の校長・教師の採用は私立学校の自由と主張。
    ・キリスト者の子どもを総督府の学校に送るよう圧力をかけたり、キリスト者でない親がキリスト教学校、ミッションスクールに生徒を送ることに圧力をかけたりしないよう要請。
4. キリスト教学校の教師、生徒の良心の自由を守る
    ・生徒の公的儀式への参加強要、日曜日に役人訪問の歓迎に駆り出されることなどに反対。
    ・「御真影」を拝んだり、天皇を崇拝する儀式への参加命令に対する抗議。これは不敬をあらわすものではなく、キリスト者は天皇を神のように敬うことはできない。
5. 就学年数、授業科目における朝鮮人と日本人の教育の機会均等
    ・朝鮮人は日本人と同じ教育訓練を受ける能力がある。初等教育における

就学年数の違い、

ソウルの日本人中等学校では英語が週5時間教えられている、高等普通学校では2時間であると指摘、より高度な教育を施すのは未来のことと総督府は考えているが、これは不当である。朝鮮人が教育を受けるに能力が劣っているという言説は、事実とは異なる。

さらに朝鮮人を総督府下級官吏、下級の商業的、専門的職業につくものとして教育するシステムは、決定的に不公平である。

6. 教科書の検閲緩和

・教科書がつまらぬ理由で発禁となっている。

・歴史が歪曲され、教えられている。高度な教科書は、朝鮮人教員、生徒の知的能力が劣るとされ、用いられない。日本で許可されている教科書が朝鮮では禁じられている。朝鮮人学生が日本人と同様に、また世界の他の国々と同様に、十分に朝鮮の歴史・地理を学ぶことが許される自由を要請する。

7. 私立学校は一般的に特別な許可なく寄付を依頼することが許されるべきであり、また総督府は私立学校に対して過度の財政上の要件を課さないこと。

・外国の基金、授業料のみでは、ミッションスクール経営は困難である。

・学校が地域のための施設であることからして、教会、または非キリスト者であってもキリスト教学校を支援するのが妨げられる理由は何もない。

・可能な限り良い学校をという総督府の願望は理解できるが、学校の価値は校舎、校庭など施設によって測られるものではなく、教師の人格、能力によって測られるべきものである。

さらに結論として、政治介入を意図するものではなく、朝鮮が独立しようとも、自治となろうとも、あるいは現在の軍事的統治が継続しようとも、または「文化政治」（Civil administration）が実現されようとも口を挟めるようなことではないと述べ、我々の事業に影響を及ぼすことのみ意見を陳述することが正当と考えるとし、総督府の規則、姿勢にこの10年間不満を蓄積してきたと吐露している。また、すでに数人の総督府官吏から宣教師として、我々の事業に影響を及ぼすどのような改革が必要かを打診されていると明らかにしている。

このような意見書は、「文化政治」期の総督府宗教、教育政策に対して影響を与えたと考察される。事実、19年9月の宣教師連合大会に柴田学務局長が斎

藤実の命を受け、出席し施政方針を説明している。また宣教師の意見の提出を求め、建白書提出受け、施政改正に努力したことが明らかになっている。(公文書第58号)[30]

このようにこの二つの宣教関連資料の検討を通じて、権力とキリスト教に関して次の事が明白になったと考察される。

宣教師は、改正私立学校以来の総督府官僚との交渉の上で、3・1独立運動の最中、また文化政治期のごく初期に、統治権力と接触し、一面において、それは総督府の宣教師懐柔政策の色彩を強く帯びているものの、宣教師側からの朝鮮語、朝鮮史を学ぶ自由の保障に表れるような、同化教育政策に対し、限定的ではあったが批判的な意見表明をなし、結果として「文化政治」期の教育、宗教政策に影響を与えたと考えられる。これは、キリスト教側からの日本帝国主義支配批判とも捉えられる。また自治をめぐる論議は、西洋の先進帝国主義からの、後発日本帝国主義の後進性に対する批判とも把握可能である。さらに、朝鮮人の能力に対する肯定的評価は、永年の教育経験から得られた宣教師の実感に基づくものであったのではなかろうか。しかし他方で、現地ミッションの「軍事統治の継続」をも許容する政治不介入の姿勢、また「改正私立学校規則」への対応に見られる、宣教本部における植民地支配の合法性の承認、同化教育の承認などに見られるように、明らかに帝国主義の共犯者として役割の一端を宣教師は担ったと考えられる。

## 4. 3・1独立運動にみる朝鮮人と日本帝国主義

では次に、3・1独立運動時、キム・ソバンの記した「朝鮮における日本帝国主義の失敗」[31]を見ていこう。この資料は、英文8枚の資料であるが、資料自体の性格は不明である。キム・ソバンが、その当時の政治状況からして偽名である可能性も存在するが、その内容から判断すると、朝鮮のキリスト教学校関係者により記されたものと明らかに推察される。

キム・ソバンの日本植民地教育批判の言説は、次のようである。「朝鮮における日本帝国主義支配の自己本位性は教育システムに例示されている」とし、「朝鮮の教育システムは、朝鮮人を近代の事柄に無知のままに放置するという日本の帝国主義的な考え方に基づいている」と述べ、リベラル・エデュケーション実施への恐れ、大学、総合大学の不在を指摘するとともに、「アカデミー

(キリスト教中等教育) は廃止され、より水準の低い高等普通学校によって置き換えられてしまった」と、日本の植民地教育の「時勢及民度」[32]に適合した教育を批判している。さらに16年の総督府統計による教育統計とキリスト教学校の統計を挙げ、朝鮮人の学生数は人口比300分の1であり、日本人植民者学生数は人口比の9分の1であることを明らかにし、これは「帝国内の民族差別の象徴」であると結論づけている。次にキリスト教に関する言説を紹介しよう。

「永年、朝鮮人キリスト者はこの世に希望を持てなかった。したがって政治的事柄に関心を欠き、キリスト教信仰の主要な教義は、キリストの再臨であった。日本人が(朝鮮の)キリスト教共同体の彼岸性を厳しく批判してきたのである。それゆえに教会が無関心の衣を脱ぎ捨て、国家の政治問題に取り組み始めたのは、官吏や宣教師にとっても驚きであった」と述べ、朝鮮人キリスト者と宣教師の意識間の乖離を指摘している。

また「反乱におけるキリスト者が果たした卓越した役割は、教会により開化された、より敏感な性質が現存することを証明するものである」とし、「朝鮮人がみずからを統治する問題は言うまでもない。…時代は変化した。我々は評価され、能力のある日本とアメリカで教育されてきた。アメリカ人宣教師からアメリカの理想を教えられてきたものたちである。日本のシステムは偉人を生み出さないようであるが、有能な者は生み出す」と朝鮮人の教育水準の高さとアメリカの理想に対する言及があるが、日本とアメリカの教育、それらの質の違いを踏まえている点が注目される。さらに朝鮮人の行政能力に関する言説が次のように記されている。

「教会における行政は国家の運営とは大きく異なるかもしれないが、その基本的機能は同じである。教会で朝鮮人キリスト者によって示された能力は国家行政の成功を望むことができる判断基準となる。現在の反乱でキリスト者が示した高い効率性と大いなる勇気は明らかな能力の証明である。朝鮮全土のあらゆる階級が一致して指導者にしたがったことが、驚くべき組織力と自ら喜んで指導されていることを示している。」

ここで注目されるのは、朝鮮人の独立への能力を、教会行政と国家行政さらに民族運動の組織力との対比で肯定的に評価している点である。そして終わりに「どのような結果であろうと、朝鮮は自らの国家樹立という線に沿って発展する機会が与えられなければならない。憲兵警察制度による軍事的支配を終わ

らせ、すべての人に普遍的人権が保障されねばならない」と独立運動後の朝鮮社会像に関しての言及が存在するが、ここに宣教師により教えられたアメリカの理想ともいえる「普遍的人権」という概念が含まれていることは注視されねばならない。では次に、アメリカでの留学生の声明を見ていこう。

　パーク大学は、先に言及したベアードが理想とした崇実のモデルとされるべき大学であった。そこに朝鮮人留学生が存在した背景には、宣教師とアメリカ本国との関係があったと推察できる。(このようなキリスト教ネットを用いた留学は、朝鮮とアメリカ間だけではなく、朝鮮と日本、中国との関係も見受けられるが、これは今後の研究課題としたい。)そのパーク大学留学生声明(19年3月20日)[33]には次のように記されている。

　「キリスト教文明が極東において日本帝国により踏みにじられるのであろうか。啓発された西欧のキリスト教国は押し黙ったまま、キリスト教会の弾圧を許し、この半世紀のキリスト教会の労苦が灰燼と帰すのか。朝鮮の国家独立の希望が日本により否定され、日本が専制を維持し、帝国主義的世界政策を継続することになれば、アジアと世界民主主義の可能性にどのような影響を与えるであろうか…」

　ここでは日本の帝国主義政策が批判するとともに、世界の文脈で民主主義の可能性を指摘している。さらに『朝鮮人の目指すものと大いなる望み』[34]の中では、次のような言説が注目される。

(1) 我々は統治されるものの権限のみに由来する政府を信じる。したがって政府は政治に参加する人民の利益のために運営されなければならない。
(2) 我々はアメリカ政府をモデルとする政府を樹立することを提案する。……次の10年間は政府の中央集権が必要とされるかもしれないが、人民の教育が向上するにしたがって、また自治能力の開発にしたがって人民は、政府の事柄により普遍的に参加することが許される。

すなわち、ここでは、リンカーンの「人民の、人民による、人民のための政治」という言説に表象される政治理念を掲げ、アメリカをモデルとした政府の樹立が提案されているといえよう。そしてこれらの政治理念および形態は、先に言及した宣教師が教えたアメリカの理想を政治的に具現化する手段として追求したものと考えられる。

では次に、アメリカにおける独立運動の資料を検証する。以下は1919年4月に上海大韓民国臨時政府大統領に就任したばかりの李承晩等が、アメリカ独立宣言がなされたフィラデルフィアで1919年4月14－16日に記した日本とアメリカを対象とする資料である。

李承晩等は、『思慮深い日本の人々へ』(35)で次のように記している。

「あなたがたの政府は今や破壊され、滅び去ったヨーロッパの専制政治によって育まれてきた間違った理想、貪欲な野望を今もなお享受している。もしあなたがた国民が、私たちが考えるように知的で賢明であるならば、このような政策を変更し、即座により高度で高潔で、また人々に幸福をもたらす真の民主主義をあなたがたの政府が採用するよう努力すべきである。現在のようなプロシア型の利己的な政策を継続するならば、あなたがたの国は、ヨーロッパにおけるあなたがたのプロトタイプが辿ったのと同様な運命に遭遇するだろう」

このように李承晩等は、日本の「間違った理想」、「貪欲な野望」を批判し、日本帝国主義の政策をプロシア型と規定し、そのプロトタイプと同様な終焉を迎えることを予見した上で、日本が民主主義を採用し、政策を変更するように訴えている。これは、アメリカ民主主義から日本の後進性を批判したものと考えられる。

また『アメリカへの訴え』(36)のなかでは「私たちはアメリカ国民に支援と同情を訴える。なぜなら私たちは、あなたがたは正義を愛し、また自由と正義のために闘ってきており、キリスト教と人類愛に堅く立っていることを知っているからである。私たちの唯一の拠り所は神と人との法の前に立つことである。私たちの目指すものは、軍事的専制支配からの自由であり、目的とするものはアジアの民主主義であり、私たちの望むものは普遍的なキリスト教である。」と述べているように、アメリカ史における自由・正義・人類愛という理念とキリスト教の結合を指摘するとともに、朝鮮人もまた普遍的キリスト教精神に立ち、「神と人と法」の前に立つことを唯一の拠り所として、軍事的専制からの自由、日本を含むアジア民主主義の樹立を目指しているとアメリカ国民の支援と同情を要請している

また、この資料で李承晩は、朝米条約第1条2項を取り上げ、アメリカの日本に対する良心的介入に期待を寄せ、さらにウイルソン大統領の平和会議における国際連盟に関する言説に関心を寄せている。

## 6. 文明化とキリスト教化の相克 —— 終わりにかえて

　アメリカ人宣教師が日本帝国主義支配下において最も、鋭敏に反応しているのは「改正私立学校規則」と皇民化政策下の神社参拝の強要である。これらに対して長老派は閉校を辞さない闘いを展開している。神社参拝の強要に関しては本稿では詳論を避けるが、これが契機となり、長老派宣教師は結果的には「教育引退」を決意し、閉校していくが、これはまさに、西洋史において血を流して獲得した「信教の自由」・「内心の自由」をめぐる衝突が、朝鮮において展開されたものと把握可能である。日本の近代は、天皇制支配確立過程において宗教（国家神道）を織り込んできた。戦争遂行を契機として、その究極的形態が皇民化政策として神社参拝の強要が植民地朝鮮において展開される。このの過程で、ホルドクロフト(J.G.Holdcroft)は「日本の教育は、結局、日本臣民をつくろうとするもので……臣民として忠実であるよう訓練するのが目的……キリスト者としての証しを破壊するような妥協をし、非キリスト教政府と協力してミッションが教育を行うことは、果たしてそれ自体可能なことなのだろうか」[37]と述べているように、日本帝国主義支配は「臣民」という隷属的人間像を押し付けるものである。臣民化教育が皇民化教育へと、植民地住民の内心をも支配しようという隷属の究極的形態に対し、宣教師のみならず朝鮮人キリスト者も強く反発をしている。これへの閉校をも辞さない「内心の自由」を求める長老派宣教師の抵抗は、朝鮮史そしてキリスト教史の文脈においても評価されよう。

　また長老派のキリスト教土着教育、ソウルのメソジストのエリート教育と教育方法論に違いあがるものの、アメリカ人宣教師は、日本が介入する以前に、初等教育から高等教育にいたる系統ある近代教育を樹立し、そのネットを朝鮮各地に広げていた。そして民主主義をはじめとする「アメリカの理想」を朝鮮に播種し、その理想は根づき、それが朝鮮人の抵抗への根拠となっていることが、資料分析によって明らかになっている。これは、サイード(E.W.Said)がファノン(F.Fanon)の『地に呪われたもの』を分析する過程で述べた「帝国主義を帝国主義が生み出した果実によって批判する」[38]行為ともいえよう。

　3・1独立宣言は日本に対しては必ずしも排他的ではなく、「邪道より出でて」、「東洋に支持者としての重責を全うする」ことを呼びかけている。しかし、日本帝国主義に対する明確なイメージを欠き、非暴力主義など評価される面も

あるが、道義的色彩をおびており、独立・解放を目指す戦略、目標においては曖昧性を帯びている。それに対し、本稿で論じたキム・ソバン資料、特にアメリカでの朝鮮独立運動に関する一連の資料においては、日本帝国主義を「プロシア型専制」と明確に規定し、日本帝国主義の後進性を批判するなど、日本帝国主義に対する認識が明瞭であり、自由、正義、普遍的人権などの明確な理念、またそれらと合わせて、「アメリカをモデルとした政府の樹立」さらに日本の民主主義への政策転換とあわせて、アジア・世界民主主義を論じるなど、その独立への戦略、目標も比較的明瞭であると評価できる。

　帝国主義は文明化の差異を設けることによってその支配を可能にする。キム・ソバン資料のアカデミーよりも質の低い高等普通学校という言説に見られるように、文明化の差異を逆転させることにより、日本帝国主義の教育支配の正当性が見事に否定されている。少なくとも、日本帝国主義が標榜した、植民地教育教育の「時勢及民度」の適合は、朝鮮の近代教育、特に本稿で論じたところの、キリスト教教育水準との乖離が存在していた。それは本稿で論じられたように、宣教師にも、朝鮮人にも意識されていたことが資料分析により確認された[39]。まさにこの事実が、日本植民地教育が「愚民化教育」と称される所以であり、また阿部洋が明らかにしているように、20年代の民立大学設立運動とキリスト教大学認可の動きへの原動力となっているといえよう[40]。

　しかし、ここで「文明化の共犯者」[41]としての宣教師像も提示しなければならない。宣教師は「改正私立学校規則」によりキリスト教教育の危機が生じると、交渉の道具として日本帝国主義支配の合法性ならびに正当性を認知している。それは3・1独立運動時の宣教師と総督府官吏との会合でも繰り返されたのである。これは明らかに「桂・タフト秘密覚え書き」によるバイラテラルな帝国主義間の利害調整に表れるアメリカ国務省の外交政策と軌を一にするものであると解釈される。政治不介入という言説は中立性の表明とはならない。その意味で、宣教師は既存の権力を承認にすることにより、治外法権という特権を獲得する。それが、姜東鎮が指摘するように、3・1独立運動まではキリスト教学校は日本帝国主義下の朝鮮人にとって「隠れ家」・「弾避け」としての歴史的機能をも果たすものとされる[42]。

　宣教師と総督府官吏との会合では、微妙な綱引きが行われている。これを総督府のキリスト教懐柔政策と一まとめに括ることはできない。独立運動の拡大に当惑し、一瞬の弱みをみせる植民地権力と、これを契機に併合以来10年の

不満を一挙に表明し、自らを優位な立場に置こうとする宣教師。宣教師側は、政治不介入の原則を明らかにした上で、どの政府のもとでも保障されている自由と権利という言説でもって、朝鮮語使用の自由、言論・出版・集会の自由、独立ではなかったということが批判の対象となり得るが、「自治」という範疇での政治参加の権利についてなど、極めて率直な政治的見解が表明されている。さらにこれはその後、建白書という形式で宣教師間の意見集約がなされ、その教育事業に関する項目では、同化教育批判が展開されており、それは「文化政治」の宗教・教育政策に影響を与えた事実が確認される。この時期の宣教師には、朝鮮における35年の教育経験に裏打ちされた大人が、先進帝国主義を背景に、遅れてきた帝国主義青年を諭すかの余裕すら感じられる。

　ではキリスト教は単なる「隠れ家」・「弾除け」または宗教的外皮に過ぎなかったのだろうか。確かに一部朝鮮人は朝鮮の錯綜する権力関係において、キリスト教の治外法権的性格を意識的、無意識的に利用しなたことは否めないし、特にキリスト教学校は日本の支配を相対化できる教育空間として歴史的に機能していることは確かであるといえよう。そのことは愛国啓蒙運動期、また独立運動以降のキリスト教教育に対する朝鮮人の期待の高さに繋がっている。しかし、先の事例研究で明らかにされたように、単なる宗教的外皮という皮相な一般化を拒否する、アメリカの理想を内面化した朝鮮人群像の存在が確認される。彼らは日本とは異質な近代からの日本の帝国主義批判を展開し、植民地下における抵抗の一翼を担っていることが明らかにされた。それはまた、近代化の徹底による、日本の近代批判とも換言できよう。さらにキリスト教教育は植民地化以前より存在し、日本による支配・被支配という枠組自体をも相対化できる、教育空間が朝鮮近代史上存在しえたという事実もまた強調されねばならないだろう。それが朝鮮史におけるアメリカ型近代の系譜形成となり、朝鮮近代の多様性・多系性を物語るものであるからである。

　しかし、先にも言及したように、長老派は、神社参拝問題を契機にミッションスクールの閉校を決断する。「崇実」を受け継ごうとした朝鮮人に、宣教師は校名使用さえ許さなかった[43]。ここにも宣教師と朝鮮人との間に乖離が認められる。そして宣教師のほとんどが、第二次大戦勃発前後に本国に帰国するが、残された朝鮮人キリスト者は過酷な支配の下、抵抗と協力の狭間での闘いを強いられるのであった。

　アメリカ人宣教師が朝鮮に扶植した、キリスト教教育は、一方で朝鮮に深く

根を張るのであるが、他方で波紋が広がり、それがうねりとなってアメリカ本土に打ち寄せている。事例研究で取り上げたパーク大学留学生は、長老派のキリスト教教育を受けた学生と推察される。パーク大学は、まさにベアードが崇実のモデルとした大学であるからである。そして李承晩は長老派とは対極の朝鮮最初の近代学校とも称される、メソジストの培材学堂が輩出したエリートであった。かれは卒業生を代表して「韓国の独立」という主題の英語スピーチをしている。卒業後、彼は言論・政治活動に従事したが、政治犯として投獄され、獄中で信仰を告白している。釈放後、1904年11月に渡米、ジョージワシントン大、ハーバード大に学び、プリンストン大より政治学博士号を授与されている[44]。このように長老派とメソジスト、キリスト教教育の両極が、アメリカにおける独立運動として共に花開いている。

朝鮮の近現代史を語るにあたっては、これら海外組みの役割は無視できない、解放後、波があたかも逆流するかのように、日本、中国、ソ連、アメリカから多くの人々が、解放された祖国に戻ってきているからである。そして朝鮮の南半分は連合国の管轄下に置かれ、アメリカの指示を背景に、李承晩は大韓民国初代大統領に就任している。さらにキリスト教ならびにキリスト教教育もまた、朝鮮戦争をへて分断、そして冷戦構造という新たな権力の布置関係に置かれるが、その歴史的功罪に関しては、いずれ稿を改めて論じたい。

[注]

(1) 小檜山ルイ「海外伝道と世界のアメリカ化」『アメリカと宗教』、日本国際問題研究所、114-118頁。
(2) アメリカの国内植民地に関していえば、先住民族との関係が指摘される。また13州の独立から始まるが、その後の領土拡張が共和制への編入という形態をとっているが、政治・経済的権力関係をも視野に入れねばならない。
(3) 閔庚培『アレンの宣教と近代韓美外交』延世大学校出版部、ソウル、1992年、54頁。
(4) 閔庚培『韓国キリスト教会史』新教出版、1981年、142-144頁。
(5) 同上、142-143頁。  J.S. Gale, *Korea in Transition*, Nashville, 1909, p.130.
(6) 徐正敏『民族を愛した韓国キリスト者たち』新教出版、1991年、77-79頁。
(7) R.H. Baird, *William M. Baird of Korea: A Profile*, Oakland, 1968, p.45.
(8) W.M. Baird, *Report on Boys' School*, Seoul, 1897, p.3.

(9) *Our Educational Policy*, Read in the Mission in Seoul, 1897
(10) Ibid.
(11) *Standing Rules and By Laws*, Section C, Article III.
(12) William M. Baird, *Educational Report*, 1899.
(13) Ibid.
(14) Ibid.
(15) 『崇実大学校100年史』第1巻「ピョンヤン・崇実編」、崇実大学校100年史編纂委員会、ソウル、1997年、64頁。
(16) 同上、93‐95頁。
(17) 同上、111頁。
(18) 同上、74‐75頁。
(19) 同上、77頁。
(20) From W.M. Baird to A.J. Brown, 1905.9.15.
(21) 『崇実大学校100年史』第1巻、147‐148頁。
(22) ユン・ギョンノ「105人事件とキリスト教の受難」『韓国キリスト教と民族運動』保聖、ソウル、1986年、306‐307頁。
(23) ここでの論議は、李省展「宣教関連資料からみた植民地キリスト教大学設立構想」『恵泉女学園短期大学英文学科研究紀要』第31号、1998年参照。
(24) From M. Komatsu to A.J. Brown, 1915.11.4.
(25) From W.M. Baird to A.J. Brown, 1917.4.12.
(26) From A.J. Brown to the Chosen Mission, 1916.2.7.
(27) 李省展「宣教師と日帝下朝鮮の教育」『朝鮮民族運動史研究』9号、1993年9月参照。
(28) *Report of First Session of Unofficial Conference*, Chosen Hotel, March 22nd , 1919. この記録には、'Private, Not to be Published.' と記されている。この会合の出席者は、総督府側は、渡辺暢高等法院長、国分三亥高等法院検事長、関屋貞三郎学務局長、山縣五十雄、日本人キリスト者・丹羽清次郎他、宣教師側は、ウェルチ、ゲール、ノーブル、バンカー、ウイットモア、ハーディ、ブロックマン、モフェット、エビソン、ジャダインであった。『現代史資料』26「朝鮮2」427‐430頁 参照。
(29) *An Opinion of Missionaries as to What Changes Are Desirable in the / and in the Attitude toward the / Church and Mission Work in Korea.*
(マイクロ・フィルム資料にて、解読不能個所あり)

この資料は、姜東鎮、ミン・キョンベなどの先行研究において類似資料が掲載されているが、要約されたものであり、宣教師側の英文資料全体の内容を必ずしも反映していない。姜東鎮『日本の朝鮮支配政策史研究』東京大学出版会、1979年、104頁。閔庚培、前掲書、296‐298頁。
(30) 呉允台『日韓キリスト教交流史』新教出版社、1968年、203‐206頁。
(31) Kim So Bang, *The Failure of Japanese Imperialism in Korea.*
(32) 『朝鮮教育令』、1911年8月。
(33) この資料はミゾリー州、パークビルにて1919年3月20日に、アメリカにいる全ての朝鮮人キリスト者を代表してパーク大学の朝鮮人キリスト者学生の、アメリカのキリスト者に向けた声明文である。
(34) *Aims and Aspirations of the Koreans.* この資料は10項目よりなる独立後の政治形態を示したもので、国会、内閣の形態、信教の自由、自由貿易、教育、衛生、言論・出版の自由などに言及している。
(35) Members of Korean Congress, *To the thinking People of Japan.*
(36) *An Appeal to America.*
(37) From Holdcroft to Rev. James H. Nicol, 1935.9.7.
(38) E.W. サイード『文化と帝国主義 2』みすず書房、2001年、134頁。
ここでは、アメリカ帝国主義の果実から日本帝国主義を批判するという文脈であるが。日本帝国主義の果実から日本帝国主義を批判するという、もう一つの可能性も存在する。
(39) 宣教師は、朝鮮人は怠け者であるという言説に対して、勤勉であると反論することが多い。アンダーウッド（H.H.Underwood）は、その著書において炭鉱会社監査のヴァン・エスの「13年間、朝鮮人と働いているが、いつも彼等は勤勉で、よく働き、覚えも早い、私が経験をともにした他の東洋人よりはるかに教えやすい」という言説を紹介している。
H.H. Underwood, *Modern Education in Korea*, International Press, New York, 1926.P.279.
(40) 阿部洋「日本統治下朝鮮の高等教育」『思想』1971年7月号（No.565）938‐940頁。
(41) 駒込武『植民地帝国日本の文化統合』岩波書店、1997年、120頁の議論参照。
(42) 姜東鎮、前掲書、85頁。
(43) 崇実大学校100年史、第1巻、519頁。
(44) 徐正敏、前掲書、144頁。

# 「植民地教育支配と天皇制」について

―― 指定討論者としての発言から ――

## 佐藤広美[*]

　このシンポジウムのテーマ「植民地教育支配と天皇制」は、欧米帝国主義国家の植民地教育支配と日本のそれはどのような違いがあるのか、ということが主題となるものと思います。そこで問題となるのが、天皇制の教育支配とは何であったのか、ということだろうと思います。欧米帝国主義国家の植民地教育支配の特色を考えることによって、天皇制国家の植民地教育支配とは何であったのか、ということが浮かびあがってくれば成功だと考えました。

　日本の植民地教育支配を天皇制問題と絡めて見た場合、どのような問題が現れるのか、その点を考えることで、先の古沢常雄氏、佐藤尚子氏、李省展氏の報告に対しなにがしかの論点が提起できればと思いながら、報告させていただきます。

### 1.「天皇制と植民地教育」というテーマは、何を問題とするのか

　まず一つ目は、植民地教育というものが、国内（内地）以上に狂信的な天皇制教育を推進していた、という事実が検討されなければならないと思います。植民地では、国内の教育以上に天皇制を強化する教育を行った、あるいは行わざるを得なかった、という事実があるわけで、そういう点では植民地教育を分析することで天皇制教育の実体や本質という問題がより鮮明にわかるという問題です。

　また、植民地から国内（内地）への「逆流」と言われていますが、植民地において実験的に行われたり先行して行われたものが、国内に逆流して戻ってく

[*]　東京家政学院大学

るということがあったのです。たとえば、国民学校令第1条（1941年）にある「国民学校ハ皇国ノ道ニ則リテ初等普通教育ヲ施シ国民ノ基礎的錬成ヲ為スヲ以テ目的トス」という目的規定にある「皇国ノ道ニ則リテ」は、植民地朝鮮における塩原時三郎学務局長時代（在任期間は、1937年7月から1941年3月）の「皇国臣民教育論」を取り入れたとも言われています。塩原は、第3次朝鮮教育令を制定し、「忠良ナル皇国臣民ヲ育成シ」（1938年3月）との目的規定を入れ、「皇国臣民の誓詞」を作り、「皇国臣民体操」（1937年10月）などにとり組んだわけです。「皇国臣民教育論」→「国民学校論」という逆流の事実。

塩原を語るある評伝は、次のような興味深い指摘を行っています。

> 「この教育の諸規則や誓詞にある『皇国臣民』といふのは、謂はば塩原の新造語であり、彼の炯眼を示すものである。今でこそ盛に内地でも使はれてゐるが、当時は珍しい熟語であつた。……昭和十二年かに出た文部省の『国体の本義』でさえも、国民とか臣民とかの語はあるが、皇国臣民の語はない。筆者もこれは朝鮮なるが故に必要であつて、内地では特にその要なしといふのであらうかと思つてゐたが、最近は内地で盛に用ひられ、国民学校令に『皇国ノ道ヲ修練』等が見えて居り、昨年夏文部省から出た『臣民の道』には巻頭から盛に『皇国臣民』の語が使はれてゐるのを見ると、内地でも必要がなかつたわけではないといふことが分つた。わづか用語の問題であるが、三年前にとやかく論議された語が、今日はこれでなければならないやうになるのも不思議な世の移りといはねばならない。」（岡崎茂樹『時代を作る男　塩原時三郎』1942年、163-164頁）

あるいは、宮城遥拝など様々な儀式の面でも、植民地の教育が先行して行ったと考えられます。そういう事実が詳細に調べられる必要があると思うのです。

よく指摘される例でいえば、沖縄が引き合いに出されますが、沖縄は各府県に先だって御真影や教育勅語が下賜されています。沖縄は、「琉球処分」（1897年、明治12年）によって沖縄県として政治的には統合されますが、なお忠誠の一元化のためには特別な措置が必要であると考えられ、1887年（明治20年）9月16日に、他府県に先立ち沖縄の師範学校に「御真影」が「下賜」され、1889年には首里中学校や小学校にそれが及び、1890年には各小中学校に教育

勅語が「下賜」されていました。

　このように、同化政策の推進という課題に応じて、天皇制教育が率先して、ある場合には狂信的にやられたという事実があるだろうと思うのです。そういう点で、植民地教育と天皇制問題を考えることは大切なはずです。中央―周辺という用語をつかえば、異なる文化の接触地である辺境周辺であればあるほどナショナリズムが発動し、まさに天皇制教育という問題が先鋭化してくる、と言えるのではないでしょうか。以下の記述を参照してください。

> 「一般にナショナリズムは、国民国家の中心で生成され周辺へと拡大する運動として認識されがちだが、教育史の事実は、ナショナリズムをもっとも強烈に醸成する基盤は異質な民族が交渉し合うマージナルな領域においてであることを示してくれる。ナショナリズムは、中心化の運動であり、その基軸を中心においていることは事実だが、その運動はむしろ周辺から中心へと展開するのである。『植民地化』と『逆植民地化』が進行するマージナルな周辺領域こそが、ナショナリズムのエネルギーがもっとも熱く生成し運動する舞台なのである。戦前においても皇居や国会からもっとも遠い所でナショナリズムは最大のエネルギーを発動していた。」（佐藤学「教育史像の脱構築へ――『近代教育史』の批判的検討」『教育学年報第Ⅱ期6号　教育史像の再構築』世織書房、1997年、132頁）

　2点目は、同じことの別な表現かもしれませんが、つまり「天皇制と植民地」というテーマを扱うことによって、「帝国主義と教育」あるいは「日本の近代化と教育」といった、日本の教育史の全体構造を問う、そういう課題を自覚することであろうと思います。

　小沢有作は『民族教育論』（明治図書、1967年）で、以下のように述べています。

> 「日本の支配階級は、アジア諸民族を植民地化したために、一方でアジア諸民族にたいする教育侵略破壊をすすめると同時に、他方で、日本人民の国民教育を他民族抑圧を是とする方向にねじまげてきたのである。これはひとつの事実の二つの側面である。こうした教育史的事実をみとめるならば、われわれにとって、『植民地アジア』の教育と『本国日本』の教育とを有機的統一的に把握するという教育（研究）上の観点を獲得す

ることが、大いに必要になってくる。そして、このような方法的視点は、他民族抑圧をその本質のひとつとする帝国主義という政治的立場がもとめる教育事業を考えることからみちびきだされてくるのではないだろうか。またとくに、植民地領有支配の政治的社会的現実から規定されておこるアジアと日本とにおける教育事業であるから、これを『植民地主義の教育』というひとつの観点で統一させてとらえてみることが妥当なのではあるまいか。」(11-12頁)

　3点目は、日本の「同化政策」を問題にする場合に、「同化＝皇民化」とのべて、皇民化という用語をあえてくっつけてのべる、その問題の解明ということです。なぜ「同化」だけにとどめないで「皇民化」ということをわざわざいうのか。そこに欧米の同化政策とは明らかに違う意識が働いているわけで、日本独自の「同化教育」思想の究明ということが当然意識されているだろうと思います。
　4点目は、日本の植民地教育支配というのは、これもいろいろな人が言っていますが、たとえば矢内原忠雄も言うわけですが、軍隊あるいは警察と密接な結び付きを示している、そこがフランスやイギリスとは違う特徴的傾向だという点です。
　おそらく天皇制の原理（理念）を植民地支配の原理に当てはめることによって、かえって大きな矛盾を背負い込んでしまい、天皇制イデオロギーの虚偽性が顕在化し、権力や暴力を要請することになるという問題です。つまり、天皇制イデオロギーの虚偽性という問題。欧米帝国主義が利用したキリスト教理念とは違って、天皇制は支配イデオロギーとしての脆弱性を内包しているという問題があるから、軍隊や警察と密接に結び付かざるを得なかったということです。「片手に武器、片手に教育勅語という教師の姿」(小沢有作)。そういう天皇教とキリスト教ないし西洋近代思想との比較を通して、日本の植民地教育支配が軍隊警察と密接な関係をもつところの暴力性の究明になっていくのではないかと思います。
　参考までに、矢内原忠雄の指摘を紹介しておきます。

「台湾人若しくは朝鮮人、アイヌ人若しくは南洋群島島民に先づ日本語を教へ、これによつて彼等に日本精神を所有せしめよう。社会的政治的

自由は彼等がかくして凡て日本語を語り、日本精神の所有者としての日本人となり終つた暁の事であるといふのが、我が植民地原住者同化政策の根本的精神である。それはフランスにおける如き自然法的人間観（人間はその出生境遇の差別に拘らず理性の所有者として凡て同一であり、従つて植民地原住者も亦フランス人と同一なる天賦人権即ち人間としての自然権を保有するものであるということ—引用者）に基くものではなく、寧ろ日本国民精神の優越性の信念に基くものであつて、その意味においてフランスの同化政策よりも更に民族的、国民的、国家的であり、従つて軍事的支配との結びつきはフランスにおけるよりも一層容易である。」（「軍事的と同化的日仏植民地政策比較の一論」『国家学会雑誌』1937年2月、『矢内原忠雄全集　第4巻』、301頁　傍点は引用者）

　5番目は、3番目と4番目から言えることですが、なぜあれほどアジア諸民族の文化的精神的伝統を破壊したのか、文化を抹殺できたのか、という問題です。異質なものを無視し、否定する、それがまさに天皇制の支配原理であったわけですが、それを考えることになっていくものと思います。

　6点目、これは今日よく流布されている「植民地支配は被植民地国の近代化に貢献した」という問題に関係します。たとえば、「自由主義史観研究会」の人々や「新しい歴史教科書をつくる会」の人々が主張する、「植民地支配は近代化に貢献した」「植民地支配は悪い面をもっていたかもしれないが、少なくとも被植民地国を近代化した」という問題性をどう解くかということです。

　小沢有作が前々から述べていたことですが、じつはこれら近代化論者は「天皇制の植民地支配」をけっして問題にしないということです。近代化論の問題の核心は、「天皇制イデオロギーの犯罪性」を隠蔽してしまうということです。近代化論が持っている陥穽というか、落し穴といいますか、それをきちんと見抜くことが、「天皇制と植民地」というテーマなのではないのか。植民地教育支配は決して被植民地国の「近代化」を否定しないのであり、植民地支配の手段として「近代化」を大いに利用するわけです。

　そういう点で、「近代化への貢献」というイデオロギーのもっている問題性を考えていくためにも、「天皇制と植民地教育」というテーマが重大ではないのかと思うわけです。

## 2.「同化＝皇民化」思想とは何か

　そこでとくに、「同化＝皇民化」の問題を、もう少し考えていきたいと思います。つまり、日本の同化政策と欧米の同化政策のどこがどう違うかということについて、あらためて考えてみたいのです。

　欧米の「同化」政策は、──欧米といっても、アメリカとフランスとでは違うし、イギリスとフランスでは違う。そこは丁寧に分析する必要があると思いますが──重要なことは、欧米の同化政策は「人種と文化の違い」を前提にするということです。そこが日本とは明らかに違う。肌の色が違う、文化も大きく異なる。つまり「文化的異質性」を前提にした上で、「同化政策」をすすめるわけです。そこが日本の同化政策と明らかに違うというのが一つです。

　つぎに、理念としては、要するに建前としては、とくにフランスは特徴的だと思いますが、「平等化」と「人権の拡張」を植民地に敷衍するというか、つまりフランス人権思想・革命思想を普及拡大するために植民地に入っていく。そういう建前の上では「平等化」を志向していくというのが、欧米帝国主義国家の同化政策だろうと思うのです。人権の普遍化（＝文明化）を植民地教育の正当性の根拠にすえるわけです。

　それに対して日本の同化政策はどうかというと、文化的異質性というものは後方に退いて、むしろ「文化的人種的近親性」が強調されます。それはずいぶん早い時期の、たとえば伊沢修二の同文同種論に現れていました。もともと中国人と日本人はともに漢字を使い、人種的にも同じであり、宗教も一緒だ、ということが非常に強調されます。あるいは朝鮮では、同祖論、あるいは同系論が強調されました。これも早くからいわれていて、日本と朝鮮は、文化的異質性は小さく、むしろ人種的に同祖同系で似ているんだ、そういうふうに論じられて、植民地支配が出発していくわけです。だから朝鮮を同化できるのだ、同化が許されるのだ、ということです。

　これは欧米との違いが鮮明であって、植民地住民と宗主国の人々との「平等化」ははなから考えられていない。「平等化」ではなく、「同質化」が徹底した目標となるということです。同種、同系、同祖だから、同質化（＝同化）を徹底して執拗に追及していくことが最重要課題となるわけです。

　ですから、台湾や朝鮮の植民地統治の最終時期における被植民者への参政権の付与の論議でも、結局、参政権は実際には施行はされないのですが、「万民

輔翼」だということが強調されて、参政権の付与が認められる議論になっていきます。先の朝鮮総督府の学務局長塩原時三郎がそう主張しています。皇国臣民教育が徹底されたならば、まさに朝鮮人は日本人へと同質化されたのだから選挙権も与えられてよいであろう、その場合は、朝鮮人と日本人が「平等」だからということではなく、まさに「同質」だということが根拠だったのです。

　ただし、欧米と日本が共通する面もあるわけで、「文明化の使命」をはたすという点では、共通しています。日本は朝鮮や中国からみれば近代化の先を行っているので、その優位性を強調するということです。その点ではまさにオリエンタリズムが利用される、つまり「日本的オリエンタリズム」ということです。文明の名によって自己の植民地支配を正当化するというこの点においては、欧米も日本も同じであったということです。

　だから、植民地教育支配の初期から中期にかけては、同文同種論、同祖・同系論と近代化論、それに天皇制イデオロギーのトライアングルというか、三者の使いわけを行っていたのではないのかと思うのです。しかし、1937年の日中全面戦争以降は、とくに41年以降のアジア・太平洋戦争以降になると、これら三者の使いわけというよりは、「一視同仁」「皇国臣民」「八紘一宇」という天皇制イデオロギー思想1本になってきてしまう。つまり、反オリエンタリズム思想に収斂していくように思うのです。天皇制イデオロギーへと完結するという姿になっていくのではないでしょうか。

　たとえば、その使い分けと収斂という事でいえば、つぎの例が適当でしょう。
　朝鮮の宇垣一成総督時代の学務局長である渡邊豊日子（在任期間は1933年8月から1936年5月）は、これは「内鮮融和」の時代ですが、「欧米文明の一翼としての指導者日本」ということをかなり強調したりします。

　渡邊の朝鮮植民地教育政策論は、産業経済政策と教育政策との有機的関連を重視する点に特徴があり、同化＝皇民化政策の一部に自力更正運動という民衆における自発性の形成を持ち込み、欧米近代の教育思想を利用しようとしました。たとえば、渡邊は次のように述べています。

　　「我が国のみ尊いといふ考へに陥らずに、矢張り広く知識を世界に求めて行くことが極めて大切であらうと思ふのであります。日本精神の優れた幾つかの特徴の中に世界の文化をよく咀嚼してそれを自分のものに為して行くといふその事柄が日本精神と申しますか、或ひは大和民族と申

しますか、さういふもの、優れた所の性能も一つであるといふことを堅く信じてをるのであります。」
　「今日幸ひ日本主義が非常に高調され、日本精神が高調されることは非常に喜ばしいことではありますが、若しこれを履き違えて、外来の思想、外国の思想を総て排撃して、研究するに足らぬといふ態度を採りましたならば寧ろその招来する所は非常に恐るべきものではないかと思ふのであります。国家の発達学問の進歩は或ひはそれに依つて停止するのではないかと思ふのであります。」(「朝鮮教育会主催夏期大学開催の辞」『文教の朝鮮』1935年10月、6-13頁)

　渡邊は、このように言って、欧米近代の教育思想を学ぶ姿勢を強調したりもします。
　ところが、先の塩原のように1937年以降、つまり「内鮮一体」の時期になると、明確に欧米近代思想を否定して、「欧米文化を超える指導者日本」という言い方が露わになります。塩原の植民地教育論は、戦時体制再編の危機意識が如実に反映していました。彼は、徹底して欧米文化を否定・排撃して、日本精神を朝鮮植民地に断固導入しようとの意図が鮮明でありました。彼は上からの徹底した皇国臣民化教育を断行しました。彼は以下のように述べています。

　「思ふに、白色人が犯し来つた世界征服の迷夢を事実に於て精算させ、其の野望が彼等の有つ文明観念なり文化原理から出たものであるとすれば、我々は之を打破つて之に代るべき新しい文化原理を打建て、いかなければならない」
　「今や我々東洋人は、西洋文明の外形のみの絢爛さに惑はされて居るべき時ではありません。東洋人は東洋人として持つ所の本来の精神なり文明なりを強く振返つて見ると同時に、益々其の精髄を発揮して誤れる白色人の思想や文明を排撃し、東洋人として自覚を高調しなければならない」(「東亜に於ける日本帝国の使命」『文教の朝鮮』1937年12月、30-31頁)

　渡邊の同化政策思想は、国体思想と近代化論を巧みに融合し使い分けていましたが、塩原はあきらかに国体論と皇民化思想一筋で押し通し、すごみをきかせているように思います。

1941年以降、大東亜共栄圏時代の教育学者の言説は、反オリエンタリズム思想を中核におきはじめます。しかし、その言説のなかには、「欧米近代思想」を超えようとする独自の論理を編み出す努力が含まれており、あまりに馬鹿げたものとして無視してよいというものではない、きちんと批判しておくべき「内容」をもっているのだということが確認されてよいのだと思います。

　資料的にもおもしろい内容ですので、煩わしさを厭わずいくつかの言説を紹介しておきましょう。

　国民精神文化研究所の研究所員であった伏見猛彌は、欧米近代のオリエンタリズム思想を取り出し、それを批判することで、日本の「同化＝皇民化」政策の正当性を論じていました。

　　「ヨーロッパの近代文明は、多くサラセン帝国から得られたものであるが、教科書には殆どサラセン文明は無視されてゐる。サラセン帝国の文明はアジア文明であつて、ヨーロッパがアジア文明の影響を蒙つたといふが如き史実は、少なくともヨーロッパの児童には取り入れられ得ないのである。

　　又、彼等の教科書にはコロンブスのアメリカ発見を、新大陸の発見と教へてゐる。即ちコロンブスが発見する以前に、アメリカ大陸に生活してゐた人間と、その文化を一切否定してゐるのであつて、最近のアメリカ大陸に対する研究、インカ帝国の遺跡に関する調査は、南北アメリカの原住民の相当高い文化を物語り、更にそれがアジア民族より出たものであることすら、想定されつゝあるのである。さうした研究、調査を故意に黙殺して、新大陸の発見と教へてゐるところに、ヨーロッパに於ける学校史の政治性が認められるものと思ふ。」

　　「近代の歴史として更に驚くべきことは、彼等が過去三百年に亙るヨーロッパのアジア侵略の史実を、教科書に於て何と教へてゐるのであらうか。西洋文明の東漸と教へてゐるのである。さうした教科書に就いて学んだヨーロッパの子供は、近代史は未開野蛮なアジアを我々が啓蒙して行く歴史であると理解するのであるから、政治的には教科書をさういふ風に編纂することが絶対に必要であつたのである。」（『世界政策と日本教育』、126-127頁）

そして、植民地における初等教育の就学率の比較を通して、つぎにように述べています。

「建国十年目の満州国は四・五％パーセントであり、統治四十年目の朝鮮は七・二パーセントであり、五十年の台湾が十一・五％パーセントとなつてゐるのである。これらの数字を統治三百年にして僅か三パーセントの蘭印や、二・八パーセントのインドに比較すれば、その政策に根本的な相違があることを否定し得ない。台湾には近く義務教育が施行せられる筈であつて、その教育の普及状況は、既に文明国の域に達してゐるのである。即ち日本の場合はほゞ五十年の統治を経れば第一流の文明国と同一程度の教育程度にまで高まつてゐるのが従来の政策であつた。斯の如き政策は従来の米英流の植民地に於ては、全くその例を見ないのである。
　従つてこれらの統計は明瞭に日本の外地教育政策が欧米の植民地政策と、根本的に異なつたものであつて、異民族をも完全に皇国民として、一視同仁に取扱つてゐることを物語つてゐる。」(210頁)

伏見は、欧米の「植民地教育政策」に対し、日本の「外地教育政策」を対置して、日本には「植民地教育」という概念が成立しないことをのべ、その根拠を「一視同仁」の天皇制統治原理に求めていました。
東京帝国大学助教授の海後宗臣は、欧米近代の近代学校の実生活から遊離した「桎梏」を指摘しつつ、大東亜共栄圏建設のための教育（錬成＝皇化）の意義を以下のように論じていました。

「大東亜の諸地域に於いては教育の基盤としての実践生活が至重な意味を担って我々の前に展開されているのを見ざるを得ない。我々は米英蘭人の如き植民地支配者として彼等に代って、これ等の諸地域に臨まんとするものではない。米英蘭人は大東亜圏内の諸地域をその支配下に置き、住民中より欧米文化に傾いた少数者を選び出してこれを本国と同様な形をとった学校を用意して、自国の言語と文化とを用いて教養を与え、更にこれを本国の文化に浴さしめて遂に自らの意のままに駆使し得る本国化された知識人を造り上げ、これを仲介としてこれ等の地域を運営して来ているのであった。米英蘭人はかかる諸地域の知識人はこれを近代学

校の框内に封鎖し、多くの住民はこれを学校より除外して原始の状態に放置して顧みなかったのである。従って米英蘭人は単なる有識な支配者としてこれ等の地域に足場を置いていたのであって、実践生活への直接な結びつきをしていなかったのである。

　然るに大東亜の解放戦は単にこれ等の諸地域の住民をその米英蘭人による被支配の桎梏より解放するのみではなくして、これに生活の歓喜を与え、彼等自らの足をもって立たしむるにある。即ち実践生活者としての新しい編成を賦与することによって厖大な住民を皇化に欲せしめなければならない。……実践生活に根を下した教育方策であってこそ、新秩序建設への途を築くことが出来るのである。」（海後宗臣「新秩序への教育方策」『文芸春秋』1942年3月、『海後宗臣著作集』第1巻所収、東京書籍、633-634頁）

　海後は、「皇化」（天皇制原理）こそが「教育の実践生活化」であると述べ、皇化という実践は植民地教育ではありえないと述べていました。
　文部省の普通学局に勤務する近藤壽治は、『臣民の道』（1941年）を解説するなかで、日本の同化政策の正当性を以下のように述べています。

　「我々は往々過去に於て即ち明治以来世界の文化といふものが同一のものであり単一なものであつて、それぞれ特殊な具体性を持つたものはその普遍的な同一性の制約されたものであるといふことを考へて居つた傾が相当に強かつたのであります。言ひ換へて見れば世界史は同一な方向に向つて進みつゝあるものであつて、国民的な特殊性といふものはこの普遍なるものへの進歩発展の段階にあるものであるといふ風に考へて居つたのであります。それは要するに世界史の普遍的な見方といふものからくる文化の見方であります。併しながら歴史が生きたものであり、文化が具体的なものであるとするならばかゝる世界共通的な普遍性を以て真理とすることであつてはならないのであります。何となれば普遍的なもの、抽象的なものはそれ自身存在し得ないものであるからであります。生命があり、現実的なものは必ず具体的なものであり、特殊的なものであるといふことも考へねばならないのであります。そこに今日では文化がそれぞれ国家的な特殊性を有ち使命を持つもの即ち国民的な特色

を持つて存在し得るものであるといふ見方になつて来た理由があるのであります。日本人の建設する文化といふものは日本人の歴史、日本人の使命といふものに立脚した自主的なものでなくてはならぬのであります。この見方が正に世界史の転換といふことの重大な意味でなければならぬと存ずるのであります。我々は世界の出来事を共通普遍なものへの進歩の程度の相違に依つて起る過程であると眺めて居ることは出来ないのであります。」（近藤壽治「臣民の道について」『日本教育』1941年11月、60頁）

　近藤は、世界文化の一元的な進歩史観を否定します。ここではこれ以上、近藤の主張を紹介することは避けますが、近藤は、日本の国体思想こそが世界文化に代わる「具体→普遍」を達成できると、何の根拠を示すことなく述べていました。
　最後に、南方圏の同化政策を論じた舟越康壽をとりあげます。

「同化政策にせよ、協同政策にせよ、欧米の植民地教育政策は彼等の植民地政策の原理に基づいてゐるのものであつた。欧米の植民地政策の原理とは即ち侵略主義、換言すれば資本主義的搾取主義である。この原理に基づいて、同化政策は土著民を、強制的に欧米化しようとするものであり、協同政策は表面土著民の旧習を尊重しつゝ、その実は土著民の文化を低級なる程度に留めておく一種の愚民政策であつたと見られ得る。
　如上の如き欧米の植民地教化政策に対して、我が日本の教化政策は如何なる構想をもつべきであらうか。
　欧米の教化政策の原理がその植民政策の原理たる帝国主義に即してゐる如く、我が国の教化政策がわが政策がわが国対南方政策にその原理をもつべきは理の当然である。然らば日本の対南方政策の原理は如何。それはあへてあげつらふまでもなく、八紘為宇の国策に基づき、南方諸民族を欧米の制圧より解放して、彼等の伝統を復活せしめ、その文化の向上発展を庇護しつゝ日本を指導者とする大東亜共栄圏の確立に積極的に参加協力せしめるにある。従つて日本の対南方政策は欧米のそれが資本主義的隷属と搾取に存したのとは異なり、あくまで利己的政策を排し、南方民族との共存共栄、大東亜共栄圏の確立といふ協同の大理想の実現

を企図するものであることが銘記されなくてはならない。」（舟越康壽『南方文化圏と植民教育』1943年、381-382頁）

舟越は、欧米の同化政策には「協同政策」段階があって、この協同政策は被植民地住民の習慣や固有の文化を踏まえる同化政策であるとしていますが、それも結局は帝国主義の侵略搾取主義の外皮であると批判しています。この批判点は注目しますが、それに代わる日本の「南方政策」については、またもや何の根拠も示すことなく南方民族の共存共栄を推進すると述べてしまうわけです。

これらすべての言説は、天皇制（皇民化思想）を欧米植民地主義に対置してアジアを解放する原理であることを述べているのです。植民地教育であることを隠蔽し、欧米帝国主義からのアジアの解放をもたらすものとして天皇制イデオロギーが利用されていたことがわかるのであります。

以上、不十分な内容でしたが、天皇制と植民地教育支配の関連について述べてみました。今後とも、このテーマを執拗に分析検討していきたいものと思っております。

[参考文献]
1．小沢有作「植民地教育認識再考 ── 日本教育問題としての植民地教育問題」
　槻木瑞生代代表科学研究費報告書『「大東亜戦争」期における日本植民地・占領地教育の」総合的研究』2001年3月。
2．佐藤広美「植民地朝鮮における教育行政官僚の思想 ── 渡邊豊日子と塩原時三郎を中心に ── 」
　槻木瑞生代代表科学研究費報告書『「大東亜戦争」期における日本植民地・占領地教育の」総合的研究』2001年3月。
3．佐藤広美「大東亜教育論とは何か ── アジア太平洋戦争下の教育学を考える ── 」
　『年報　日本現代史　戦時下の宣伝と文化』第7号、2001年5月。

# シンポジウムの記録

運営委員会
## 井上　薫*

1. キリスト教、ミッション・スクールの「文明化使命」を通して「植民地教育支配と天皇制」を考える

　まずは企画時点での「欧米帝国主義との違い」という大枠提示にもかかわらず、各報告者からはそれぞれ持ち味を活かした材料を提供していただけたことに感謝したい。本来のメインテーマ「植民地教育支配と天皇制」を問うには日本との接点となる時代や条件や共通項を絞っておくべきであったというのが率直な感想であり、反省である。そのため、企画側（指定討論者）からの論点となかなかかみ合わなかったという印象は否めない。しかし、シンポジウム終了後相当経った時点で苦悩の末に付けさせていただいたこの項の題の意味では幾つもの収穫があったと思われる。

　この「まとめ」では、司会の力量不足で議論できなかった多方面への論点をなるべく活かすように要点を記録風に編集したが、割愛させていただいた発言もあることをお詫びしたい。


2. ヴェトナム支配の教育史的検討はこれから——現地語教育に特色——

　古沢常雄氏の報告「ヴェトナム（越南）におけるフランスの植民地教育政策——『文明化使命』をめぐって——」は、御自分がこれまで積み上げられてきた西アフリカ、赤道アフリカにつづいて、ヴェトナムにおけるフランスの植民地教育支配の研究動向を明らかにしようというものであった。この分野は研究がほとんど進んでいないため、事実の確定や法令そのものの内容さえ簡単には把握できない中で、まず関連先行研究の検討から基礎事実を整理している、まさにその途上での報告であった。

---

＊　釧路短期大学

タイトルに関わる先行研究の整理から、平野千果子『フランス植民地主義の歴史』の記述を引いて、1)「文明化使命」とキリスト教の役割について、フランス国内教育の世俗化の流れとは若干異なるものの、フランス支配の場合、宣教会の教会学校は抑えられる傾向にあり、「文明化使命」からは距離がありそうだということ、2) フランスの植民地支配が協同主義あるいは協調主義なのか同化主義なのかという議論について、「フランスではどの時代が同化政策で、どの時代が協同政策かを論じることに、さほどの意味はない」(平野) と記しているが、果たしてそうなのか、教育史ではまだ整理がされていない現状であるとした。

特にヴェトナムを中心としたインドシナのフランスによる植民地教育については、基本法令など、今後、資料所在の確認と教育史的事実に基づく検討の積み重ねが必要で、まだイデオロギー的側面にかかわって判断を迫られるという段階になっていない。マルセイユにある古文書館の資料活用が課題であるとした。

フロアーからの質問には、以下の3点があった。

Q1：ヴェトナムへのフランスの植民地政策の中で現地語に対するどんな方針があったのか。
Q2：イギリス、フランスの適地主義、同化主義について。
Q3：既に古沢氏が論文にされた西アフリカや赤道アフリカとの違いについて。

最初の質問は、竹中憲一氏によるもので、「満洲」における日本人の中国語教育について調べていたところ、日本人への中国語教育をやめる議論の過程で、世界各国で行われていた現地語教育の状況調査が参考とされており、その中では唯一フランスだけがヴェトナムのフランス人にヴェトナム語教育を実施していたことがわかったという。

古沢氏は、第1の質問に対して、19世紀から20世紀にかけて東洋趣味、異国趣味が流行って日本・東洋にあこがれてくるフランス人たちが学んだり、支配者達も東亜博物館、東洋研究所を作っていったことを例示しながら、フランス人は異民族を知るために現地語を学んでいったのだろうが、高等教育の面では進められても初等教育ではあまり (進められ) なかったのではないかという意見を述べた。それは、フランス人の子どもたちがヴェトナム語を学ばなけれ

ばいけないという、そのどこに子どもがメリットを見い出すのかに疑問があるからだという。

　第2の質問について。「融和主義」の方がイギリスで、フランスは力ずくで「同化」を行ったといわれているが、ヴェトナムの場合、「適地主義」をフランスがとらざるを得なくなっていくと答えられた。つまり、力が浸透すればするほどうまく現地を利用あるいは収奪していく。そのためにはその地域に見合った形で支配を貫徹し、あるいは経済を浸透させていかざるを得ないのではないか、と答えられた。

　第3の質問については次の通り。力ずくで支配しているというのは、アフリカもヴェトナムにおいてもほぼ同じであったと思う。ただ、赤道アフリカや西アフリカでは、結局共通言語がなく、今でも公用語がフランス語になっている。ヴェトナムでは方言的には違うけれども一つの言語があり、アフリカのあるところではイスラムが強かったけれども、ヴェトナムは儒教なり中国の影響が強く、文化の比較からみればアフリカよりヴェトナムの方が進んでいたとフランス人たちは見ていたようだ。そういうなかで、支配は力ずくだけれども「適地主義」のような形でフランス-ヴェトナム人学校があり、フランス―ヴェトナム人教育もできてきた。(この「フランス―ヴェトナム」という形容詞の内実も課題とすべきと付言された。)　現地語を活かしつつフランス語をも浸透させていったということでは、フランス語だけで教育していったアフリカの場合と比べて、ヴェトナムあるいはラオス、カンボジアとは少し様相が違うのではないか。けれども、ヨーロッパ中心の文化やものの考え方をそのまま浸透させていき、自国よりも「あこがれのフランス」に忠誠を誓うことが意図されていたことは両方同じように思う。また、19世紀の初頭くらいまでと、20世紀の第一次世界大戦以後では様相が違ってくる。以上であった。

## 3.教育権回収運動による中国キリスト教学校の性格変化―中国化、世俗化の内実

　続いて、佐藤尚子氏の報告「教育権回収運動下の中国キリスト教学校」は、冒頭で他報告と関連するであろう幾つかの前提が示された。

　まず、古沢報告で問題となったことに関連して、中国では、1) ミッションスクールの支配の論理がまさに「文明化」であり、キリスト教を与えることが

「文明化」であったこと。2)「同化主義」と「適地主義」について、「同化」は本国の制度が与えられる側面があるが現地と結びあわせることができない問題があり、「適地」にしても短い修業年限等の差別が明白であるため、どちらがよいとはいえないこと。また、国際関係について、3) ヴェトナムと日本との関係。ヴェトナムは清仏戦争後フランスの植民地になるが、アジアの日本が近代化を早く成し遂げたとし、フランスの植民地でありながら日本に行って学んでこようとする動き、日本をモデルにフランスに反対する運動も起こったこと。4) 中国（清）と日本の関係では、清国が近代化を成し遂げようとするときに日本モデルで行い「黄金の十年」ともいわれたこと。アメリカは、1839年から延々と資本を投下しているのにこれでは影響力がないと、1908年から中国からの留学生に資金援助を始め、中国の教育をめぐっての争いがおこる。この部分で欧米帝国主義と日本との比較が可能である。

これらのほとんどを議論することができなかったので、課題として書き残しておきたい。

さて、本論は、中国キリスト教学校の「世俗化」「中国化」、性格の変化についての問題提起であった。概要は次の通り。

1）教育権回収運動前の中国のキリスト教学校は、まさに植民地的で自給自足的な体制であり、中国政府への登録認可は必要なく、これらを統括する団体（中国キリスト教教育連合会）があり、全国団体が各省区に分会を持ち、視学をもって管理をする、中国の主権の及ばない治外法権の聖域として活動を続けていた。2）教育権回収運動では、中国キリスト教学校に対して、教授用語が英語だったこと、中国人を教えているのに中国を教えていないこと、宗教の意図が強いことが厳しく非難されていた。3）教育権回収運動の後、キリスト教学校の大部分は中国の私立学校として再出発した。中国では、選択制ならいいとして、教会学校は登録の道を選んだ。4）「世俗化」「中国化」で教会学校の性格が「変わった」と『米中教育交流史研究序説』には書いたが、資金的な欧米依存はずっと色濃く、欧米からの補助金なしでやっていけたのは登録校の約3分の1であって、中国の正規の学校としては不十分だったのではないか。変わったところもあるが、南京国民政府が緩やかな政策をとったから温存されたのではないか、と解釈が変わった。日本と違って中国の正規の学校として存続できたのは、政府と密着して仲良くできた状況があるのではないか。中国政府

も利用したという面があったかもしれない。欧米のチャンネルがミッション、ミッションスクールであり、中国政府と欧米政府を結び付けた。そういう意味で利用のしがいがあったのかもしれない。

これに対し次の質問が出た。

Q4：利権回収に対する欧米帝国主義と日本帝国主義の対立という視点の必要性について。
Q5：中国における教会の自立や土着化について。

Q4について、質問者は、20年代後半の中国では、治外法権撤廃や関税自主権の承認、各種利権の回収に対する欧米帝国主義と日本帝国主義の対立があり、そういう関係のなかで政府の対応、あるいはミッション・スクールの対応をとらえる視点の必要性を尋ねた。

報告者は、1923年の日本の設立による対支文化事業と24年のアメリカによる類似の中華教育文化基金董事会で具体例を示した。この双方で中国の教育援助を争うが、董事会は実際の運営を中国に任せたけれども、日本は対支文化事業を中国には任せず、日本が支配しようとしたこと。これは青島返還時に日本人学校を売却した資金を対支文化事業に入れるときの条件で、日本人教育に使うという名目があったことが原因らしいこと。それで対支文化事業といいながら3分の1程は「満洲」、上海、天津の日本人学校に使われた。中国側は任せてくれないなら参加しないということで、日本単独の文化事業として定着していったこと、が示された。また、ミッション・スクールとの関連についてまでは議論することができなかった。

Q5について、李省展氏は、朝鮮ではわりと土着的な要素が強いとの考えを、マティーアの「現地語による教育」という回想、自主独立的な教会運営が朝鮮に入ってくることから示した。これに対して報告者は、中国はどうしてかわからないが、実際の自立は遅いこと。教授用語では、上海を中心にした地区のキリスト教初級中学校の例から、中国語のみを教授用語とする学校は半分弱で、その程度しか中国化、土着を目指していなかった、と答えた。

## 4.文明化とキリスト教化の相克―アメリカ北長老派・宣教関連資料からの分析

　李省展氏の報告「文明化とキリスト教の相克――天皇制支配と植民地朝鮮のミッションスクール――」は、冒頭で、キリスト教が文化帝国主義の尖兵だという考えに対して、必ずしもそうではないことを掲げた。報告の前提として、1）文明化はキリスト教化とは一致しないこと。キリスト教がどういう形でその地に入っていくかでミッションの在り方も異なること。2）アメリカの宣教師養成は大学卒業後に行われるので、アメリカの高等教育が反映していること。3）「欧米」帝国主義は一様ではなく、アメリカ帝国主義はフランス帝国主義と異なって、植民地を持つことよりも市場経済を重視する傾向があること。したがって、「帝国主義」の違いも争点となること、が提示され、結論としては、4）3・1独立運動から文化政治に至る過程でミッションがどういう役割を果たしたのか、キリスト教学校の学生がどうだったのか、当時の文章を検討しながら、アメリカ・デモクラシーとのつながりにおいてキリスト教教育を考えたいということであった。報告の概要は次の通り。

　土着に関わっては、1）朝鮮では、ごく初期に国王の認可を得たこと。2）現地クリスチャンの協力もあり、現地語による教育には相当に力を注いだこと。3）長老派の宣教師は、朝鮮に入ると定期的に朝鮮語のテストを受けねばならないこと。4）ミッションが目指した教育は「朝鮮の文化・伝統から離れることのないクリスチャン指導者の養成」であったこと。5）長老派の教育が一番花開いた平壌でのキリスト教教育は100％クリスチャンの子どもたちで構成され、1930年代と推測される史料からキリスト教の教会・学校・病院がある程度一体となったコミュニティの形成を認めることができること。また、日本との関連については、1）日本の課題は、先に宣教師たちの張ったネットをどう切り崩していくかという点にもあったこと。2）ミッションは1905年、メソジストと長老派の宣教・教育活動を統合し、「併合」後は、朝鮮全土のキリスト教教育の再編（大学問題）を通して、日本に対抗した教育を展開しようとしたこと。3）日本は1915年、改正私立学校規則によりキリスト教教育を弾圧したこと。4）アメリカは宣教会を巻き込み、総督府の小松緑を窓口として様々な議論をした結果、10年間の猶予で落ち着いたこと、が報告された。

3・1独立運動から文化政治に至る過程でのミッションの役割について、1）1919年3月22、24日に朝鮮ホテルで行われた、総督府官吏、現地日本人キリスト者、宣教師を交えての話し合いの非公開文書、2）独立運動中のアメリカの朝鮮人や宣教師が理想としたパーク大学の留学生声明等の文書をとりあげ、考察した。1）は関屋学務局長をはじめとするクリスチャンルートと宣教師らが、ある意味で武断政治から文化政治への橋渡し的役割を担ったのではないかということ。2）は、アメリカ宣教師から理想を教えられてきた者たちが、アメリカの理想を用いて批判的にものを見てアジアと世界民主主義の可能性を指摘し、アメリカの民主主義を土台にしながら日本の近代を批判していたと言えるのではないか、と指摘した。

最後に、「近代」の多系性を指摘し、アメリカ人宣教師が朝鮮において為した教育によって、アメリカ型近代の系譜が朝鮮の歴史の中に脈々と流れていると思われ、それが特に、3・1独立運動などのときに抵抗の論理として出現しているのではないか。駒込武氏がいう近代を徹底化することによる日本の支配の批判、と言い換えられるのではないか、と結論づけた。

報告についての質問は、

Q6：キリスト教は日本の支配下で1945年までずっと続けられたのか。
Q7：朝鮮のスクールを支えた階級的・階層的な基盤はどこにあったのか。また、メソジスト系と長老派系での違いは何か。
Q8：改正私立学校規則と日本の文部省訓令第12号（1899年）への対応の違いについて。
Q9：西欧の植民地支配とキリスト教と、日本の植民地支配と天皇制、天皇教の関係について。

Q6に対して報告者は、宣教師は日米開戦となって朝鮮を離れるが、離れた後も朝鮮人が経営を受け継ぐというケースもあること。しかし、プロトタイプと考えている平壌・崇実（長老派）の場合、皇民化政策、神社参拝は絶対できないということで自主的に閉校した。メソジストは継続していくが、様々な形で学生が日本の支配に抵抗していったこと。

Q7については、メソジストは、培材学堂のように、英語を用い、通訳、政府の官吏のような人材育成をするどちらかと言うと都市型の学校で、階層は朝

鮮のなかでも上層に根差していたこと。それと比較して長老派の方は幅が広く、お金のない学生の場合、崇実などでは学校の中で働かせ、働いた分を授業料とするシステムをとるなど、比較的下層、農民まで含めて学校の中に取り込んでいくことが可能であったこと。

Q8へは、長老派は閉校も辞さないという形で徹底的に闘い、総督府と折衝した。ところがメソジストは、総督府の提案を規則に従うという形で受け入れていく。これは必ずしもキリスト教教育を完全に否定することではなく、聖書教育などができる学校を別系統で作っていく。長老派の方がメソジストに比べて日本の天皇制支配に対して対抗的であった、と答えがあった。また、訓令への対応は議論できなかった。

Q9の、天皇制、天皇教に関わっては、次の答えがあった。

教派神道が国家神道化されたことは、明らかに政策的な問題だ。近代化、日本が帝国主義化していく過程においてやはり精神的なバックボーンというものを必要とした。それと天皇制を結び付け、結局、日本の支配は宗教的なものも権力のなかに組み込んだ。だから宗教的な部分に対しては宣教師は激しく抵抗した。

## 5.欧米の植民地支配から天皇制を考える意味
　　　　　　　　　——指定討論者からの提言と全体協議

最後に、指定討論者の佐藤広美氏から、シンポジウムのテーマ「天皇制と植民地教育」を追究することによって明らかになっていく課題が示された。

植民地を研究すると、1）植民地教育の「逆流」、辺境周辺であるほど先鋭化するなど、国内以上に明確化した天皇制教育がわかる。2）「帝国主義と教育」、「日本の近代化と教育」（小沢有作）という全体構造を問うことになる。3）植民地が近代化に貢献したという近代化論が持っている、天皇制の植民地支配を問わない、天皇制イデオロギーの犯罪を隠蔽してしまうという陥穽をきちんと見抜くことになっていく。また、あえて欧米の植民地支配を考えることにしたのは、4）日本の「同化」は、なぜ「皇民化」と言うか。そこに働いている欧米の同化政策とは明らかに違う意識を究明する。5）日本の支配が軍隊や警察と密接に結び付かざるを得なかった、天皇制の虚偽性あるいはイデオロギーがもっている、キリスト教とは違う脆弱性を考えるためであるとのことだった。4）と5）からは、アジア諸民族の文化的精神的伝統を破壊し、文化を

抹殺した、異質なものを否定する天皇制の姿が浮き上がる。

このうち「同化─皇民化」の問題、欧米との違いについて具体的に言及があった。

「同化」政策の違いについて、欧米の「同化」政策は文化的異質性を前提にした上で「同化」をする。また、理念の上では平等化を志向していく。それに対して日本の「同化」政策は、文化的、人種的近親性が強調される。平等化は考えないで同質化を執拗に追及していく。ただし、「文明化の使命」では共通していて、明らかに日本は朝鮮や中国からみれば近代化の優位性を強調している。

ところが、支配当初、同文同種、同祖・同系論と近代化の併用、使いわけをしていた言説が、アジア・太平洋戦争頃になると、「皇国臣民」「八紘一宇」のような反オリエンタリズム思想一本となり、近代化論は吹き飛んでいく。ただし、それはマルクス主義の社会批判や帝国主義批判の論理を巧みに取り込んだ近代の超克論ともいうべき思想であった。「内鮮一体」時期の塩原時三郎や1940年以降の様々な教育学者の言説がまさにそれで、政策にもバックボーンとして位置づくものがあったと考えられる。ほぼ以上の内容であった。

指定討論者からの提言を受けた後、全報告者への質問・意見交換を行った。大きな論点には、ミッションの土着化や宣教方針の違いに関するものがあった。
1）朝鮮では文化・伝統から離れず、中国では離れている。いずれもアメリカから来るものとは思うが、中国と朝鮮においてミッションの文化・伝統に対する宣教方針が異なるのは何故か（佐藤広美氏→佐藤尚子・李省展両氏）との質問に対して、佐藤尚子氏は、わからない、教派の違いではないと思うと述べた後、例えば、就職口など、もう少し大きなところでの検討が必要だとして、中国では主だった企業が欧米資本であったことや、ミッションスクールを出て官僚になる人は非常に少なかったが、英語を話す人はいい生活ができるということで入学が増えていた事情を紹介した。なお、中国革命を導いた人物には、日本留学経験者が多かったという。

李省展氏は、教会形成との関係の可能性を指摘した。朝鮮では学校を、100％クリスチャンで運営することが可能な基盤を形成することができたが、中国の場合は日本のミッションスクールの例と似ており、東京でも、進学や社会的な立身出世と英語が結び付いているかもしれないこと。朝鮮の場合は、そういう

部分をメソジストが担ったのでは、と述べた。

さらに、2）その「100％」の中身を分析すべきだ（竹中憲一氏→李省展氏）として、在満朝鮮人の場合、龍井で村全体が帰化した例を挙げ、その契機は決して信仰心ではなく、日本の迫害から逃れるという現実的な問題があったこと。つまり煙突の上に十字架を立てていれば結局それが治外法権になり、その利用はブームになったことから、再吟味を求めた。李省展氏は、少なくとも宣教師は「すべてクリスチャンの学生である」という言葉を用いてミッションに報告していたことを答えた。

また、欧米帝国主義との「比較」の観点について、幾つか質問や提言があった。

1）中国の研究に、キリスト教学校は近代科学の窓口であったという評価があり、日本が中国に持ち込んだ学校や教育環境との違いとして強調される。では、キリスト教学校・ミッションスクールがそれぞれに持ち込んだと思われる近代科学の系譜（技術や実学）は、日本の持ち込んだ物と違っていたのかどうか。（渡部宗助氏）

2）ミッションスクールが置かれていた位置、帝国主義的国際環境が違うのではないか。基本的な有り様、伝統、そういうものを総合した歴史の課題の違いを踏まえてテーマとのかかわりをしていくべき。（松浦勉氏）

3）西洋には人権思想があり、信教の自由や教育の思想の自由がある。日本ではこれを前提としないで排除する。一方で、自発性を重んじながら内面へ入っていく。重要なのは、同化や皇民化の、内部に入る入り方の問題か。現在の軍事的・産業的侵略と精神構造との関係にも通ずる。なかなか天皇制支配と嚙み合わないが、ここを考える課題の方が大きい。（志村欣一氏）

1）について、佐藤尚子氏が次のように答えた。教会学校を欧米諸国と言い換えると、科学そのものの発祥地であるから当然持ち込まれたと思う。では日本は何を中国に持ちこんだのかといえば、清朝末期には日本風に解釈した科学が持ち込まれたと思うが、何よりの特徴は国民教育、教育だと思う。日本が中国にもたらした教育普及とか教育、教育学、教員養成、そういった学問は日本の得意の分野であったように思う。日本のミッションスクールには医学はないが、向こうは医学を持つのが普通であった。教育の必要性・重要性を持ち込んだのは日本の方が早くて、そして影響力が大きかったのではないか。ところで、日本は初等教育からだが、中国の人材教育は大学から始まる。統計でも叙述で

も高等教育から始まるが、日本では初等教育からだ。そういう意味では受け入れられなかったのかも知れない。

竹中憲一氏は、同じ「学校を開いた」といっても教育の目的が違うのではないかと、1915年頃に競って医大を作り上げたという満州医科専門学校、満州鉄道の南満医学部の目的と対象の違いから指摘した。具体的には、クリスティーの関わった学校は1年遅れでできたが、宣教師以外中国語で教えて中国語で勉強する、週1時間だけある英語も基本的に中国語で教える。だから、宣教師がまず中国語を勉強する。対象も全部中国人であった。一方、日本は日本語を押し付ける。対象は25％くらいが中国人で、75％は日本人。何故かというと、満鉄が作った病院に配置する人材養成、すなわち自分達のために作ったからであったこと。それゆえ財政援助への中国の関わりが異なったという。

その他、フランスの国内―植民地の私立学校に対する二面政策、ナショナリズムとキリスト教の関係、東アジア間での宣教師異動、関屋の役割評価、戦後の米中国交回復とキリスト教学校の人脈の関係など、この紙面で紹介できなかったが興味深いことも多かった。

＊　＊　＊

以上、全体を通して考えると、キリスト教の「文明化使命」を通して今後確かめるべき視点がある程度提示されたように感じた。特にキリスト教の土着化の様態が問われ、その地でどのような役割を担おうとしたのかの違いが幾つか示されたことは有意義であった。そもそも"彼の地で役立つ"という発想が日本にどの程度あったのか、キリスト教のこの発想と欧米帝国主義の重層構造の関係、また「現地語」をどのように位置付けて教育したかという思想の出自や事情も今後突き詰めていきたい点だと感じた。対支文化事業や「満洲」で設立した医科大学の目的の違いなどの例は、日本が被支配者へ関わる場合にも、どこか「排除」の論理が働き、「日本人」の自己利益を最優先する自己中心的な典型例であったようにも思えた。欧米キリスト教勢力の教育は現地の権力や現地社会のどの階層とどのような関係を築いていったのか、という視点は日本の植民地支配を思い描いた参加者に様々な想像をめぐらせたのではなかったかと思う。巻末掲載予定の本研究会会報にある参加者からの記録も是非ご覧いただきたい。

個別論文

# 「満洲国」の蒙古族留学政策の展開

于　逢春＊

はじめに

　本稿は、1932年から1945年にかけての、「満洲国」(以下、便宜上括弧を外す)の蒙古族に対する留学政策を、主としてその政策の確立・実施実態・特徴に焦点をあてて検討しようとするものである。

　清王朝は17世紀前半〜17世紀末に内・外蒙古を征服した。しかしながら、蒙古族と清王朝の関係は単純な支配関係ではなく、「満蒙一家」というスローガン下、蒙古族王公貴族には満洲族の貴族と同じ爵位が与えられた。中華民国成立直後の1912年には「蒙古待遇条例」を公布し、蒙古族の王公貴族に対して清王朝時代の既得利益を認めた。1931年9月、満洲事変後、関東軍は日本留学出身及び奉天東北蒙旗学校出身である蒙古青年カンジュルジャップら、及び蒙古族の王公貴族である斉黙特色黙丕勒(チムトセィムピル)らを利用し、奉天軍閥の勢力を排除しようとした。その時、関東軍にとって、「満蒙」を中国から離脱させるには、「満蒙独立」を煽動することがとても有利な要素であるとした。だから、満洲国の建国に際して関東軍は蒙古族を籠絡するため、蒙古族に「自治」を約束した。そのために、「蒙人治蒙」「属地属人主義」というスローガンの下で、満洲国は1932年に内蒙古東部の昭烏達盟、哲里木盟と呼倫貝爾盟を興安省(領域面積は約40万余平方キロメートル)とし、それを蒙古族の特別自治行政区域とした。そして、興安省における行政を、国務院に直属する興安局(後ほど興安総署、蒙政部、さらに興安局に改称)に把握させ、満洲国の一般行政から分離した。

　しかし、新国家(満洲国)成立後、蒙古族の政治的自治の要求を承認すれば、

＊　広島大学大学院

新国家内部の民族対立を煽ることを意味する。従って、満洲国の安定に伴い、満洲国政府と蒙古族の王公貴族及び官吏の間に「自治」の内容をめぐる根本的な立場の相違が、顕在化してきた。まず、満洲国建国の直後、「教令」第五六号で公布された「旗制」によって、満洲国領域の内蒙古東部では王公による札薩克（ザサク）世襲の封建制度が廃止された。当面、旗長には新政に理解ある王公が選ばれたが、将来は平民中心の政治にする方針であった。次は、1938年、蒙古王公らに「土地奉上」を押し付けて王公の世襲制度を廃止し、王公の世襲土地占有権を接収して国有とした。こうして、蒙古族の王公貴族・官吏と満洲国政府の間に深刻な対立が生じるようになった。満洲国政府と蒙古王公貴族をはじめ蒙古族官吏の対立は、蒙古族貴族である興安北省省長でもある凌陞の処刑、蒙政部の廃置を以って終結された。しかしながら、蒙古族の王公貴族はここから日本に不信感を生じたのである。

　一方、満洲国は1932年3月1日、建国宣言を発表した。その建国宣言には「凡そ新国家領土内に在りて居住する者は皆、種族の歧視、尊卑の分別なし。原有の漢族、満族、蒙族及日本、朝鮮の各族を除くの外、即ち其他の国人にして長久に居留を願う者も亦平等の待遇を享くることを得」と明記される。ここから、満、漢、蒙、日、朝の五族が一律平等に共存共栄をはかって行くという「五族協和」ないし「民族協和」の理念が複合民族国家満洲国における国民統合の基軸となってきた。蒙古族の場合、「五族協和」の具現は、「蒙古民族ノ天ヘノ信仰及ヒ同シク辺疆種族タル回教徒ノアラーヘノ信仰ハ指導者タル日本ノ天御中主神ヲ中心トスル神ヘノ信仰ニ帰一ス」と強調した[1]。所謂「日本ノ天御中主神」は、即ち皇道である。端的に言えば、「天」を信仰する蒙古族を「日本ノ天御中主神」信仰に帰依させようとしたのである。

　しかし、皇道精神によって蒙古族の精神を統合することは、容易にできないことであった。なぜなら、満洲国建国に伴って、内蒙古の中華国民政府地方政権は崩壊したが、内蒙古地方の政教一致のラマ教体制は崩壊しなかったからである。蒙古地方では、清王朝から民国時代にかけて従来政教一致制度を実施していたと同時に、ラマ教が蒙古族の全民族共通の宗教となったのである。満洲国建国直前の内蒙古におけるラマ廟（廟、即ちラマ教寺院）の数は、一旗平均約20といわれ、即ち全部で1000となる。廟ラマの総数は、「大体十万人位といわれ、人口の約一割乃至三割と見るのが妥当」である。ラマ僧の数が著しく増加すると共に、ラマ廟に家畜その他の財力が著しく偏在することになった。ラ

マ廟の土地・財産は「到底王公と雖ももち得ない。而も廟にはシャビ（属民）乃至その廟に直接生活を依存する多数の人口を擁してゐる」。「廟とこれら民衆とのつながりは、喇嘛（喇嘛は即ちラマまたはラマ僧。以下、引用文の場合では原文そのまま）の精神的支配と経済的依存とによつてかたくむすばれてゐる」、「喇嘛教は実に蒙古人の生命てあり、糧てあり全ての全てたる」ものであった[2]。

こうして、蒙古社会を支える蒙古族の王公貴族と蒙古族の精神を支えるラマ教は、満洲国の蒙古社会への改造と、とくに蒙古族の「国民」（以下、便宜上括弧を外す）統合政策を妨げるものとなった。この状況下で、満洲国は二つのルートを通じて、世俗蒙古族とラマ僧に対して、国民統合教育政策を実施した。その一つは国内での学校教育と社会教育を促進した。もう一つは留学生・留学僧を派遣したことである。本稿は、満洲国の蒙古族留学派遣政策の実像の解明を目的とする。

先行研究では、潘殿成が満洲国の留学状況について研究したが、満洲国の蒙古族日本留学の実態に対しては解明しない。また、満洲国の蒙古族国内留学、満洲国のラマ僧留学に対しては触れていなかった。とくに満洲国統治集団中の日本系（以下、日系）支配者と蒙古系（以下、蒙系）支配者を同一視し、二者間の留学生派遣意図における相違点を否定した[3]。

そこで本稿では、まず満洲国の蒙古族留学政策を明らかにする。その上で、満洲国の留学政策の実施実態を検討し、特に国内留学状況を解明する。次に満洲国の日系と蒙系支配者らの蒙古族留学政策の指導思想及び留学生派遣の意図の相違点を明らかにする。最後に、満洲国の蒙古族留学の特徴を指摘する。

## I. 満洲国の蒙古族留学政策の確立

### 1. 世俗蒙古族留学政策の確立

1934年9月17日に満洲国文教部・蒙政部によって発布された「留学生に関する件」及び同月21日に満洲国国務院によって発布された「満洲国留学生規程」は、満洲国留学政策の登場を告げるものであった[4]。「満洲国留学生規程」は全部で2章20条からなる。主な内容は、満洲国の蒙古族留学生事務を蒙政部、非蒙古族留学生事務を文教部によって管理・指導されることである。また、留学志願者は試験を経て、合格さえすれば、派遣されるとした。同時に、文教部或いは蒙政部は困窮な留学生に対して留学補助費を支払った[5]。1937年9月、

「満洲国修正留学生規程」が公布された。「留学生規程」の内容について、修正後のものは修正前のものと大体同じであった。違うのは満洲国の蒙古族と非蒙古族留学生とも民生部によって指導され、管理される点であった[6]。というのは、文教部と蒙政部が廃止され、文教部のすべて業務と蒙政部の教育事務は民生部の文教司によって管理されたからである。

上記の「留学生規程」の内容は、大体次の通りである。その一つは、留学生が「日満一体」を信じ、満洲国の「建国精神」を維護する言行を持たなければならないということ。もう一つは、留学生が集会をしようとし、団体を作る或いは団体に入会しようとする時、駐日大使館の許可を得なければならないということ。さらに雑誌・新聞を発行したり、留学生に署名を求め、募金しようとする時も駐日大使館の許可を必要とすることであった。上述の規定に違反すれば、情状の程度に応じてそれぞれ処罰された。即ち譴責、補助費の取り消し、留学認可の廃止、帰国の強制などである[7]。このように、満洲国の留学政策の特徴は精神面で制御し、物質面で援助することであった。一言すれば、蒙古族の留学人事権は満洲国によって主導されたと言えよう。

一方、注目すべきことは、蒙古族留学生が思想審査及び学力試験に合格さえすれば、誰でも経済の援助を得られることである[8]。これによって、留学生活は維持されたのである。

## 2. ラマ僧留学政策の確立

前述したように、ラマ教は、満洲国の蒙古族に対する国民統合、蒙古社会の変革をはかる上で、最大の障碍であった。この状況下、満洲国は、ラマ教政策の立案のため、調査を開始した。1933年初め、満洲国文教部は『満洲国少数民族教育事情』を起案した。以下にラマ僧教育に関する部分を引用する[9]。

蒙古地方には、直接人民を指導すべき唯一の知識階級たる喇嘛僧は遊惰であり、且つ軍閥に利用され、或ひは自らの特殊的地位を擁護する為に、ひたすら妄信を強ひ、迷信を流布し、意識或ひは無意識の中に同族を救ふべからざる暗黒の境に追ひ込んでゐた。現在蒙古人社会を最も力強く支配してゐるのは宗教、即ち喇嘛教に対する信仰であり、彼等の生活も教育も離しては考へ得ない。将来の蒙古人社会を如何に改革し、人民教育を如何に向上せしめるかは一に喇嘛教に対する今後の対策如何にかかってゐると云

つても過言ではない。今や新国家成立し、宗教上の管理弁法を定め且つ制限方案等の法令が作られたから、今後は確実適切に利用されるであろう。

このように、満洲国は、ラマ教観、及びラマ僧に対する教育上の対策を明らかにした。即ち、蒙古民族を「暗黒の境に追ひ込んでゐた」元凶としてラマ僧をみなし、ラマ教そのものを否定したのである。しかしながら、現状に於いて、蒙古人の社会と生活から、ラマ教を分離することは許されず、性急にラマ教を取り締まることはできなかった。第二に、直ちに取り締まることは困難であっても、ラマ教の自由で気ままな存在を取りあえず制限する方策は制定された。従って、満洲国は禁止政策をとるまでには至らなかった。

この状況下、満洲国はラマ教に対し改造政策を実施した。1940年初め、満洲国は、「喇嘛教整備要綱」を公布した[10]。この要綱は、満洲国のラマ教問題に対する解決姿勢を最もよく表しているもので、政治、経済、教育上の施策として注目される。ラマ僧教育政策に関する内容は四つにまとめられる。そのうち、ラマ僧留学について、「教義の根本を同ふし世界に於て最も正法の興隆せる日本仏教を学ばしむる為青年喇嘛の日本寺院留学を奨励輔導せんとする」ことを規定した。

このラマ僧日本留学政策は、日本国内・ラマ教そのもの・国際的要因に基づいて実施されていた。その一つは、満洲事変後、日本国内でいくつかの蒙古問題に関する研究会が結成された。「蒙古談話会」がその一つである。当該談話会の主役は財団法人善隣協会、及び同会々長一条実孝などである。毎月開かれ、参謀本部、陸軍省、外務省、興亜院などの蒙古関係の方々を中心として熱心な討論と意見の交換が行われることになり、ラマ僧及びラマ教徒に対する国民統合教育を通じて、次第に日本精神によってラマ教を統合することを主張した。このような手段によってラマ教を次第に改造しようとする立場、いわば「改造派」が存在した。それに対し、一部の日本国内及び現地の日本人官員・ラマ教問題研究者である興安北省新巴爾虎旗事務官酒井二郎、ラマ教研究者高綱信次郎らは、ラマ教を「蒙（古人）民更生上の癌」とした。いわば「撲滅派」と言えよう。結局、「改造派」の主張が受け入れられたのである。というのは、以下の現状を考慮せざるを得なかったからであろう。すなわち、蒙古族の宗教感情が、ラマ教に対する批判をする程度に致っていなかったからである。

また、ソ・蒙の露骨なラマ教撲滅策の失敗や、英・米のラマ僧懐柔策による

影響があったからである。蒙古地方のラマ教に対し、1920年代初期〜30年代初期、ソ連・蒙古人民共和国は、ブリヤート蒙古地方と外蒙古地方においてラマ廟の閉鎖と、ラマ僧の殲滅という露骨なラマ教撲滅政策を採用した。その政策の結果、ラマ僧による大反撃を受けたのである[11]。因みに、英・米・独などの列強も内蒙古に戦略的、経済的利益を持っており、いずれも蒙古族、とくにラマ僧を手懐けようとしていた[12]。もう一つは、日本の植民地政策の一環としての満洲国の教育政策は、「ラマ僧」という、いわば、蒙古地方における唯一の知識人を媒介として展開せざるをえなかった。「ラマ僧」を、ラマ教と分離させた単なる「知識人」として媒介させることで、「近代国家」の原則である「政教分離」が貫かれたと考えている。つまり、ラマ僧を改造して「知識人」化するための「否定」であり、国民統合政策に従事する人材として「温存」が図られたと言ってもよい。第三は、蒙古地方では、多数のラマ教寺院がラマ学塾を設立した。ラマ学塾ではそれぞれの「役目喇嘛」という職制を設けていたが、これは師匠に相当した。彼等は、青少年ラマ僧の学習を指導する責任を持つだけでなく、その師弟関係を一生にわたり改変できない。弟子は、いつまでも師匠に服従しなければならない[13]。青少年ラマ僧に対する国民統合政策を実施しようとすれば、ラマ教の師弟制度を打ち破らなければならない。

　こうして、「喇嘛教整備要綱」が発布される前、即ち1934年以降、満洲国は、日本仏教を学び、「帰国後に於ては喇嘛教改革の内面的指導改革者として全喇嘛の覚醒を促すべき」[14]方策の下に、積極的に青年ラマ僧を日本に留学させたのである。

　一方、ラマ僧の日本留学政策の実施に伴い、国内留学政策も実施していた。1941年、興安局は以下の決定を出した。即ち、毎年ラマ国民学校から15〜19歳卒業生20名を選抜し、日系の新京蒙古事務学院に送り、公費留学生として、2年間勉強させた[15]。国内留学の具体規定及び目的について、1944年2月17日、興安局総裁巴特瑪拉布坦は、興安北省長に「興安局の喇嘛学生を募集する件」の公文書を下した。内容は以下の通りである[16]。

　　近頃、喇嘛学校には、公民教育を受ける喇嘛僧数が、顕著に増える趨勢を
　　呈している。これから、この趨勢を推進すると共に、二年制国民義塾の程
　　度とほぼ等しく、各地喇嘛学校の卒業生から、有志者を選抜し、新京蒙古
　　事務学院に送って、その学校で二年間の教育を受けさせる。また喇嘛教宗

教団体各機関の書記、喇嘛国民学校の教員、寺廟の常務会計を養成する。また、就学期間に全員が寮生活をしなければならない。学費、宿舎費及び食費を免除する。

　上述からみて、国内留学の目的として、書記、教員、会計員などがあった。このように、宗教上の指導者ではなく、蒙古地方開発に必要な人材を養成することであった。即ち、興安局は派遣留学生を通じ、将来的にラマ教を制御する勢力を養成しようとしたと言えよう。

## Ⅱ. 満洲国の留学政策の実施実態

### 1. 世俗蒙古族の国外・国内留学

　満洲国の公費留学生派遣は1933年2月から始まった。同年7月、文教部（蒙古族留学生は蒙政部によって管理される、以下同）は、満洲事変前の各省、各県（旗）によって派遣された留学生を接収管理した。人数は約百名であった。1934年2月、文教部は第二回公費留学生百名を派遣した[17]。それから、留学生の人数は毎年増えていった。1941年まで、満洲国の自費・官費留日学生数は1255人であった[18]。蒙古族は漢・満洲族などの民族と異なり、日本留学の他、また国内官費留学もあった。満洲国蒙古族の国内留学と国外留学の状況は表1、表2の通りである。

　表1、表2から見れば、まず満洲国の師道大学と師範学校、日本の高等師範と師範学校の留学生が比較的比重を占めた。それは、以下の理由による。満洲国建国の時、ラマ教は蒙古族に対する教育権を独占していた。これについて、満洲事情案内所は調査をしたのち、「喇嘛は僧であると共に教育、祈祷、卜筮等の一切の行事を管掌する学者であり、菩薩の転生と称する喇嘛の高僧活仏は、王公を凌ぐ権勢を有する」という結論を出した[19]。満洲国が樹立された後、内蒙古東部の蒙古族教育権は、蒙政部民政司文教科及び各旗の文教科に直属していた。蒙古族の世俗学校が開設されると同時に、蒙古地方の世俗教育とラマ教教育一致体制が、分離された[20]。一方、満洲国は、政治的目的に基づいて、蒙古族に対する籠絡政策を実施したと言われる。教育の面から言えば、内蒙古東部地区において、1933年、蒙古族児童就学率は2％に満たなかったが、1940年には、48.75％になった[21]。上述の意図を達成するために、教師の養成は当

面の急務となった。当時の高等師範と師範学校の留学生の多数は現職の教員であった[22]。

高等専門学校の留学生も相当な比重を占めた。そのうち、獣医専攻は最も重視されていた。畜産業は蒙古族の主な産業だからである。日本外務省記録によると、1934年から、「毎年五名ヲ留学セシメ計三十名ヲ養成」した[23]。また、医学専攻も重要視された。蒙古地区では従来のラマ僧だけが、医者・獣医の仕事を務めて、世俗蒙古族・家畜の生・老・病・死を扱う権限を持っている。「喇嘛廟は蒙古人及び家畜の疾病を治す医学の殿堂」であった[24]。満洲国はラマ僧の医学独占的地位を破り、またラマ教の影響を弱めるために、近代的病院を開設したのである。勿論、近代的医者・獣医者が必要であった。

更に、中等学校には蒙古族留学生もいた。これも満洲国蒙古族の日本留学の特徴であった。「少年留学生の募集要項」によると、満洲国当局は少年少女に小さい頃から日本の生活と日本精神を体得させ、次代の日満が動揺しない関係を定めるために、12歳ほどの少年少女を日本の中等学校に派遣した。蒙古族少年留学生は蒙古族官費生の20％前後を占めていた[25]。

表1．満洲国の蒙古族国内公費留学生表（1943年度）

| 程度 | 校名 | 人数 |
| --- | --- | --- |
| 大学 | 吉林師道大学 | 18 |
| | 新京法政大学 | 5 |
| | 新京畜産大学 | 2 |
| | 哈爾浜農業大学 | 1 |
| | 哈爾浜医学大学 | 2 |
| | 建国大学 | 7 |
| | 満洲医科大学 | 6 |
| 高等専門学校 | 哈爾浜学院 | 3 |
| | 哈爾浜軍医学校 | 1 |
| | 興安医学院 | 13 |
| 中等専門学校 | 奉天同善堂助産士学校 | 9 |
| | 四平助産士学校 | 5 |
| 師範学校 | 斉斉哈爾師道学校 | 36 |
| | 特修科蒙古班 | |
| 予備学校 | 新京留学生予備学 | 9 |
| 合　計 | | 126 |

出典：『蒙民厚生会留学生会報』第2号（1943年）
　　　及び前掲、『興安蒙古』による、筆者作成。

日本留学派遣の人数から言って、1944年、在日本の満洲国の蒙古族官費留

表2．満洲国の蒙古族日本公費留学生状況（1941年12月調）

| 程度 | 学校 | 人数 |
| --- | --- | --- |
| 大学 | 東京帝国大学 | 2 |
| | 京都帝国大学 | 2 |
| | 北海道帝国大学 | 1 |
| 高等師範 | 東京高等師範学校 | 1 |
| | 広島高等師範学校 | 4 |
| | 奈良女子師範学校 | 1 |
| 高等専門学校 | 第一高等学校 | 1 |
| | 長崎高等国民学校 | 1 |
| | 東京専修学校 | 2 |
| | 九州医学専門学校 | 1 |
| | 東京医学専門学校 | 1 |
| | 麻布獣医専門学校 | 1 |
| | 東京高等獣医学校 | 1 |
| | 早稲田大学専門部 | 3 |
| | 大正大学専門部 | 1 |
| | 東京高等洋裁女学校 | 1 |
| 師範学校 | 秋田県師範学校 | 2 |
| | 山形県師範学校 | 2 |
| | 千葉県師範学校 | 2 |
| | 新潟県師範学校 | 1 |
| | 高田師範学校 | 1 |
| | 長野県師範学校 | 3 |
| | 岐阜県師範学校 | 2 |
| | 福嶋県師範学校 | 1 |
| | 新潟県長岡女子師範学校 | 1 |
| | 長野県松本女子師範学校 | 1 |
| | 富山県女子師範学校 | 2 |
| | 山梨県女子師範学校 | 2 |
| 中学校 | 玉川中学校 | 3 |
| | 足立中学校 | 1 |
| | 祖山中学校 | 1 |
| | 比叡山中学校 | 3 |
| 女高 | 東京府第六高等女学校 | 1 |
| 合計 | | 54 |

出典：満洲事情案内所編纂『興安蒙古』
康徳十年四月、99～102頁

学生は96名であった[26]。この人数は、1941年の日本官費留学生数の2倍に近くになる。

日本と国内に留学生を派遣すると同時に、汪兆銘政権にも留学生を派遣した。1941年度、汪兆銘政権下の北京蒙蔵学校に留学する学生は23名であった[27]。

## 2. ラマ僧の日本留学

1935年10月、満洲国は第1回目として4人の青少年ラマ僧を日本に留学させた。4人は林沁札木蘇（33歳）、巴拉札爾（23歳）、薩金徳勒格爾（36歳）、道爾吉（33歳）で、高野山大乗院で修業した。同時に、高野山大学の聴講生として、日本仏学を勉強した。1938年7月、帰国し[28]、その後、彼らは各ラマ廟に派遣され、寺廟の支配者になった[29]。留学僧の学習科目は仏教概論、密教学、大乗仏教教義、宗教儀式などであった[30]。1941年まで、日本留学の満洲国ラマ僧の状況は表の通りである。

表3. 満洲国のラマ僧侶日本留学状況（1941年調）

| 留学先 | 延暦寺喇嘛訓教場 | 知恩院喇嘛訓育場 | 高野山興亞密教学院 |
|---|---|---|---|
| 人　数 | 5 | 15 | 22 |
| 合　計 | 42 | | |

出典：満洲事情案内所編纂『興安蒙古』、康徳10年4月、102頁。

こうして、「これ等の蒙古青年達が日本精神に鍛へられ帰蒙の曉には日蒙民族のよき楔となって働いて呉れる」[31]とあるように、こうした再教育を受けた留学僧には、帰国または帰廟してから、各寺廟の権力を握り或いはラマ学校の教師となり、しかも日本文化のスポークスマンとして、その他のラマ僧を感化・改造することが期待された。

ラマ僧国内留学について、その留学先は新京蒙古事務学院であった。当該学院は、日本人佐藤氏によって創立された専門学校である。ラマ僧特別コースのカリキュラムは、日本語、道徳、倫理、蒙古語、日本語、経済通論、宗教概論、社会概論、政治概論、東西思想、日本史、万国史などがあった[32]。このカリキュラムを見てわかる通り、ラマ僧の国内留学には宗教概論課程はあるが、ラマ教経文課程がなかった。このことから、国内留学の狙いが、ラマ僧の再教育を行いながらも、ラマ教専門家を養成しないことにあったことがうかがえよう。

即ち、政府は、彼等に近代的知識及び新しい国家へのアイデンティティー養成教育を受けさせてから、政府のラマ教改造の先兵として、ラマ教宗教団体、ラマ国民学校、ラマ廟の権力を把握させようとしたと言えよう。

## Ⅲ. 満洲国における蒙古族の日本留学の特徴

### 1. 1905～45年、蒙古族日本留学の連続性と非連続性

　蒙古地方では、清王朝270年間のラマ教推奨伝播策[33]、及び蒙古王公への優遇策及び蒙古族への愚民策の実施によって、貧窮、衰退、無知がもたらされた。清末民国初まで、殆どの蒙古族庶民は文字を知らなかった。蒙古族衰退の状況に直面して、喀喇沁（カラチン）右旗の旗長であり、親王であった貢桑諾爾布（ゴサンノォルブ、以下、貢王）をはじめ蒙古族先覚者は、蒙古社会を復興するために、清朝滅亡の寸前のチャンスをすばやくつかみ、様々な新政改革を敢行した。貢王は蒙古社会の衰退は文化教育の落伍のためであると考えた。

　一方、清王朝の衰退に伴って、中国固有の思想的エネルギーによって、現実の社会課題を既に解決できなくなった。そのため、貢王らは蒙古地区の社会変革を行うならば、新しい思想的エネルギーをもつ必要を感じた。ロシアか欧米か日本かの選択に直面した時、日本モデルが最も貢王らの共感を呼んだ。日本人教習を招聘して、近代的学校を開設した[34]。同時に、1905年からは日本に留学生を派遣した。1910年まで、喀喇沁右旗だけで留日生8名を派遣した[35]。その他の内蒙古王公及び各旗政府も多数の留日生を派遣した。当時、留日生の専攻の殆どは師範、実業であった[36]。そのため、日本は近代蒙古族の最も主要な留学先であった。言うまでもなく、「貢王三学」の開設及び留日生の派遣によって蒙古社会の最初の近代的知識人が誕生した。実は、当時中国の日本志向の思潮下で、日本へ留学した蒙古族普通人ばかりでなく、蒙古王公自身も日本に対する興味に富んでいたのである。1906年、事実、蒙古の土爾扈特部の怕塔（パタ）王は、「公然西太后の允許を得て」、日本に留学した[37]。

　興味深いのは、満洲国の蒙古族の日本留学と清末・民国時代の蒙古族日本留学の潮流との意外な出会いである。満洲事変前、より依然として、蒙古族の留日学生は主に師範、実業を勉強したのである。蒙古社会を復興するために、日本に近代的知識を求めたことは、蒙古族日本留学の連続性の意味合いを持っていたことが窺える。

しかしながら、満洲事変前、蒙古族の日本留学は蒙古王公及び旗政府によって派遣されたのに対し、満洲国の成立に伴って、王公らの権力は喪失した。同時に、蒙古族の日本留学の動機、目的も変化した。これ以前、蒙古王公及び地方政府の蒙古族留学生の派遣目的は蒙古族を復興するためにあった。満洲国の蒙古族留学生の派遣目的は、学生らに日本精神を体得させ、満洲国の「建国精神」を堅く信じさせることである。「建国精神」とは日本の皇道で、詳しいことは後述に譲る。換言すれば、満洲国の蒙古族留学政策意図は蒙古族の民族意識の消滅にあった。言うまでもなく、日本留学の派遣権及び派遣目的について、蒙古族の日本留学は非連続性の意味合いを持っていたのである。

## 2. 満洲国の日系と蒙系支配者らの蒙古族留学生派遣意図の相違点

上述のように、満洲国の日本への留学生を派遣する政治意図は留学生が「日満一体」を信じ、満洲国の「建国精神」を体得することにあった。では、満洲国の「建国精神」とは何か。1940年7月、溥儀の「国本奠定詔書」によると、日本の皇道である。しかも、「国本奠定詔書」が公布されると同時に、関東軍は満洲国原住民の祖先に代わり、天皇の祖神、天照大神を祀る建国神廟の創建を決めた[38]。これは「国教の変更を意味する大事件」であった[39]。

蒙古族の地域において、「建国精神」、即ち皇道は如何に実施されたのか。これについて、中亞問題研究会の起案した『内蒙古対策論』の「蒙疆蒙古民族指導要綱」は、もっと明瞭に述べていた[40]。

蒙古民族甦生ノ方途ヲ強力ナル皇道実践ノ政治原理ニ求メ、蒙疆蒙古経営ノ目標ヲ社会経済政治ニ於ル内部建設ニ置ク。小我的蒙古第一主義ヲ排シ、皇国指導ノ下、ソノ分ニ応ジテソノ所ヲ得シムベシ。

即ち、蒙古族固有の民族精神及びその民族のアイデンティティーを排し、日本皇道で蒙古族を統合しようとしたのである。しかし、1941年4月、満洲国留日学生会中央事務所（満洲国駐日大使館内にある）の蒙系責任者哈豊阿は『満洲国留日学生会会報』で、「蒙古民族更生的途径」を発表した。その要旨は次の通りである[41]。

総じて言えば、蒙古族は偉大な民族である。それによって創造された偉

業は蒙古族の歴史或いは黄色人種の歴史だけで偉大であるが、人類歴史上でも空前の偉大な一頁である。現在の蒙古族は衰退の果てにある。これは三つの面に表現されている。即ち貧（貧窮）、病（病気が多く人口が少ない）、愚（庶民の殆どは無識字者）である。蒙古族を復興させるために、以下の三つの面から着手しなければならない。即ち農牧業技術人材、医薬衛生人材及び教育人材を養成する、である。これらの専攻も蒙古族留学生が選択すべきものである。過去の偉大な歴史はすでに蒙古族が劣等的民族ではないことを証明した。であるから、蒙古族の復興はあくまで可能である。

この文は満洲国の教育宗旨及び留学生派遣政治意図と比べ、以下の相違点を持っている。その一つは、蒙古族の主体性を強調し、実は蒙古族の偉大な歴史をもって大東亜盟主の日本をも否定したものである。もう一つは、満洲国の蒙古族留学生派遣の政治意図、即ち留学生に満洲国の「建国精神」——皇道を体得させることとの不一致を示したものである。

## おわりに

満洲国は以下の二面の要素に基づいて、蒙古族留学政策を確立した。その一つは皇道で蒙古族を統合し、日本仏教でラマ教を改造することを通じ、蒙古族に新国家へのアイデンティティーを養成させるという目的を実現することであった。もう一つは、蒙古社会を改造し、蒙古地方を開発するために、近代的学校の教員、多方面における実業開発人材を必要としたことであった。この状況下、満洲国の留学政策は精神面を制御し、物質面を援助するという特徴を表した。

満洲国の志願留学者は試験を経て、合格さえすれば派遣された。しかも、困窮な蒙古族留学生に対して留学補助費を支払った政策は、積極的意味を持っていた。この政策の実施は二つの結果をもたらした。その一つは、志願留学者にとっての、相対的公平である。と同時に優秀な人材をも養成可能となった。もう一つは、下層子弟に対して善策であり、社会階層の移動をもたらしたことである。しかし、同時に、留学生は「日満一体」を信じ、満洲国の「建国精神」を自覚する言行を持たなければならず、一方で留学生の行動が駐日大使館に制御されたことによって、満洲国へのアイデンティティーが強制されたのである。

ラマ僧留学について、満洲国の狙いは、ラマ僧に対して再教育を行い、ラマ僧を統合し、活用しようとしたことにあったことが窺えよう。

一方、1905年から、日本は蒙古族の主な留学先となった。蒙古社会を復興するために、日本に近代的知識を求めたことは、1905～45年の蒙古族の日本留学が連続性を持っていたことが窺える。しかし、満洲国の成立に伴って、蒙古族によって把握された留学主導権が喪失した。即ち蒙古族自身の留学人事権が奪われたのである。この点からすれば、1905～45年、蒙古族の日本留学が非連続性を持っていたといえる。

瀋殿成の先行研究には、満洲国統治集団中の日系と蒙系を同一視し、二者間の蒙古族への留学生派遣意図における相違点を否定したが、実は民族的背景の相違によって、満洲国の日系と蒙系支配者らの間にみられる蒙古族留学政策の指導思想及び留学生派遣の政治意図は合致しない点があったのである。

[注]
(1) 中亞問題研究会起案『内蒙古対策論』、昭和17年、100頁。
(2) 満洲事情案内所編纂『興安蒙古』、康徳十年四月発行、78～79頁。
(3) 瀋殿成編集主幹『中国人留学日本百年史（1896～1996）』、遼寧教育出版社、523～546、576～595頁。
(4) 「康徳三年文教部令第一号・文教部留学生規程」、満洲国教育会編『満洲帝国文教関係輯覧』下、1939年刊行。
(5) 奉天市公署編『奉天市公報』第141巻、康徳三年十月号。
(6) 満洲国教育会編『満洲帝国文教関係輯覧』下、1939年刊行。
(7) 「留学須知」、康徳四年二月一日「民政部訓令民文第二十八号」、「大使館一号」。
(8) 外務省外交記録『満洲国蒙政部派遣留学生関係雑件』。「蒙民厚生会留学生会報」第二号、1943年刊行。
(9) 満洲国文教部文教司『満洲国少数民族教育事情』、康徳元年、第1～16頁。
(10) 「喇嘛教整備要綱」、内蒙古自治区呼倫貝爾盟档案館蔵。
(11) 有高巌、青木富太郎『動く蒙古』、目黒書店、昭和16年、第219頁。
(12) ポール・クランド著、植田捷雄訳『満洲に於ける国際争覇』、森山書店、昭和十年、183～212頁。『満洲国の蒙古問題』、1936年5月、ガリ版。

(13) 中国共産党中央委員会内蒙古分局宗教問題委員会編『内蒙古喇嘛教』、1951年刊行、87～105頁。
(14) 満洲国興安局調査科編『満洲帝国蒙政十年史』、1943年、39頁。
(15) 前掲、『内蒙古教育志』、14頁。
(16) 内蒙古自治区呼倫貝爾盟档案館所蔵档案、索引号48－2－77。
(17) 満洲帝国教育会編『満洲帝国文教関係輯覧』下、1939年刊行。
(18) 前掲、藩殿成書、576頁。
(19) 満洲事情案内所編纂『蒙古事情』、康徳10年4月、第27頁。
(20) 1932年3月公布された『国務院各部管制』、『満洲国現勢』(1937年度) などによると、興安省の蒙古族教育権は、蒙政部（興安局）民政司文教科に属する。
(21) 『第一次満洲国年報』「小学校地方概況」、1933年刊行、301頁。『第四次民生年鑑』、116～117頁。
(22) 満洲国文教部編『文教月刊』第一号、康徳二年八月発行。
(23) 外務省外交記録「蒙古人の獣医畜産学専攻者養成に関する意見」『満洲国蒙政部派遣留学生関係雑件』。
(24) 満鉄社長室調査課編纂『満蒙全書』、満蒙文化協会、大正11年11月発行、32頁。
(25) 外務省外交記録「昭和十一年五月十九日在赤峰領事代理栗本秀顕宛在満洲国　特命全権大使植田謙吉殿」『善隣協会関係雑件・第一巻』。
(26) 前掲、『内蒙古教育志』、14頁。
(27) 前掲、『興安蒙古』、102頁。
(28) 『盛京時報』、1938年7月28日、晩刊第二版。
(29) 同上、1940年5月11日、晨刊第二版。
(30) 同上。
(31) 財団法人善隣協会『蒙古』第102号、昭和15年11月、第140～141頁。
(32) 『私立蒙古実務学校一覧』、康徳二年十二月、遼寧省档案館蔵。
(33) 『清太宗実録』巻三十"崇徳三年甲寅"条。
(34) 河原操子著『蒙古土産』、（大阪）靖文社、昭和19年発行、第267頁。鳥居龍蔵著『蒙古旅行』、博文館、明治44年6月発行、2頁。
(35) 于逢春「清末内蒙古の教育改革と貢王について」『アジア教育史研究』第10号、2001年、54頁。
(36) 前掲、『内蒙古教育志』、14頁。
(37) 『教育時論』、明治39年4月25日、40、46頁。

(38) 瀋瑞鱗著「建国神廟暨建国忠霊廟創建経過之概要」、満洲帝国教育会編『建国教育』、1941年第6期、112頁。
(39) 島川雅史著「現人神と八紘一宇の思想――満洲国建国神廟――」『史苑』第43巻第二号、1984年、75～76頁。
(40) 中亞問題研究会起案『内蒙古対策論』、ガリ版、大連市図書館満鉄資料分館蔵、昭和17年8月、100頁。
(41) 『満洲国留日学生会会報』、昭和十六年四月第六巻、第四号。

# 「東亜新秩序建設」と「日本語の大陸進出」
## ― 宣撫工作としての日本語教育 ―

## 田中 寛*

> わが国の肇国の大精神である東亜新秩序の建設は、やっぱりその大精神を生みなしたことばによってなし遂げることこそ唯一の道であると思います。この大東亜が、一つのことばによって育てられて行くとき、そこにこそ、ホントウに期せずして美しい、そして平和な東亜が生まれてくるのではないでしょうか。　（細部新一郎「東亜新秩序建設と日本語教育」）

【キーワード】東亜新秩序　宣撫工作　興亜院　日本語会話読本　日本語教育

## 1.「支那事変」から「東亜新秩序」建設へ

　1937年7月7日の蘆溝橋事件[1]をきっかけに全面的な日中戦争に突入すると、日本軍は華北、華中の主要な都市を占領下においた。すなわち華北（北京）には1937年12月に中華民国臨時政府を、華中には1938年に維新政府、蒙彊（張家口）には1937年9月に察南自治政府、10月に大同に晋北自治政府、および綏遠に蒙古連盟自治政府を、1939年11月には蒙古連合自治政府を設置した。さらに1940年3月には新たに汪精衛政権の誕生に伴って維新政府は解散、臨時政府は華北政務委員会と改称された。これらの地域の軍事支配は日本陸軍によって進められたが、大陸侵攻の政策的、思想的大義名分として登場したのが「東亜新秩序」建設というスローガンであり、時代認識であった。

　1938年11月3日の第二次近衛文麿首相による「東亜新秩序」声明は、前年に始まった支那事変下の中国大陸に展開するアジア（中国）政策であった。戦

＊　大東文化大学

争の目標を日満支三国による全般的互助協同にあるとし、ブロック経済を指向しながら戦時体制の方向性を正当化し、究極には日本を盟主とする「三国」が欧米の植民地支配からアジアの諸民族を解放する「新秩序」の建設を掲げた。「東亜新秩序」以前の国家イデオロギーとしては、すでに「満洲国」で謳われた「五族協和」「王道楽土」に象徴される「日満一体」の支配原理としての皇道主義思想があったが、「東亜新秩序」はこれを受け、やがて欧州支配下の東南アジアへ「南進」するための植民地解放のスローガンを盛込む大東亜共栄圏、南方共栄圏へ、さらには世界秩序としての「八紘一宇」の理念拡大実現へと肥大膨張するイデオロギー注入の媒介となるものであった。「楽土」は「楽土華北」「南方楽土」建設といった拡張を見せていくように、「東亜新秩序」というプロパガンダはこの両者をまたぐ、過渡期的な政策理念でもあった。

| 五族協和・王道楽土 | ⇒ | 東亜新秩序 | ⇒ | 八紘一宇 |
|---|---|---|---|---|
| 「満洲国」 | | 中国大陸 | | 「大東亜共栄圏」 |

　支那事変後の政府の不拡大方針決定にもかかわらず、8月には北平（北京と改称）、天津を制圧し、さらに海軍陸戦隊は上海で中国軍と戦端（第二次上海事変）を開いて、局地戦から全面戦争に突入した。翌1938年10月21日に武漢三鎮攻略を前に、近衛内閣は「今次事変処理の目標について」「国民政府の取扱いについて」「支那新中央政府の樹立について」「日支関係の調整について」「時局の見通し」の五本柱から成る「時局処理に関する件」を決定[2]したが、その具体化の目標とは、

一、相互の好誼を破壊するがごとき政策、教育、交易、その他あらゆる手段を全廃するとともに、かかる悪果を招来するおそれある行動を禁絶すること。
二、互に相共同して文化の提携、防共政策の実現を期すること
三、産業経済等に関し長短相補い有無相通ずの趣旨に基き共同互恵を約定すること。

を図ることであった。これを受けて登場したのが第二次近衛声明「東亜新秩序声明」であり、以後、新聞、ラジオ、週報などはこの一色に染まる。要約すれ

ば「更生新支那」と称して事変後の傀儡政権樹立を擁護し、帝国は中国に「新秩序」建設の任務を分担してもらい、「肇国の精神（八紘一宇）の精神」を大理想とし、欧米勢力に対抗し、政治、経済、文化などすべての面での改革を通じて、総力戦体制を築こうというものであった。「東亜新秩序声明」は同年12月22日の第三次近衛声明（更生新支那との国交調整に関し、善隣外交、共同防共、経済提携の三原則を明示）の下敷ともなったもので、これら一連の声明は、国内にあっては1935年の「国体明徴」運動を受けての1937年の文部省「国体の本義」の刊行、同年10月12日に結成された「挙国一致」「尽忠報国」「堅忍持久」をスローガンとする国家精神総動員国民運動、さらには翌1938年4月1日に公布される国家総動員法といった跋扈する国防色と総力戦体制を背景としたものであった。「東亜における国際正義の確立、共同防共の達成、新文化の創造、経済結合の実現」という高邁な理想のなかで、国内において日本精神、国語の醇化統一とともに、日本民族、日本精神を発揚するための日本語の大陸進出[3]もまた、焦眉の急となっていくのである。

本稿では中国大陸で支那事変後に展開され、日中戦争の最中も続けられた宣撫、文化工作の一環としての日本語の進出経緯、およびそこで展開された日本語教育（教授）の形態、実際に使用された教材について考察を行い、実態を検証するとともに、異言語による他国の異民族・異文化支配の原理の一端を考察してみることにしたい。かかる先行研究としては駒込武（1996）を始めとする一連の研究のほか、中国人研究者石剛（1996）、徐敏民（1999）、また最近では安野一之（2000）などの研究があるが、言語政策とそこに展開された教授実態についてはさらに綿密な考証が必要なように思われる。本稿の考察の対象とする時期は支那事変勃発の翌年から昭和17年前後を中心とし、日本語の大陸進出の経緯の中で、とくに宣撫工作としての日本語の普及、教育の実態に焦点を当てることにする。「宣撫」という営為の中に、草の根としての日本語の大陸進出の諸相が顕著に見て取れると思うからである。

## 2．宣撫工作の実態

日本軍の侵攻によって占領された地域では「新秩序」建設のための様々な運動が試みられた。中野實は「宣撫班から」という広東からの便りの中で次のように述べている[4]。

今度の戦争が新しい秩序建設のための運動であり、大きな地均し作用だとすれば、宣撫工作は、その地均し作用の中から芽生えている文化の花だからである。

宣撫班は巡回講演隊、街頭宣伝隊を繰り出し、一台のトラックに弁士数名と紙芝居班が乗り込んで、市内外の盛り場や学校、市場などを巡回しては、辻説法式に正義日本を呼びかけた。日本人のほか、留学帰りの中国人も弁士として演説に立つ。報道部にはいわゆる「ペン部隊」も多く従事した。避難民の中には抗日「不逞分子」が紛れ込んでいる恐れもあった。従軍作家であった石川達三はこうした「宣撫」の日常を次のように描いている。

石家荘は日章旗をあちこちにひらめかして漸く不安な眠りから醒めようとしていた。そこではもう背広姿にオーヴァを着た軍属たち何人かが宣撫班の腕章を巻いて戦後工作に歩きまわっていた。明朗北支建設のために、正義日本を住民に認識させるために、彼等に安住の天地を与えるために。…彼等は汚い鳥のような黒服のぶくぶくと綿のよじれた腕に日の丸の腕章をつけ、兵を見るとにこにこと笑って挙手の礼をして見せた。それは結局彼等の憐れな境遇を表現しているだけであった。戦禍に馴れた住民はただ占領軍に従順するように父祖の代から習慣づけられていた。兵は敬礼をされても信用はしなかった。
（『生きている兵隊』中公文庫1999　18頁、傍点、引用者）

「軍属」を含む住民から「兵は敬礼をされても信用はしなかった」という一節には現地の根強い抗日運動の背景が窺える。石川達三は「日支親善」の"擬制"についても次のように記している。

「謝々、謝々！」
彼等はまるで餌を与えられた鶏のように純真で喜んで煙草を喫った。日支親善なんて簡単なことだと兵は思った。事実、こういう非常の場合にあって、一人と一人との私的親善は、まことに簡単であった。お互いに生命の危険にさらされている場合、しかもそれが個人的な意志から出たものでなくて国家的な作用

であるだけに、一つ垣根をとりはずして接近してみると、互いに相憐れむ同病の患者であった。兵も俺たちも人なつかしい心の侘しさを抱いているのであった。(同上　55頁)

　軍の宣撫工作はこうした私的「親善」を国家的規模に巧妙に拡大していく。例えば民族意識を封殺するために、日本人化、愚民化させる教育政策を強制するところを、懐柔的な政策が政治宣伝とともに敢行された。占領支配下の教育は抗日勢力を鑑み、いたずらに民族主義を押さえるということを躊躇いつつ、台湾・朝鮮での「皇民化」教育と、「満洲国」で実施された「奴化」教育の経験の上に、いわば中庸的な「教化」を目指すこととなった。
　ここで「宣撫」の実態をみておこう。今や死語となったかに見える「宣撫」とは『広辞苑』(第五版2001)によれば、もともとは「上意を伝えて民を安んずること」であったのが、「占領地区の住民に占領政策を理解させて人心を安定させること」を意味する。さらに事変後に焦点を当てた、極めて軍事色、時局的色彩の強い用語であった。

　　戦争及び事変の場合、占領地の人民に対し、その戦争及び事変の意義、占領国のこれからの意図などを宣伝し、私事的にこれを撫育する仕事に当たる団体を宣撫班というので、これは支那事変において初めて使われた名称であり、その前にこの名称の使われた例はない[5]。

　具体的な展開としては、医療等救済事業、紙芝居、街頭演説、映画巡回などがあり、ペン部隊として従軍した作家のルポルタージュは「宣撫文学」として多くの雑誌の紙面を飾った。中国大陸における日常的な宣撫工作の一つは、中国軍に降伏を勧告したり、作戦地の中国人に対して政治的な宣伝をするために撒かれた「伝単」(宣撫ビラ)である。ビラは紙の爆弾と言われ、大戦中は連合国も頻用したが、空から飛行機を使って撒布したり、トラックに積んで在留邦人に手伝わせるなどした。なかでも中国共産党や蒋介石の国民党を批判・攻撃、彼らと手を切らねば軍事力を行使するといった脅しの意味合いもあった。また親日政権の旗を印刷した、中国軍向けの通行証や投降票なども配布された。
　さらに一つは「宣撫パンフレット」である。すでに「満洲国」において頻発する匪賊と呼ばれた抗日ゲリラから満鉄鉄道を警備するために沿線住民を「愛

路挺身隊」として組織し、「愛路話劇錦柏記」「愛護鉄路課本」などが配布されたが、大陸においては「掃滅共産党」「新民防共手冊」、「告中国農民」「中日親善提携」のほか、『新申報』の頒布、本稿で後述する日本語の普及と教育のための『日本語會話讀本』(宣撫班本部編)なども編纂された。

　このほか、「宣撫絵本」として、『おともだち　好朋友』、『楽土華北　中日満三国親善』、『小鳥』、『一把雨傘』といった絵本が子どもを対象に配布された。「宣撫イラスト・ビラ」では「東亞和平」「抗日」「子供を抱き上げる日本軍兵士」「中日提携満処平和来」などのビラがまかれた。1942年11月1日からは南京・玄武湖畔では「大東亜戦争博覧会」が開かれ、ハワイ海戦の大型パノラマや捕獲した敵戦闘機、「大日本戦闘機」などを展示して日本軍の強さを誇示することに意を注いだ[6]。以上のように「宣撫」とは、事変後の一般民心の平定にあり、また新政府指導の教化、注入のための一貫した文化工作であった。抗日軍に対する熾烈な掃討作戦を行う一方で、こうした巧妙な文化工作を展開する背景には、近代戦としての戦争が「思想戦」であるという認識が絶えずあったからである。

　宣撫工作は医療、映画、教育の多方面にわたる、一種の同化・懐柔政策であったが、それは広大な中国大陸で日本軍の支配が「点」と「線」にとどまる心細さをも象徴するものであった。宣撫班班員は後述する資料に見られるように、当地占領後は難民救済を目的に帰順、帰還を勧めるべく村に入り、主要郷鎮を中心に巡回宣撫講演を精力的に開始した。物がなければ手作りのポスターやスローガンを貼布し、先々で民衆を集めては皇道講話などを実施した。小学校等の施設を利用しての日本語の普及教授もこれら活動の一翼を末端において担うものであった。こうした宣撫工作の実態は軍の機密ということもあり、今日その全容を詳しく知る一次史料が乏しく、後述する「宣撫工作資料」も時期的、地域的に限られたものとなっている。また華北、華中では抗日色が強く、「国定教科書糾謬」という抗日宣伝のための冊子も出回るようになる。興亜院ではこれらの印刷物を日本語に翻訳し、わざわざ「複製歓迎」「転送歓迎」と記して配布せざるを得ないような状況であった。とりわけ華北における政治性から教科書編集についても「感情を抑えた教化」が指向された[7]。抗日、排日下での当時の文化工作の苦悩、あるべき姿として、松本慎一は次のように述べている。(傍点、引用者。以下同様。)

日本の軍事的・政治的・経済的実力が、支那に対して圧倒的に強力である場合には、文化工作はそれほど重大な役割を果たさなくとも、大陸政策が一応成功裡に遂行されることもできた。…中略…だが、相互の力量の関係は、圧倒的に我々が有利と断ずることはできない。なぜなら、膨大な国土と無尽蔵の人的資源と分散的な地方経済は、支那に有利に作用して、彼の抵抗を強めるからである。…中略…このような抗争にあっては文化工作の果たさねばならぬ役割は極めて重大であるのみでなく、それはもはや単に軍事的政治的活動に従属しているのでは、その目的を遂げることはできない。逆説的に云えば、文化工作は大陸政策から自己を解放することによって、真に大陸政策に奉仕することができるのである。
　　　　　　　　　　　　　　　　（「大陸政策における文化工作の位置」1938.10より）

　ここには広大な中国大陸にあって文化工作がいかに重要な意義をもつかが端的に述べられている。すでに欧米各国でも実施されていた中国に対する文化事業が多分に政策的、実利的に偏向していたのに対し、日本政府の方針としては「文化事業」を人類の幸福と文化の発達希求のレベルでとらえ、欧米のそれと一線を画すことを意図した。昭和13年頃から頻りに「対支文化工作」というスローガンが涌出するのは日本精神の注入のみならず、日満支の精神的ブロックを形成する仕切り線の確保であった。こうした状況を背景に対支文化工作の最も懐柔的、日常的浸透の一つとして画策されたのが日本語の進出であった[8]。
　では、支那事変以後、中国大陸における日本語（教育）の進出はどのように準備され、推移していったのであろうか。

## 3．「日本語の大陸進出」

### 3．1．「日本語大陸進出」論の推移

　すでに、台湾、朝鮮での日本語教育の実績を蓄積した日本はさらにそれを「満洲国」での異文化間理解、統合という視野に拡大（オブラード）しながら侵略後の整地、あるいは耕地としての日本語教育の可能性を拡充していくことになる。本節ではとくに中国大陸において展開された「日本語進出」論を見ながら文化工作としての日本語普及策のもたらした実態を編年体式に概観する。中国大陸における日本語進出を紹介したものとして、支那事変勃発の翌年、昭

和13年（1938）にすでに次の論考が見られる[9]。

　　保科孝一「海外における日本語の発展」1938.4.
　　保科孝一「日支事変と国語国字問題」1938.7.
　　東條操「此頃の国語問題」1938.10.
　　渡辺正文「支那における日本語の進出状況」1938.11.

　保科孝一は「未曾有の事変」の今こそが日本民族の精神的紐帯、結束を固める秋(とき)で、国字国語の統率は民心統合の要となることを力説する一方、海外に進出する日本語の現況をふまえ、大陸進出の時期招来を日本民族の陶冶的観点から述べる。さらに東條操は「日本語の大陸進出」に直面して、国語学者の使命を意気揚々と説く。

　　日本語の大陸進出こそ国語学者が御奉公申すべき尊い仕事です、今度の事変の一つの特色は戦争した後を宣撫班が立ち回って文化工作を施し日支の真の融和をはかるという点にあります。さればこそ長期戦は同時に長期建設を意味する事となります。この為には日本人も支那語に通じる必要があると同時に、支那人の中に日本語を教えるという事が更に必要です。幸いに北支、中支の支那人の中に日本語熱が盛んに起こって来ていますのでこの機会こそ日本語の大陸進出の絶好の時期です。日の丸の後を日本語が進軍するのです。　　　　（「此頃の国語問題」1938.10.より）

　「日の丸の後を日本語が進軍する」という点に宣撫の果たす悠久の大義があったのである。昭和13年11月には大陸経営の根幹である「東亜新秩序」建設声明がなされ、これに後押しされるように、翌昭和14年（1939）からは「日本語の大陸進出」論が陸続として登場する。
　昭和14年における主要な日本語論評は次の通りである。

　　小池藤五郎「支那事変と日本語教育」1939.7
　　酒井森之介「日本語と支那語－日本語普及上の諸問題－」1939.7
　　福井優「大陸文化工作としての日本語」1939.7
　　渡辺正文「支那に於ける日本語の進出状況」1939.9

細部新一郎「北支那の唐山における日本語教育」1939.10
　　白鷹「シナ人にニッポン語を教える場合」1939.10
　　永持徳一「支那人と日本語の特殊性」1939.10
　　飯田利行「大陸の日本語教育管見」1939.10.
　　荻原浅男「対支日本語教授法の問題―現地的視角に立脚して―」1939.11.

　さらにこのほかにも相前後して石黒修、松宮一也、神保格、神崎清といった国語学者を始めとする論客が世界における日本語の発展という視野で日本語論を展開していくことになる。
　またこの年、「大陸政策」の中で翌年にかけて「大陸経営」という用語が「東亜新秩序」とともに言論界を席巻するが、雑誌『コトバ』誌上（1940.1.）、石黒修を中心とするシンポジウム「大陸経営とわが言語政策」で提起された論点をめぐって日本語論が沸騰したのもこの時期であった。昭和15年に入るや、「文化」の概念を覆うさらに包括的な植民戦略が意識される。とりわけ石黒修が火付け役となった「わが言語政策」についての論争が次のような教材、教員の資質の問題として取り沙汰されることになる。

　　下村海南「大陸政策と国語問題の解決」/森田梧郎「外地国語教育者として」/福井優「石黒氏の〈大陸経営とわが言語政策〉を読む」/山口察常「〈大陸経営とわが言語政策〉に就いて」/岡本千万太郎「大陸経営上の言語政策の精神と技術」/鶴見祐輔「国語醇化を一大運動とせよ」/松宮一也「言語による性格改造」/大志万準治「要は人の問題」

　石黒はこれを受けて『コトバ』誌上（1940.2）に「大陸に対する日本語政策の諸問題―〈大陸経営とわが言語政策〉に対するご意見を拝聴して―」という論文を発表し、日本語教育の思想面から技術面への展開を見極める方途を模索する。同誌同号には次の日本語論が掲載された。

　　石黒修「支那に対する日本語普及と教科用書編纂」/永山勇「国語の大陸進出に伴う二大急務」/廣瀬菅次「北支における日本語発展状況」

　『コトバ』誌上にはその後も積極的な日本語教育支援論が続き、言語学的立

場からも「同文同種」認識の改善、教授者の研鑽の必要が説かれるようになるが、これは現地教授者に早くも顕れつつある「雑多な」教授事情に対する冷静な憂慮でもあった。

> 松宮一也「日本語の対支進出と教授者養成問題」1940.7.
> 魚返善雄「支那は外国である」同上
> 倉野憲司「松宮氏の提言に対して」同上
> 松宮一也「官か私か－再び対支日本語教授者養成問題に就いて－」1940.8.

また、雑誌『文学』（岩波書店）は「東亜における日本語」を特集して26編もの記事を掲載し、中国大陸に関しては「中支における日本語教育」（菊沖徳平）、「大陸における日本語の教室」（西尾實）、「江南の春－××県立小学校開校す－」（釘本久春）などの現況報告を見ることができる。

こうした時期にあって最も日本語の進出を正当化する象徴的な論評として二点挙げよう。一つは細部新一郎の「東亜新秩序建設と日本語教育」で、日本語教育、教師の歩むべき道を肇国精神の具現と説く。

> 支那事変は今や新しい段階に入って、新中央政府も樹立せられ、時の経過につれて堅実な成長をとげようとしている。東亜の新秩序建設も、ここにおいて着々進捗しようとしているのであるが、東亜新秩序建設の基礎が、日本文化の健全なる進出にあることは論を俟たないところであり、日本文化の健全なる進出に第一線的使命を荷うのが、日本語の大陸進出であることも敢えていうを用いないところである。
> 　　　　　　　　　　　　　　　　　　　　　　　　　（1940.9.）

もう一つは文部省図書局の『週報』に掲載された「日本語の大陸進出」で、「日本語はわが国民の伝統的な思想感情が最も端的に、最も強力に顕現している」ことにより、楽観的ともいえる進出論が全面的に押し出されるのである。

> 異民族にあっても、日本語を習得することによって、わが国民と同一の思想感情を暗黙の間に体得するに至るべきことが予想されるのである。かようにして、日本語を大陸諸民族の間に浸透せしめることは、新東亜の文化的建設の根本に培う所以となるのであって、日本語の大陸進出は、

今次事変処理の目的達成上緊急不可欠の事業といわなければならない。
(1940.5.)

　また、この年の9月1日には松岡洋右外相によって、「大東亜共栄圏」という用語が初めて公式発言として使用されるが、その背景には以上のような中国大陸における文化政策的な「蓄積」があったことは明白であろう。昭和16年に入ると、日本語教育振興会の機関誌『日本語』が創刊され、多くの日本語論評が登場する。中国大陸について論及した主要論評のみ発表順に記す。

　　山口喜一郎「北支における日本語教育の特殊性」1941.5.
　　大出正篤「大陸における日本語教授の概況」1941.6.
　　筧五百里、国府種武他「座談会：華北における日本語教育」　　1941.10.

　また、後述するように、1938年12月に設置された興亜院では以降「華北における日語教師養成状況並びに天津、済南、徐州、開封の各地学校における日本語教授法講座」（興亜院政務部『調査月報』2巻6号）にあるような日本語教師の養成についての調査が重点的に行なわれるようになる。
　昭和17年に見られる日本語進出論としては次の論考がある。

　　太田宇之助「中華民国における日本語」1942.1.
　　大蔵公望「東亜新秩序建設と興亜教育」1942.1.
　　何政和「華北における日本語教育について」1942.1.
　　徳沢龍潭「日本語と大東亜政策」（一）1942.6.
　　釘本久春「大東亜の明日と日本語—日本語普及の実践的基礎—」1942.6.
　　秋田喜三郎「日本語意識の昂揚」1942.7.
　　徳沢龍潭「日本語と大東亜政策」（二）1942.9.
　　国府種武、山口喜一郎他「日本語教育における教材論—北支座談会—」同
　　高沼順二「南支の日本語—日本語進出の第二段階—」1942.12.

　雑誌『日本教育』（1942.8.）では特集「国語の成長」を組み、次の諸論が掲載された。日本語教育の舞台は「国語」と「教育」の両輪をまたぐ、文化戦力

の建設母体へと仕立てられていく。

　　高須芳太郎「大東亜建設と日本語」／保科孝一「国語審議会の活動」／松田武夫「国語教育の建設」／長沼直兄「日本語教師の進出」／魚返善雄「新しき国語の創造」

　「国際語」としての日本語が国策として最も尖鋭に登場したという点では、歴史的にも特筆される時期であった。恐らく昭和17年という年は東亜語としての日本語が最も昂揚された時期であったといえよう。「東亜新秩序」の建設の基礎が「日本文化」の健全なる進出にあり、その壮大な実験場として「日本語の大陸進出」に期待が寄せられたのである。また、この年1月には興亜院の肝いりで北京に日本語教員派遣、教師講習会などを主務とする華北日本語研究所が設立され、翌月から月刊『華北日本語』が発刊される。

　昭和18年になると、もっぱら教授法をめぐる論議が戦わされ、背景としての思想的戦略は後退する。例えば、当時北京師範大学で教鞭をとっていた篠原利逸はこれまで出された百花繚乱的な18種もの日本語教科書の表記上の問題について改善策を講じるのである。

　　国府種武「北支：文化理解のための日本語教授」1943.4.
　　秦純乗「北支：環境と対象―日本語教育の政治的性格について―」同上
　　太田義一「華北に於ける日本語の品位」1943.7.
　　篠原利逸「日本語教育と表記法」1943.9.
　　同「日本語教育の基礎的問題―新中国の日本語の普及について―」同上
　　藤村作、佐藤幹二、篠原利逸、片岡良一、上岡幹一「座談会：北支における日本語教育の新段階」1943.11.
　　別所孝太郎「華北の日本語教育に嘱す」1943.11.

　一方、当時、大陸での日本語教育研究のシンクタンクであった華北日本語研究所の国府種武、秦純乗は北支の日本語教育の置かれている環境が政治的であることを鑑み、文化を注入することの難しさを痛感するに至る[10]。教育者は「督学」とも称されたように、多くが語学教師である以前に「篤士」あるいは「国士」的風潮が先行し、現地での様々な日本語教授の試行後に散見される日

本語の純化、あるいは品位をめぐっても表記と同様に深刻な問題をもたらしていた。一方で掛け声たくましい理想と現実との懸隔、乖離は増幅するばかりで、とくに当初においては曲がりなりにも滑り出した宣撫日本語工作も、戦況の推移するにしたがって余力を減じていくことになる。

## 3．2．外地日本語教育の「還流」としての「国語対策審議会」開催

　ここで当時の国語学界の実情について瞥見しておきたい。占領地にはさまざまな形態での日本語教育が試行されていくが、使用教材や教師の資質についても難題が山積されていた。すなわち、表記、仮名遣いの問題、教師の使用する日本語（方言）の問題などは、いきおい教科書編纂の問題に連繋していく。新東亜建設に当たる各般の文化工作において真の実践を収めるには「基礎工作として我が日本語の普及を徹底する」ことが不可欠であり、「日本語を通じて、東亜の諸民族に我が民族と同一の思考、同一の感動を促し、以って我が文化を発揚し、我が国民精神を高揚せしめることが根底とならねばならならぬ」という見地から、日本語が速やかに東亜の共通語となって世界普及に資せしめるために、第74回帝国議会の協賛を経て日本語教科書の編纂に着手することが決定され、昭和14年6月20日から三日間にわたって第一回国語対策協議会が開催された[11]。その開催の趣旨は、

> 一、朝鮮・台湾・関東州・西洋などの外地を始めとして、満洲国・北支・中支・南支・蒙疆などの現地における日本語普及の状況並びにその実績を聴く事
> 二、進んで海外における日本語教育上最も適切な方策に関する意見を徴する事
> 三、更に文部省の編纂すべき日本語教科書に対する希望並びに意見を聴取する事

の三点を目的とし、「各地における日本語教育の状況並びに実績」、「日本語教育に関する方策」が報告討議された。その概略を要約すれば次の通りである。

「各地における日本語教育の状況並びに実績」
　既に四十年の歴史を有する台湾は言うまでもない。朝鮮も本年度から文

部省の小学国語日本語読本を使用せしめるまでになった。南洋も各島間の共通語として日本語は広く行き渡り、満洲国は其の最も重要な要素として日本語を授けて居る現情であり、北支・中支・南支・蒙疆においても皇軍の占拠地域内における普及の状況は目覚しいものがある。しかし、その徹底を期し実績を挙げるには、今後に待つべきところが多い。

「日本語教育に関する方策」
(イ) 日本語を通して日本文化・日本精神の優秀性を覚らしめると共に、日本の事情・日本の理想を知らしめ、かつ我が国民と提携協力する気風を馴致するのを眼目とすべきこと。
(ロ) 国語問題を根本的に解決して、国の内外を通じて日本語に確乎不動の基準を示すべきこと。
(ハ) 日本語教育の方針を確立すべきこと。
(ニ) 内地或いは現地に日本語教育に関する教員養成機関等を設置し、見識高く実力に富む指導者を多数現地に配置して、日本語教育の徹底を図るべきこと。
(ホ) 日本語学習の奨励策を講じて、積極的に日本語の普及を図ると共に、日本語教育の重要性に就き、一般の認識を是正すべきこと。
(ヘ) 最も有功適切な日本語の教授は音声言語に待つべきであり、随って其の教授法は直説法を採用すべきであること。
(ト) 日本語を普及せしめ、かつ教育を通して推進せしむべき中枢的機構を文部省に設けられたきこと。
(チ) 国語対策協議会は年年継続的に開催されたきこと。

「実績」に鑑みてなお講じるべき「方策」として、(イ)の日本語の進出から併せて国内の国語の「醇化」を徹底するという、一体化への「還流」が顕著に示され、そのための諸々の普及策の基盤として、(ト)に示された機構の必要性を挙げているが、この趣旨に沿って翌々年、日本語教育振興会が発足することになる。また、議題として「日本語教科書編纂に対する希望並びに意見」が次のように提出されたが、とりわけ(イ)(ハ)に見られるような錯綜は「規格化」「統合化」を阻む大きな矛盾であった。

(イ)　各地の事情がそれぞれ異なる関係上、文部省においてそれぞれの土地に適する教科書を編纂することは却って困難である。随って文部省の日本語教科書は、各地で編纂される日本語教科書に基準を示すものとすること。
　(ロ)　日本語教科書は、内容に日本的性格の現れた興味あるものたらしめること。
　(ハ)　日本語教科書の程度は、内容形式とも出来るかぎり低からしめること。
　(ニ)　基本語彙・基本文型を確立し、アクセントを統一する等、日本語形式を整備した教科書たらしめること。
　(ホ)　教授書を編纂して教授の参考に資すると共に、教授並びに学習の便に供するためレコード等を作製せられたい。

　「内容形式」ともに出来る限り低いものとしながら、前掲の「方策」にある「日本語を通して日本文化・日本精神の優秀性を覚らしめる」ことは明らかに相矛盾する側面であり、これらの齟齬の是正は至難の作業であった。

## 3．3．興亜院による日本語教育実態調査

　ところで、支那事変後の主要地における日本語教育および普及状況に関する在外公館の調査報告を収録したものに『支那における日本語教育状況』外務省文化事業（昭和13年11月、文化事業部）がある。これを受けて興亜院の調査した日本語普及の実態については、次の三点が記録されている。まず、文化部による「日本語普及ノ一条件トシテノ日本語教員養成ノ問題」昭和14年10月27日至12月18日（19頁）は東京文理科大学教授楢埼浅太郎が現地調査に当ったもので、支那事変後の中国全土の状況が報告されている。「秘」扱いである。内容は下記の通りである[12]。

　　新東亜建設は日本語の普及／維新政府下の学校に於る日本語教授の概観／日本語教師の養成／日本語教授の専門学校の設立／附録：上海蘇州南京に於る日本語教授機関の一端

　次に「蒙彊日語学校一覧表」（5頁）が蒙彊連絡部から昭和16年8月に提出さ

れた。蒙疆管内における日語学校分布及び一覧、使用教科書について、各校から持ち寄られた報告を蒐集したものである。さらに華北連絡部「華北ニ於ケル日本語普及状況」と題する調査報告資料が「其ノ１」から「其ノ５」まである。概要は次の通りである。

> 其ノ１　昭和15年4月　調査資料第28号　122頁
> 　　　　河北省保定道地区各県市及ビ津海道地区良郷、涿、宛平県ノ日本語教育ヲ実施スル学校数、普及対策意見
> 其ノ２　昭和15年5月　調査資料第36号　208頁
> 　　　　河北省貴東道地区各県市ニ於ケル各種教科書使用状況、日本語教育実施校、日本人教員一覧、日本語普及状況図
> 其ノ３　昭和15年5月　調査資料第41号　74頁
> 　　　　河北省津海道地区及ビ着南道地区各県ニ於ケル日本語教員、日本語教育一覧、実施学校比較、日本語普及状況図
> 其ノ４　昭和15年8月　調査資料第59号　118頁　秘
> 　　　　山東省各県市ニ於ケル日本語教育実施校比較、実施未実施数表、各種使用教科書比較、教員資格一覧、実施学校分布図
> 其ノ５　昭和15年8月　調査資料第61号　182頁
> 　　　　山西省、河南省、青島特別市、北京特別市ニ於ケル日本語普及状況

　５回にわたる調査がいずれも昭和15年に、しかも抗日勢力の熾烈な華北という「特殊」地域に集中しているのが特徴である。其ノ４のみが「秘」扱いとなっているが、中等初等学校日本語資格一覧や、日本語学校、日本語講習所一覧表などを掲げてその分布を明らかにしたことによるものと思われる。これらの調査は主として机上、現地調査にもとづくが、担当者に深川輝美（嘱託）の名が見える。さらに、「極秘」扱いとして、華北連絡部による調査資料第108号「華北ニ於ケル日語教師養成状況並ビニ天津、済南、徐州、開封ノ各地学校ニ於ケル日本語教育調査」（整理未了）がある。昭和15年という年はまさに中国大陸における日本語普及、日本語教育の基盤固めの時期であった。

　一方、「中支那ニ於ケル日本語教育ニ関スル調査報告書」（20頁）が華中連絡部から昭和16年8月に調査資料第218号として出されている。担当者は笠井

直次（嘱託）ほか3名とあり、昭和15年から16年にかけての以下の状況が監察されている。ここでいう中支那は漢口及び非占領地区を除く地域との「注」がある。

　　中支那ノ特殊性ニ基ク日本語普及ノ困難性／日本語教員、日本語教科書及ビ日本語教育施設／小学校ニ於ケル日本語教育／中等学校ニ於ケル日本語教育／日語学校ニ於ケル日本語教育／上海租界内ニ於ケル日本語教育普及状況／結語／諸統計一覧表

「日本語普及」と「日本語教育」の間には様々な障害、懸隔があった。とりわけ使用教科書、教員資格は目下の課題であった。また、日語学校と日本語講習所とが規模によって使い分けられている点、「日語教師」「日本語教師」、「日語普及」「日本語普及」のように、用語が必ずしも一定していないのは、調査担当者の専門性もさることながら、錯綜していた現地の状況が垣間見える。

## 4．『宣撫工作資料』にみる日本語教育

　ここでは『華中宣撫工作資料』に記録された日本語の普及、教授状況をほぼ報告順にとりあげ、その動向、問題点を概観することにする[13]。いずれも秘、あるいは極秘扱いの調査資料で、調査の時期、期間、地域は限定されてはいるが、宣撫の実態が具体的に記されていると思われる。（資料は判読が困難な箇所があり、不明な文字は□であらわした。本文は現代語表記に直し、適宜句読点を補充した。傍点は引用者による）

　　1）第三回宣撫班連絡会議議事録　極秘　（北支事務局広報班長報）
　　　1937.11.25.

県域行政機構の復活、少年□に対する日語講習会に重点を置くとともに欠乏せる生活必需品の天津よりの移入を計画し先月末荷船を天津に向け出発せしめたり。

　　2）第四回宣撫班連合会議議事録　秘　（北支事務局広報班長報）

1938. 2. 14.

小学校一開校、日語講習会受講者二百名、住民一般に平穏

後述に「日語読本」配給とあるのは、おそらく「満洲国」で使用されていた『小学日本語読本』の略称、抜粋教材ではないかと思われる。

3）満鉄派遣中支宣撫班工作状況報告　秘　（満鉄派遣宣撫班、上海事務所報）1938. 1. 4.

日本語教授の具体方法に付き、維持会当局と打ち合わせを始む

4）中支占領区における宣撫工作概要　秘　（上海事務所報）1938. 3. 16.

　中支における皇軍の宣撫工作は戦況の発展と共に其の戦果に実効たらしむべく、皇道宣撫の大方針を以て現地に宣撫班員を派遣し宣撫班本部の指導監督下に今日では将校以下三百名を前後する人員が宣撫の工作に当っている…中略…

宣撫班は現地に至ると、先ず宣撫区域内における住民の調査を行い、軍、憲兵、治安工作員、協力して不良分子の掃蕩に努め、帰還をすすめると共に其の希望者に対しては人物及び所持品の調査を行い、在住者に対しては「良民証」を発給し、住民名簿を作成する。又地域内に貼布された抗日ビラを取り去ると共に、我方の布告、伝単、「新申報」等を貼布乃至撒布し、民心の安定を期し、かつ残存する武器、弾薬、屍体の清掃を行っている。

　こうした宣撫班の具体的な工作状況の紹介の中には、「難民救済」事業として、自治会の組織、医療活動の記載報告もある。以下は「教化宣伝工作」の報告である。

　教化宣伝に関しては各宣撫班では適当な人材を見出して日語教授を開始して居り、例えば蘇州の如きは惜陰日語専修館、城中日語専修班社、速

成日語講習社、蘇州日語専修学社の如き其の他甫市、杭州、嘉定、無錫、松江等においても陸続として其の開設を見るに至っている。而して之が教材としては本部にあって教科書を斡旋し取り敢えず日満国定教科書其の他を利用し、又仮教科書の編集も本部において行っている。

上記「適当な人材」は駐屯部隊中の教師経験者への依嘱で、「日用日本語」「唱歌」を教授したとある。新聞『新申報』の発送、同盟通信社上海支局の支援を受けて映画上映、施療所の開設なども進めていたことが分る。例えば「松江」における自治委員会は米穀処理公官、役畜利用委員会、秘書処、組織部、経済部、治安部、文化部、衛生部とから構成され、文化部では日語生徒募集を行っていた。「日満国定教科書」とは、昭和13年3月以前となると、在満洲日本教育会教科書編集部編『速成日本語読本』（上下巻）である可能性が強い。石黒修は『国語の世界的進出―海外外地日本語読本の紹介―』のなかで、本書の特徴に言及し、「日本語を速成的に学習するもののために編まれたもので、支那にある宣撫班の日本語教授にかなり広く使用されて居る」と記している[14]。巻頭に五十音図、清音、濁音、イロハ、拗音、拗長音の表を出し、片仮名漢字交じりの上巻のみに依拠したと想像される。仮教科書もその変形であったと思われる。

5）宣撫班記録（1937-1938）満鉄上海事務所編 松江宣撫班記録極秘 1937.12.10.

日本語学校二校を開設し生徒数百十名、教師は駐屯部隊中の経験者に之を依嘱し日用日本語及び唱歌等を教授す。

宣撫工作概況は「政治」「自治組織」「住民」「経済」「治安」「教化」「宣伝」に分たれ、日本語普及は「教化」の項に記録されている。

6）同上 嘉善宣撫班記録極秘 1938年2月11日

日語学校の設立：嘉善城内に日語学校を開設せり。日本語を主とし習字、図画、体操の科目を習得せしめつつあり。四月末児童数中等科27名、初

「東亜新秩序建設」と「日本語の大陸進出」──宣撫工作としての日本語教育── 119

等科63名なり。両科共に片仮名全部を習得す。尚学校内に浴場を設け全児童に連日入浴せしめ、衛生思想涵養に努めつつあり。日本語熱の旺盛なるに鑑み、城外に一校を開設すべく準備中なり。教化宣伝：自治委員会文化部内に宣伝班を設け、率先して日支提携を説き或いは仏教を通しての日支親善を計る外、日華僧を招致し日華陣没将士の慰霊祭を開催する等の諸効果如実に現われ、親日的な空気は全域を風靡しつつあり。日語学校の成績も極めて良好にして生徒を通して市中に日語熱潤漫し、行き通う日人に対する挨拶は日語を以ってする程度となれり。警備隊と協力宣撫に努めつつある結果、住民は警備隊に極めて好感を有せり。最近郷村に便衣隊、土匪潜入し、跳梁するや住民は警備隊の駐屯を希望する等、嘉善県民は国民政府依存を完全に離れて新政権を信頼し親日的空気充満せり。

ここでは具体的な日本語学校の設立経緯についての報告が記載されている。

7) 工作概況 杭州特務機関　極秘　1937.12.27.～1938.4.20.

　皇軍入城と共に支那民衆は何れも日語の習得を熱望し当方又日語普遍の必要を認め、最初自治委員会通訳陳少君をして自治委員会関係者のみを教習し居たるも到底一般の要望に応じ難く為に現在左記の通り（引用者、略）日語学校を開設し当方より仮教科書を配布し担任者をして教習状況視察或いは教壇に立ち直接指導する等日本語の普遍化に努めつつある。

「教化（二）」として、日語学校の開設の記載が見られる。
　校名には「杭州青年会日語補習学校」「日華仏教会日語速進班」「紅卍字会日語学校」などがあり、とりわけ「日華仏教会」は各地に日語速成班を設け、収容生徒数も多かった。教習程度は初級日本語に限られた。適地適応主義といいつつも「仮教科書」を配布しながらの極めて未整備な「日本語の普遍化」であった拙速さが垣間見える。

8) 同上 嘉定宣撫班記録極秘　1937.12.13.

宣伝教化工作；...当地方民に日本語を教授することになり、其の具体的方法につき維持会当局と打ち合せをなす（1937.12.24）...中略...日語教授下準備、日語教授下準備、試験的に生徒募集を行いたるに応募者二十名あり（1938.1.4）...中略...計画中の日本語教授本日より実施す。尚新申報は本部より配給の度毎に配布しあり（1938.1.12）...

日本語学校状況；教師は宣撫班担当、現在は毎日一時間乃至二時間宛教授の余力あり。将来各小学校開校し、日語教師の不足を来せし場合は別に方法を講じ、補充せざるべからず。

教授方法；現在城内においては開校せる小学校は一校もなきも、破損の程度及び器具類の好条件にある□良小学校を可急的速やかに開校計画を為し、該小学校の科目として毎日一時間宛習得せしむ。外に日語補習学校を開設の予定、一般民衆に対する教授時間は約一時間乃至二時間教科書は本部にて制定しあらば夫を用い、然らざれば『簡易日本語読本』（満州文化普及会編）、『日用大衆日語』（同編）、『民衆日本語読本』（北京大亜印書局編）の中より慎重選択して用う。

日本語学習に対する支那側の反響；既に短時間試みたるが、其の成績に徴するに概ね熱心なり、出席者も逐次増加の傾向にありき。然れども班員の手不足と其の他工作事務繁忙極めたる為、中止の巳むなきに至り現在に及ぶ

嘉定城西小学校；開校四月二十八日、場所城外西門通り、児童数百三十名
教科書は差し当たり我が宣撫班にて厳選せる教材を「プリント」として使用しある外、日本語を毎日一時間宛班員交代にて教授しつつあり、目下の処前記の如く児童数二百余名なるも西門外のみにても授業希望児童数約四百余名あり。之が開校するに其の場所なく小学校は殆ど全部目下警備隊にて使用中にして之が対策考究中。

宣撫班班員は激務のなか時間を捻出して短時間に日本語の教授にあたったが、教科書も教授法も教師経験者を充てたといえども「泥縄式」のものが多かったことが読み取れる。使用教材のうち、「簡易日本語読本」は大出正篤著『効果的速成的標準日本語読本』であろうか。上記石黒修の解説に依れば、「巻一は満洲国語学校検定試験四等程度を目標とし、約百五十時間学習、巻二は同三等

程度を目標として約二百時間の学習により、会話力、読解力を与える様に編まれたもの」とある。使用にあたっては巻一を分割したことが想像される。なお、「日用大衆日語」、「民衆日本語読本」については出所不明である。

　9）同上 太倉宣撫班記録　極秘　1937.12.13.

　日語教授　警備隊将校の援助により日語速成所を経営し、他に班員により巡警自治会職員に教授実施中なり。県下各小学校に教科書及び仮名文字を印刷配布せしむ。

班員は一般民衆のみならず、自治会職員にも日本語を教授していたことが分る。

　10）同上 丹陽宣撫班記録　極秘　1938.1.9.

　　部隊到着と知るや、委員会役員等日章旗を携えて出迎え、非常に皇軍に好意を示せり。来意を告げたるに謝意を表す。最近の状況を質すに、住民も逐次復帰し、商店□再開しつつあるも、度々徴発に依り、物資も可成に欠乏し居る模様なり。治安も委員会の手に依り維持されつつあるも、強盗時に出没する由。…中略…沿道部落大半焼失し、住民は皇軍に可成の恐怖心を有し、部隊を見るや大部分は逃げ去り。充分にその目的を達せざりしも、残存せる部落には布告文及びポスターを貼付して進む。…中略…土民を呼び戻し、来村の意を告げ、一宿を乞いて宿営せり。附近部落は多少の農産物を保有するも、豊富ならず。対日感情必ずしも不良ならず。日本の統治下にあることを希望し居るも、恐怖心を有す。治安確保されず、強盗出没す。本日の行程において、押収兵器無し。

ここには宣撫部隊到着後の状況が具体的に報告されている。
　軍宣撫班は「土民」呼ばわりする現地住民から恐怖心を抱かれていることを繰り返し記している。「皇軍に好意を示」し、「日本の統治下にあることを希望」しながらも、その実態は平穏な日常にはほど遠い。食糧徴発の首謀者については不明である。こうした前線基地で、宣伝教化工作が行われていく。

日語を教授し且つ宣撫宣伝の一助たらしむべく元第一小学校の難民集団収容所を移転せしめて教室を整備し、旭昇第一小学校と命名して三月五日より日語教授を開始したり。午前午後二組に別け各四十名を収容年齢は十才より四十才迄とす（当分の間）。老幼一如嬉々として学びつつあり。因みに一般民衆においても日語熱旺盛なり。

11）鎮江宣撫班記録極秘　1937.12.26.

一般状況；…訓練は治安工作員の簡単なる日本語教授、軍より応援を得て日本語による簡単なる各個教練を実施す。二月一日より街頭に出さしめ、交通整理、巡警、督察、等の職務に就かしむ。

難民、一般市民に試験を課して適当と認めた全員を一箇所に合宿させ、厳格な統制のもとに団体生活の紀律を植え付けるべく、上記の訓練を課したのであるが、一方、日本軍の軍紀、風紀の粛正も行われた。こうした訓練は市内の治安状態の復帰を促す意図も大きかった。「教練」においてどの程度の日本語を課したか不明であるが、今日でも中国の抗日映画に登場する日本軍の「メシ、メシ」、「ヨシ」、「回レ右」などのような、統率のための号令程度の日本語であったことも想像される。

12）蕪湖宣撫班記録極秘　1937.1.6.[15]

教化宣伝工作；小学校の開校を計画中なるも校舎として使用すべき建物なき為、早急の開校は困難なり。目下は難民収容所内の児童に対し、日本語及び日本唱歌の教習をなしあるも、其の成績頗る良好なり。

日本語教授のための施設は小学校を基点に進められた。また日本語教授や日本唱歌の教習の対象を難民収容所の児童らに定めたのも宣撫の対外宣伝を意図するところであった。

次に満鉄上海事務所調査室編中支派遣軍特務部担当の中支での宣撫工作概況（1938-1940）を見てみよう。ここでの報告は概ね「治安」「政治」「財政」「経

済」「民衆」「教育」の六項を設け、日本語教授は「教育」の項に見られる。

　13）宣撫工作概況 鎮江班巻2　極秘　1939.8.

　　鎮江は戦前江蘇省政府の所在地たりし処にして、政治、経済の一中心地たりしと共に、亦教育も盛んなりし関係上、思想的にも相当の抗日色を帯びたりしが、事変に依り之等抗日分子の殆どは逃亡し其の後復帰したる者は一部の新事態に目覚めたる有識者を除きては殆か否か生存欲の為のみに運を天に任して唯時勢に順応する一般民衆のみなれば、新体制中に何らの不順もなく、我方の宣撫の侭に操縦されつつありて、民衆は進んで日語を学び、親日精神の会得に努めんとする風潮に在るも、執拗なる敵不逞分子の撹乱工作の為、波紋或いは波浪の動揺を続くる已むを得ざる状態に在り。

ここでは宣撫工作が慢性的な抗日運動のため障害をきたしている現況が記されている。

宣撫工作の推進にはかかる抗日思想との対峙が常時つきまとい、次に見るように、一般民衆への日本語の教授もまた日常の思想戦の真只中に置かれていた。

　　一般小学校の日語教育；市内各小学校における日語教育に関しても亦適当なる教師なき為、当班班員が激務中より時間を融通し合い、交互に之が教授に努めつつあり。
　　夜間日語学校開設さる；商用日語教授を目的とせる私立夜間日語学校開設請願に対し之を認可し本月一日より其の開校を見たり。之に依り既設の昼間日語教授の不足を補い日語普及の徹底を期し得るに至りたり。

「商用日語」は日本人の進出によって商業、商取引に日本語使用の需要が増加したことに依るが、具体的な教授方法、使用教科書に就いては不明である。

　14）宣撫工作概況 松江班巻2　極秘　1939.11.2.

現在日語学校を城内、□門外、四門外の三箇所に開設しあり。生徒数二三〇名、教師は駐屯部隊中の教員経験者数名に依嘱し、日用日語、日語唱歌、日本式体操を教えつつあり。其の成績優秀なり。教科書は簡易日本語読本、民衆日語読本なり。

　ラジオ放送による日本語の教化は科学の高峰を使用することによって日本精神文化を鼓舞するのに寄与せしめた。教科書等配布については「小学生用教科書」「古絵本」「絵葉書」なども合わせて配布、とある。また各地に本部よりの「慫慂」を以って、開校に向けて準備が進められた。

　15）宣撫工作概況 太倉班巻2 　極秘　 1939.11.

　　学校教育の復活：日支親善の基本は児童教育に在るを信じ県公署を督励、鋭意学校教育の復活と之が親日教育実施に努めたる結果、左の通り復活を見たり。（省略、校数135、生徒数8,534）...中略...教科書は本部より配給の絵本等を補助にする外は従来の教科書中より抗日的なものを削除せしめ、厳重監督下に之を使用せしむ。

　「日支親善の基本は児童教育に在り」とする文化工作はこれまで触れてきた通りであるが、そこで最も留意する必要があったのは「抗日」的題材を盛り込んだ教材の摘発であった。

　16）宣撫工作概況　嘉善班巻2 　極秘　 1940.4.

　...（略）...之等良民は日軍の軍紀厳正なるに非常なる信頼を持ち又維新政府及び省政府に対しては自己の生活安定を基調に之を歓迎しつつあり。更に日語熱は日語学校を源泉として一般民衆に澎湃として湧き上り皇軍に対する路上の及び日常挨拶は総て日本語を使い（勿論片言）又護りの親たる皇軍将兵を信じ切って皇軍将兵の暇あるを見れば争って蝟集して双方有りったけの親愛の情を吐露して無邪気に騒ぎ立てる等此の和気藹々たる日支親善風景は外来者をして驚嘆せしめつつあり。

誇張した描写であるが、一般民情の親日的感情が日本語の使用を背景に報じられている。さらに日語学校についても、宣撫工作の効果を強調している。

　　三月二十日開設以来日語学校は着々として順調なる発展を遂げ新興嘉善における日支親善の源泉として街々に日語を氾濫せしめ宣撫工作上重大なる役割を果たし来たりしが、九月に至りて生徒数も最初の三倍百五十名となり益々其の本領を発揮しつつあり。…中略…近来支那一般民衆の日語熱意激烈となると共に日語校生徒も増加し、又其の質も著しく向上したり。之が適当なる教科書、教授法等に一段の研究を要すべく右研究の為、日語校教官二名出張す。

教授法の改良を求めての日語教官の出張先は新民会運営の日語講習所などの教師養成機関であった。但し、その期間、技術養成の方法、内容については不明である。

17）宣撫工作概況　揚州班巻2　極秘　1940.4.

〇昭和13年五月中　教育復活の現況
　本月末現在公私立小学校復活状態は別記の通り（公立普通小学校数11,私立普通小学校14,教員数70,生徒数2,400、日語学校数3,引用者注）にして、其の教育根本方針は勿論親日を基調としたる普通智徳育に在り、当班指導の下に教育局長及び督学は責任を持って監督に任せり。従来日語教師として部隊員中より教育経験者を選抜して之に当たらしめつつあるが、部隊の異動頻繁となり之が委嘱不如意の為本月に至り欠如しあるは遺憾なりき。然れど当地、支那児童及び一般市民の日語熱は鬱勃として抑えべからざる好もしき状態にあるを以って、当班においては目下直轄の日語校設立を計画中なり。

〇同年6月　日語校開設（班直轄）
　日語学校が日支両国民親善の僕となることは多言を要せざる処にして、皇軍の真意を理解したるは誠に好ましき現象と謂うべく、当班は此の機を逸せず、従来の日語学校に比して断然優れ且つ充実したる当班直轄の日語学校を計画中の処愈々万端整備本月六日左記の通り開校を見たり。

(略) 開設以来月末までに欠席者皆無の熱心さにして、予想以上の良成績なりき。六ヶ月後においては学生の全部が平易なる会話可能なるべし。尚授業の合間に日支事変の起因と真相を説明すれば一斉に謹聴し、我方の意を深く理解する様にして、日語の普及と時局を正しく認識せしむるも一石二鳥の効を収め得たり。加うるに日語校開設と共に現地状況調査の序に本部より日語校教師を委嘱されたつ同文書院学生四名が約半月の間教鞭を執りたるは、日語校の基礎確立に大いなる貢献を残したるものと思惟す。

○昭和14年1月中　日語普及対策

日語熱愈々熾烈となりたる昨今の状勢に対応し、第一期日語卒業者中の優秀者五名を選抜し、城市各県立小学校に派遣巡回教授せしむ。尚日語校は数よりも質を重んじて優秀なる生徒のみを収容し、日語及び親日思想の徹底化を図りたり。

載録期間は1938年5月から1939年2月までであるが、日本語普及については詳しい経過記述がある。

部隊員の異動にともなって十分な教員の手当てができなくなったこと、上海東亜同文書院などからの教員支援、さらに量よりは質を重視しながらも、卒業者の中から日本語の優秀者を表彰したり巡回指導に当たらせるといった「現地住民調達」の日本語普及の実態を伝えている。私塾を含め各地に日語講習会も開催されつつあったが、教育局に教材研究員を置き、親日的陶冶に努めながら新情勢に適合する教材を選定する作業も困難を極めた。

18) 宣撫工作概況 丹陽班　巻2　極秘　1940.4.30.

...略...尚前日語教師辞職の為七月末以来欠員中の日語教師は新たに上海より若き興亜の日本女性を招聘し、より一層日語及び日本精神の普及に努めせしむることとせり。...略...先月招聘したる日語教師を更に激励し、一日各二時間及び警察所警士に二時間宛て教授せしむることとせり。

「概況」には月別の載録が原則であるが、工作員の編成によって偏りが見られる。ここでは占領下の小学校において自治委員会から派遣された日本人宣教

師を専任の日語教師として一週数時間の日語教授を行っているとの報告がある。教員の欠員も日常化し、上海（同文書院）から女性教師を招聘して教授に当たらせることもあった。一般民衆のほか、警察への教授も施された。

　以上、昭和13年から14年にかけての中国大陸での宣撫工作の一環としての日本語教育の実情を垣間見たが、きわめて限定的な、かつ局地的な視察報告とはいえ、日本語の普及の実情が報告されている。また、前述引用した「事変処理」のための工作として企画実践されていたことが明白である。報告には共通して教師の不足、部隊員の異動に依る欠員が恒常化し、同時に教材の不足が挙げられているが、教育の内容、具体的な教授法については記載がない。恐らく宣撫工作にあっては型どおりの、表面的一時的な普及策しか講じることはできなかった、というのが実態ではなかっただろうか。本資料は「大陸進出」直後から二三年の間の報告であり、初期においてもさまざまな問題が山積されていたわけで、太平洋戦争勃発後は戦力（部隊員）の南方供出によって更に対応が困難になっていくことは明らかであった。

## 5．大陸進出と日本語教科用書（1）－教科用書の変遷－

　以上、宣撫工作における日本語教授、教習の実態を一定時期、一定地域に限定して考察してきたが、そこではどのような教科書が用いられ、教授法が試行されたのかという関心が自ずと起こってくる。中国大陸における日本語教育は関東州、満洲国で使用されたもの、例えば初期の南満州教育会教科書編集部編『初等日本語読本』（全四巻1932）の改訂版が用いられたほか、同編集部編、大出正篤著『速成日本語読本』（上下巻1933）が対訳式という至便さから日本語学校や私塾で用いられたが、前節で登場した「読本」は概ね、この二種類を指していると思われる。また、大出正篤・武田勝雄著『鉄路日語会話』が鉄道利用者に供されていたことから民間学習者用として使用された可能性もある。この当時、1937年までに七誌あったという『日文与日語』、『現代日語研究雑誌』といった中国人対象の日本語研究雑誌が活用の対象となったことも考えられる。山口喜一郎は中国人に対する日本語教授技術を具体的に解説した『日本語教授の実際的研究』を1934年に著わしているが、このように教科書、教授法は「日本語の大陸進出」の前には不十分ながらもある程度は整っていたと思われる。一般に使用されたものでは満洲国警察協会編『警察用語日語読本』も

警察官の日常使用する用語を対訳式でまとめた学習書として実務性が高く、また大出正篤・武田勝雄『鉄路日語会話』の鉄道関係者のみならず一般旅行者にも重宝されたことから、後述する『日本語會話讀本』の編集に影響を与えたことも考えられる。

当時は日本語教育に必要とされる教材等を「(日本語) 教科用書」と総称していた向きがある。したがって、本稿でもこの用語を用いることにする。大陸進出がほぼ態勢を整えつつあった昭和17年に報告された太田宇之助「中華民国における日本語教育」(1942) に沿って、各地域における日本語教育の状況及び使用教科用書を概観しておこう。

北支では日本留学生の出身者を多く起用しての日本語熱は隆盛で、各大学の日本研究熱も高く、とりわけ北京では治安維持会の成立と共に各学校の日本語を正科と定め、臨時政府成立後は小学校でも日本語教育を強制するようになった。中等学校では全てが日本語を必修課目とし、授業時間はほぼ中小学校が週三、四時間、普通の専門学校以上は六時間程度としている。邦人経営の日本語学校も多く、受講者も学生、商人、官吏、会社員など様々であった。天津特別市には「日本語普及班」を設けて、各学校、一般への日本語教育の普及に努めた。山東省済南市にも新民会の工作として、約五千人を数えた。

中支では治安維持会、臨時政府、さらに南京政府の施策を中心に日本語普及は体系をなしつつあるが、宣撫班による日本語のなかには不完全な日本語教授も少なくなく、「将兵の一句片言から意味が取り違えられ、中国民衆に誤って伝わっている」事態もあるという。上海などでは従来の英語教育に代わって、ようやく日本語が需要され始め、日本語教師の確保に苦心が見られる。日本人、中国人による二十もの日本語学校を有し、南京では日語専修学校が開校され、留日同学会、国民政府の運営により、多くの学習者を集めている。

南支では広東、厦門、海南島が中心で、主として台湾総督府の活動に負っている。北支、中支と異なり、独自の日本語広東語、日本語福建語、日本語海南語などの教本が必要とされている。蒙疆では察南学院、晋北学院、蒙古学院などで日本語を教えているが、蒙古人に対する教科書の使用に特殊な困難があるも、日本側民間の教育機関が特筆される。張家口の東本願寺「仏教日語学校」、日蓮宗妙法寺経営の「立正日語学校」などである。

石黒修 (1939時点) によれば、北支では次のような教科書が用いられている。

初等教育研究會『正則日本語讀本』、北京近代科学図書館編纂部『初級日文模範教科書』、同『高級日文模範教科書』、同『日文補充讀本』、在満洲日本教育會編纂部『速成日本語讀本』、満洲文化普及會『効果的速成的標準日本語讀本』

南支では次の二点を挙げている。中支については空欄である。

台湾総統府文教局学務課『日語捷径』、同『日本語教本』

また、文部省図書局「日本語の大陸進出」（1940,5時点）によれば、北支、中支、南支、蒙疆において使用されている日本語教科書は次の通りである。

【臨時政府教育部編審會】
　小学日本語讀本、初等日本語讀本、正則日本語讀本
【維新政府教育部】
　日本語教科書
【台湾総督府文教局學務課】
　日本語読本、日語捷径
【晋北自治政府審定】
　初等小學校用日本語教科書、高級小學校用日本語教科書
【察南自治政府審定】
　初等小學校用日本語教科書、高級小學校用日本語教科書
【蒙古連合自治政府審定】
　日本語教科書、公民學校用日本語教科書

こうした多種多様な「日本語教科用書」は語法、表記の不統一を深化させ、さしたる効果を上げたとは言えない。昭和16年には準統一的教科用書として、文部省編『ハナシコトバ』（上・中・下）が東亞同文会から出される。青少年を対象としたもので、音声言語による日本語教材として片仮名を発音符号として用いている。これには『学習指導書』もついている画期的な教科書であったが、すでに広範に広まった適地適応型の教授が進む中での表記や用語、レベル

の統一は実際上、不可能であった。

## 6．大陸進出と日本語教科用書（2）－『日本語會話讀本』を例に－

6－1．『日本語會話讀本』の使用背景

　前掲文部省図書局による「日本語の大陸進出」（1940）には「軍の宣撫班において開設している指導者訓練所などでは、日本語会話読本（宣撫班本部）を使用している」との説明が見られる。前掲太田宇之助の報告にもこの『日本語會話讀本』についてふれている。

　　事変以来北支でも宣撫班がわが軍占領地において民衆に対して『日本語會話讀本』などを用いて盛んに日本語を教えた。次いで新民会が代わるに及んでこの工作も引継がれ、青年訓練所を中心に日本語の普及に努めている。（156頁）

　これより早く昭和14年11月に開催された文部省国語対策協議会議事録には占領地における言語政策についての報告（興亜院事務次官別所孝太郎）にも『日本語會話讀本』が登場する。（一部抜粋）

　　以下各地域における所の日本語教育の普及の状態を申し上げたいと思います。皇軍の占領後治安工作並びに経済工作の進捗に伴い、文化工作も併せて進行されております。是は宣撫班の力に依って日夜苦心されて居ります。支那の一般民衆に対しまする人心の安定、宣撫に非常に苦心されて降りますが、日本語教育に就きましても現在約三千名の宣撫班員の方々が、献身的な努力をされ、それぞれ土地の状況に依りまして適時適切なる方法に依って附近住民を集め、宣撫班で編集致しました日本語会話読本、之を手掛かりとして日本語の教授でありますとか、或いは其の普及、指導に当って居られる訳であります。之が効果に就いては目下宣撫班の方で研究中でありますが、従来は現地の支那住民が日本の軍民に接した際「もしもし」と云うような程度から、最近では「兵隊さん、今日は」と云う位の挨拶の出来るようになって、言葉を通じて感情の融和の上に非常に貢献をして居ることは、没すべからざる事実であろうと考え

て居るのであります。(39頁)

　簡単な日本語の教授さえもが「感情の融和の上に非常に貢献をしている」とする自負は対外的宣伝を強く意識したものでもあった。宣撫班員数三千という数字の信憑性は定かではないが、相当数の宣撫教員が「俄仕立て」で日本語の普及に馳せ参じていたことが分かる。

　　現在宣撫班で編纂をし、使って居る所の日本語の会話読本の頒布数は一万冊余に上って居りまして、更にその内容の改訂修正を必要と認めて、目下着々改正中であります。尚、宣撫班におきましては班員の指導講習会を随時開催致しまして、其の際日本語教授の実際的方法に就いて、一層の研究を進められて居るような状況であります。此のように致しまして先ず皇軍の進行した後々に宣撫班が参りまして、あらましの工作が出来ますと、其の進捗を見て適当の時期に北支民衆の結成団体である新民会が之に加わって参りまして、宣撫班の宣撫工作を継承し、之を強化すると云うような大体の行き方になって居ります。現在新民会の外務委員が約千六百名ありまして、其の中日本人が約三百人、是が現地における文化工作に従事して居る訳であります。此の中日本語教育に就いて宣撫班でなされた色々の講習会であるとか其の他の方法を踏襲拡大致しまして或いは日語学校を設置するとか、又現在五十余処にある産業指導部の所在地には必ず青年訓練所を設けて、最寄の部隊から現地将校の配属を受け、教練訓育に当ると共に、日本語教授に重点を置いて、専ら日本語の普及に努めて居るわけであります。(39〜40頁　同報告)

　この『日本語會話讀本』は上記によれば各種の改訂版の所在が示唆されているが、奥付もなく印刷月日も記されていない冊子は各地で簡易に印刷製本されていたことが推察される。したがって頒布数は一万冊を大きく上回ったことも容易に推察できる。小規模の学習班規模のものから講習会、さらに小学校内に日語学校を設け、さらに青年訓練所にまで拡大する青写真がここには見られる。次に考案されるのは「満洲国」で実をあげた日本語学力検定試験の施行導入である。新民会がその中心となり、当初は公務員を対象にしつつ次第に一般民衆

まで拡大し、特等から四等までの合格証書を与え、官公署や日本人経営の会社に優先的に就職を斡旋するといった、日本語の普及奨励法を検討しているが、その実態は不明である。以下では、主として指導者訓練所で使用されたと思われる『日本語會話讀本』の構成、特徴をみていくことにしたい。

6－2．『日本語會話讀本』の構成

本書は東京都立中央図書館実藤文庫におさめられており、いま第一巻、第二巻を参照することができる[16]。「緒言」として次のようにある。（漢字平仮名交じりの現代表記に直した）

　　一、本書は、日本語の会話を学習しようとする者の為に編纂したものである。
　　二、本書は今後逐次、巻二、巻三と発行する予定である。
　　三、本書の仮名遣いは全部表音式とした。
　　四、本書には各課に練習資料を添え、応用に便ならしめた。
　　五、会話上達の要訣は、基本的会話文章の暗記に在る。会話の上達を願う者は文法を云々し、単語を覚える前に完成されたる会話体を暗記すべきである。単語は文章の中に含まれたるまま覚えて始めて価値がある。学者（学習者、引用者注）は本書を反復練習し暗記に努められよ。

　第一巻の構成は次の通り。目次は立てていないが、便宜上全50課を冒頭の会話句で示す。

　　1.「コンニチワ」　　　　　　　　2.「ハナガサキマシタ」
　　3.「コレワナンノハナデスカ」　　4.「コレワアナタノデスカ」
　　5.「イクラデスカ」　　　　　　　6.「イマナンジデスカ」、
　　7.「ニツポンゴガワカリマスカ」　8.「ドォゾオカケクダサイ」
　　9.「ドコエイキマスカ」　　　　　10.「ナニオシテイマスカ」
　　11.「オハヨウゴザイマス」　　　　12.「アナタワタレデスカ」
　　13.「ハジメテオメニカカリマス」　14.「学校ニ行ツテイマスカ」
　　15.「卵ガアリマスカ」　　　　　　16.「オ邪魔シマシタ」、

17.「オ茶 オ イレナサイ」
18.「這入ッテモ イイデスカ」
19.「ドオゾ 澤三 召シ上ッテ下サイ」
20.「アノ人 ワ 誰デスカ」
21.「オ父サン ワ 家ニ イマスカ」
22.「御免 下サイ」
23.「支那料理 ワ オ好キ デスカ」
24.「オ加減 ワ イカガ デスカ」
25.「天津行ノ 汽車 ワ 何時ニ 出マスカ」
26.「貴君ノ 兄弟 ワ 何人 イマスカ」
27.「ナイフ オ 貸シテ 下サイ」
28.「御飯ノ 用意 ガ 出来マシタ」
29.「水 ヲ 汲ンデ 来ナサイ」
30.「空イタ 部屋 ガ アリマスカ」
31.「風 ガ 吹キマスカラ、窓 オ 閉メナサイ」
32.「アレ ワ 何ノ 音 デスカ」
33.「コレ ワ 誰ノ 写真 デスカ」
34.「雨 ワ マダ 止ミマセンカ」
35.「ユウベ 火事 ガ アリマシタ」
36.「明日 何時頃 オ 暇 デスカ」
37.「コノ 水 ワ 呑メマスカ」
38.「今日 ワ 何日 デスカ」
39.「私 ワ 今日 気分 ガ 悪イデス」
40.「イイ 月 デス」
41.「コレ オ 私ニ 下サイ」
42.「コレ ワ 何ニ 使ウノ デスカ」
43.「見テ モ イイ デスカ」
44.「杯 オ 乾シテ 下サイ」
45.「何時 御出発 デスカ」
46.「コノ 切レ ワ 一尺 イクラ デスカ」
47.「貴君 ワ 毎朝 何時ニ 起キマスカ」
48.「オ暇 イタシマス」
49.「皆サン オ変リ ワ アリマセンカ」
50.「風呂屋 ワ 何処ニ アリマスカ」

内容は押しなべて平易であり、表現も簡潔さを心がけている。本文はカタカナ書きで音声言語を重視し、すべて「分ち書き」によるが、第13課から漢字カタカナ交じり文になる。ただし、「完成されたる会話体を暗記」云々と言う割には表記上の統一には苦労しているようである。例えば、

長音：カケマ<u>ショオ</u>（31）/イカガデ<u>ショウ</u>カ（30）　ド<u>ォ</u>ゾ/ド<u>オ</u>ゾ
促音：ア<u>ッ</u>テ イマス（32）/行<u>ッ</u>テ イマス（34）、這入<u>ッテ</u>/召シ上<u>ッテ</u>
終助詞「カ」：デス<u>カ</u>（4）/デス<u>カ</u>（8）、（ワカリ）マス <u>カ</u>/（ワカリ）マス<u>カ</u>
判断詞「デス」：写真<u>デスカ</u>（33）/写真 <u>デス</u>（33）
連体詞「ノ」：ア<u>ノ</u>人/コ<u>ノ</u> 水、 コノ切レ　何ノ肉（28）
格助詞「ヲ」：水 <u>ヲ</u>/コレ <u>オ</u>、 荷物 <u>ヲ</u>（41）/風呂敷 <u>オ</u>（41）
係助詞：風 <u>ガ</u>/埃 <u>ガ</u>、這入ッテ <u>モ</u>/見テ <u>モ</u>
所有格「の」：貴君 <u>ノ</u> 兄弟/御飯 <u>ノ</u> 用意（28）
動詞連用形：マケ <u>ナサイ</u>（5）/イレ<u>ナサイ</u>（17）

補助動詞：行ツテ<u>イマス</u>（14）/ハイテ<u>イマス</u>（10）
副詞：<u>充分</u> イタダキマシタ（19）/<u>尚</u>結構デス（37）
「下サイ」：オ出デ<u>下サイ</u>（16）/オ待チ<u>下サイ</u>（18）、見セテ<u>下サイ</u>（22）/御覧<u>下サイ</u>（22）

のような表記の混乱が多く見られる[17]。会話文はほぼ公平な身分立場を表しているが、主人と使用人との会話では待遇上の違いが意図されている。

「オ茶オ イレナサイ」「今 オ湯 オ ワカシマス」
「ナゼモット早クカラ ワカシテ オカナイノカ」「コレカラ 気オ ツケマス」

また、時局的な用語や表現は極力抑制されている節が見受けられるが、以下に示したような会話文（下線部）が若干散見される。

13.「<u>県公署ノ 通訳</u>」、18.「<u>隊長ニ オ話ガ アリマス</u>」、20.「<u>宣撫班エ 行キマシタ</u>」、32.「今日ワ <u>新政府</u>成立ノ芽出度イ日ダカラデス」、「<u>新政府</u>ワ何処ニ出来マシタカ」、「北京デス」、50.「<u>領事館</u>」、「<u>守備隊</u>」

各課の本文は概ね５，６文による対話構成で、その後に関連単語が二三提示されているのみで、「緒言」にある「練習資料」とは本文の補充という意味からも恐らく別配布の「プリント」によるものと推察される。巻二は全71頁、「緒言」は巻一とほぼ同様であるが、「今後逐次、巻三、巻四と発行する予定である」とあるも不明である。目次は次の通りである。

1.国旗、2.曜日、3.駅で、4.旧友、5.芝居見物、6.御馳走、7.郵便局、8.電話、9.引越シ、10.借家、11.食堂で、12.洋服、13.散歩、14.語学、15.四季、16.洋車、17.風呂、18.入院、19.雪、20.暇乞、21.煙草、22.オ悔ヤミ、23.新年、24.紹介状、25.ストーヴ、26.車中デ、27.転勤、28.訊問、29.運動、30.音楽、31.歌、32.汽船、33.商業問答、34.床屋デ、35.買物、36.性格、37.新聞、38.北京見物、39.夕食後、40.夜学、41.仲裁、42.果物、43.挨拶、44.家族、45.採用試験、46.秘書トノ対話、47.家信、48.食

物、49.動物園デ、50.修繕

　本文は巻一よりやや多く7，9文による対話構成でその後に関連語句、表現が若干掲載されている。巻一と比べると文の構造はやや複雑化し、内容も多岐に富む。本文表記は巻一の「分ち書き」に対し、巻二では句読点を残して文字を詰めて表記されている。概ね「無国籍」風の内容であるが、時局を反映した箇所（特に下線部）もある。巻一と同様に提出課と文例を次に示す。

　　1.「コレワドコノ国旗デスカ」「コレハ支那ノ国旗デス」…「コノ<u>五色旗</u>ノ下ニ、<u>王道楽土</u>ガ築カレルノデス」「愉快デスネ」「愉快デスネ」
　　4.「イイエ、<u>満洲</u>国ノ方エ行ッテイマシタ」
　　28.「オ前ガシタノワ分ッテイルノダ。早ク白状シナサイ」「何卒オ許シ下サイ。私ワ何モ存ジマセン」「オ前ガ素直ニ　白状スレバ、許シテヤルガ、白状シナイト拷問ニカケルゾ」「拷問ニ掛ケルノダケワ、オ許シ下サイ。皆白状致シマス」「私ノ家ニワ、病気ノ父ト三人ノ子供ガ居テ、食ウノニ困ッテイマス。ドオゾオ慈悲オ願イマス」
　　38.「今日ノ新聞ニ、何カ変ワッタコトガ出テイマスカ」「別ニアリマセン。ソオソオ<u>南京陥落</u>ノ詳報ガ載ッテイマシタ」「私ワコノ四、五日忙シクテ、新聞オ読マナイノデ、一向世界ノ情勢ガ分リマセン」「新聞ワ我々ノ耳目デスカラ、毎日読マヌト、イケマセン」

　「満洲国ノ方エ行ッテイマシタ」(4)　「満洲経由デ、汽車デ帰ロオ」(32) のように「満洲国」を意識的に提出していると思われるところがある。また「農村経済ノ調査ノ為、河北方面エ出張スル」(24) のように宣撫工作を日常生活の中に採用している箇所も見られる。「採用試験」のような現地住民との接触想定の場面も少なくない。「借家」「洋車」「風呂」「修繕」などの場面では日本人の生活の中に使用人との会話も多く見られ、前述のような待遇表現の区別が意図されている。また訓練所での使途という性格故か、語法・表現にも「入リナサイ」「入リ給エ」の併記なども見られる。本文中には語彙・表現がよく練られていない箇所も散見され、当て字と思われる漢字もある。「髪オ摘ム」(34) など方言性のある語彙も少なくない。教育経験のある将校らが編纂に携ったとあるが、専門家の手を経ている風ではなく、また十分な時間を要しては

いないことが察せられる。なお、中国語訳については「捨て難い趣」を「難捨的興趣」(15) とするなど日本語の直訳による不自然な箇所が多く見られ、これも中国語を解する日本人の手によるものと推断される[18]。

6-3．宣撫工作における日本語教育の意味
　『日本語會話讀本』はその構成から「満洲国」で使用されていた各種「日本語読本」を踏襲した可能性が強いことを述べた。対訳式で暗記中心の例文が実践的なテーマごとに配列され、一課当たりの分量も多くないことから、一般中国人に対して口まねで覚えさせる程度の平易なものとして歓迎されたのである。やがて南方文化圏においても日本語は進出していくが、場面用途に沿った簡単な日本語会話の対訳併記が民間への普及には即効であることが、『日語捷径』などを代表に「会話読本」の実績を基盤にしながら指向されることになる。臨機応変の普及に耐える性格を有していた点においても「会話読本」は試作版ながら大きな意味をもっていたと言えよう。
　思想的背景としては、抗日的気運を刺激しない、「無難な」内容のものが選択されている。当然、抗日的な内容は国定教科書からは排除されたが、一部に「国定教科書誤謬」を糾弾する冊子が出回り、北支における日本語教育の政治性、文化性には神経を使うところが大きかった。初級の会話の指導においても当然、政治的思想的背景は無視できず、加えて日本人教員の欠員補充、中国人教師の養成、教材の充填など、問題は山積されていた。
　ところで、4.でみた『宣撫工作資料』に使用されている数種の日本語教科書の記載があったが、その中に『日本語會話讀本』を見つけることはできない。他の教科書名と単に宣撫班で編纂された教材、プリントとある。菊沖徳平の調査した125点にものぼる「中国日本語研究文献目録[19]」にも含まれてはいないし、実藤恵秀編「中国人日本語学習書年表」にある昭和14年までの290点もの使用学習書の中にも見出すことは不可能である。宣撫班本部編とだけ記され、発行年月日さえも銘記されなかった『日本語會話讀本』は正式な教科書の扱いを得なかった、流用的な、且つ特異な教科書であった性格が垣間見える。
　前述太田宇之助報告（1942）では宣撫班によって開設された日語学校での日本語教授のあとは、新民会の青年訓練所に引継がれるとあるが、そこでは一箇月から三箇月の期間、日本語のほか、東亜新秩序建設講義、新民精神、満洲建国精神、三民主義批判、防共要義、などの科目が課せられたほか、教練課で

は軍事訓練、偵探学（特務工作）、日本軍の修築工事、営房や道路の補修などに当たらせた[20]。新民会は昭和12年12月の北京臨時政府樹立後、設立された「国民を指導し、民衆を教化し、政府の施政をして円滑ならしめ、人民と政府とを相親しませる底の、民衆団体組織」であった。「満洲国」の協和会が「王道主義による五族協和」を理想としたのに対し、新民会は「抗日支那の廃墟を新生支那に更生させる」理想のもとに、三民主義に対して「新民主義による日満支の提携」を標榜し、「東亜新秩序建設を達成」し、「世界和平に貢献」することを掲げた[21]が、その運動の実質は「華北民衆の思想工作」、「合作社（産業組合）の指導」、「保甲制度の確立」、「自衛組織の完備」、「教員の再教育」、「青年団の組織指導」、そして「日本語教育」であった[22]。こうした組織化のなかで、末端の宣撫日本語工作は「奴隷化教育」への最初の階梯でもあった。

　宣撫工作における日本語普及の根幹は児童を対象とするところにあった。小学校を接収し、新文化を創造する舞台として、罪なき児童らを教化の矛先としたのは、「満洲国」において、他民族の児童らに日本語の作文を書かせて、「五族協和」「王道楽土」の代弁者ならしめんとした協和会の活動の延長に位置する、日本の植民地支配を正当化するための酷悪な象徴以外の何ものでもなかった[23]。王向遠（1999）は宣撫文学「宣撫官」（小島利八郎）を取り上げ、江蘇省に開設された小学校に日語学校を開き、宣撫官自ら教授にあたり、中国人教師を日語教師に仕立て上げていく様子を紹介しながら、「中国の児童を真に掌握し、中国の児童に日本の偉大な精神を植え付けるには、まずしっかりと児童が接触する教師の心を把握することである」とし、日語学校こそが現地において宣撫班が「奴化教育」を推し進めるための重要な手段であったとしている[24]。

　そして、忘れてはならないことは、こうした「宣撫」という名で手なづけながら日支親善を掲げた文化工作の一方で、中国大陸の各地では毒ガス戦や細菌戦などの日本軍による非道な殺戮が進行していたのであり、宣撫工作を続ける隣村では同時に徴発、労工狩り、強制連行も日常的であったことである。中国人民の禍根や不信感を増しこそすれ、一時の同化策に「新秩序」建設の夢を見たのは双面を操る日本の傲慢さでしかなかった[25]。

## 7．中国占領地における日本語教育の実情——教育施設の一端——

　日中戦争期中国占領地に展開された日本語普及、日本語教育の実相解明は現在、点と点を結ぶ作業の上にしかない。したがってここでは現在渉猟できる資

料範囲での考察にとどまる。上海自然科学研究所発行の『中国文化情報』誌には昭和10年から13年にかけての日本語普及、教育の実情が報告されている[26]。おそらく当時の日本語普及の実態を最も詳しく記述した資料と思われる。以下、主要記事に沿って紹介する。

【同誌第5号（1938.4）からの関連記事抜粋】

昭和12年12月30日発行『日華学報』第65号の『前北京地方維持会と中、初等教育』（神谷正男報告）によれば、中、初等教科書改訂の標準点として「邦交の妨碍ある点」、「国民党三民主義思想に関する点」「歴史地理虚構の事実ある点」「赤化思想を隠含する点」をあげ、中等教育の改善点として「各学校は日本語科を増設し第二外国語必修科目とせること、若し時間の割当上支障ある場合には英語の時間を日語に割当てることも差支えなく、日本語時間は一週二時間以上たること、日本語教員は各宣撫処並びに北京維持会の日語検定試験に合格せるものを聘用する」旨が報告されている。

昭和13年3月27日付け大阪毎日新聞は『上海市大道政府教育局の七十二小学校開校』の記事をとりあげ、就学熱を高めるため授業料徴収を免除、教科書のほか学用品一切を無料で支給したこと、「兵隊さんや宣撫班長に日本語を教わり片言をしゃべる者が多いので教育局では日本語の教授についても考究」せざるをえない状況などを紹介している。

同年2月11日付け上海毎日新聞には「中国童子に皇道精神を注入し、真に日本を理解せしめ東亜永遠の平和を図る」目的で小学校が建設され、数日を出ない現在でも五十音も十分読めるようになったこと、開設を聞いて入学希望者が殺到していることを報じている。

【同誌第9号（1938.8）からの関連記事抜粋】

昭和13年4月7日の上海毎日新聞には「中支各地に物凄い日本語熱」の見出しで、占領地区域内44ヶ所に宣撫班が出張し、支那民衆の各種事業復興を援助しているが、民衆中には日本語熱が旺盛で宣撫員に日本語教授を請うもの続出の状態であると報告している。14の地名と学校数29校、学生数4365人。「このうち揚州、湖州が最も盛んで6, 7歳の子どもから50歳位の老人に至るまで男女熱心に研究しており、教授の不足から十余名の兵士が教えている」と記している。

同年1月14日付け『満洲日報』、「北京に八ヶ所の日語講習所開設」、六ヶ月の短期講習。同年3月29日付け『新民報』、「新民会河北指導部、教育文化振興

委員会、天津地方自治会により、天津に平民日語学校を九校設立」、同年6月9日付け『北京新聞』に、「北京近代科学図書館附設日語学校第三期生入学」、同年6月24日付け『北京実報』に、軍特務部宣撫官東園国雄らの発起によって「北京、明華日語学校創設」との記事がある。

【同誌第11号（1938.10）及び第13号（1938.12）の掲載記事抜粋】

「中支に於ける日語教育施設概況」には「現今占領地区に於ける日語教育が爾後この弊（筆者注：「国民政府が善良な民衆の耳目を塞ぎ、悪意の宣伝を信じせしめ、友邦接触の機会を与えしめなかったこと」）を去り、日本を正しく認識し、意志の疎通を図る目的を以って施行されていることは明らかであり、又中国民衆の日語学習熱のきわめて熾烈である実情は喜ぶべき傾向である。彼等にとって日語を学ぶ目的は必ずしも単一ではあるまいが、日本を知る上に役立つことに変わりはない。当路者の善導が望まれるわけである」として、日語教育の重要性は日本人観、日本観を直視することにあり、日常の直接的な接触によって「歪められた」日本を是正する道であることを強調している。

同報告では上海を中心とする「中支に於ける日語教育施設」の最近の情況を統計的に記している。以下、地域別にみた施設数、学生数、毎週授業時間数である。

　上海：全小学校数54校のうち15校が実施。学生数は8230人のうち2764人が受講。他に日語専修学校一校。学生は最少数が19人、最大数が362人。週時間数は最少1時間半、最大18時間。なお、初級は「低級」と称した。日本語教師は日本留学経験の中国人が数名、多くが朝鮮、満洲での学習歴をもち、日系会社の職員も多く含む。日本人教員に榎本菊子の名が見える。私立補習学校等では「英徳日法補習学校」「同進日語専修学校」等15校があり、学生数545人。毎週授業時間数5－10時間。

　南京：実施小学校2校、学生数216人。日本人教員に金子、野沢、藤田の名がある。毎週授業時間数3－4時間。日語研究班等では4ヶ所、179人、毎週授業時間数9時間。杭州：市立補習学校・小学校では6ヶ所、795人。毎週授業時間数3－9時間。私立小学校では18ヶ所、296人。毎週授業時間数3－6時間。杭州日華仏教講習会30人、週授業時間数3時間。日本人教師には日本西本願寺、東本願寺仏教師4名の名が見

える。城北日語研究会64人、鼓楼日語速成班40人、週授業時間数6時間。蘇州：県立小学校6校、401人、毎週授業時間数3－6時間。私立小学校5校、292人。毎週授業時間数2－3時間。「仏教日語学校」等の日語専修学校其の他6校、147人。毎週授業時間数2－12時間。常州（武進）：県立小学校2校、71人。毎週授業時間数2時間。

松江：日語専修学校3校、247人。毎週授業時間数12時間。

青浦：県立小学校6校、863人。毎週授業時間数1.5時間。日語専修学校其の他6ヶ所、554人。毎週授業時間数無記名。

嘉定：私立小学校1校、150人。毎週授業時間数5時間。

崑山：私立小学校1校、79人。毎週授業時間数6時間。

無錫：県立日語専修学校1ヶ所、226人。日本人教員に山田正信の名が見える。毎週授業時間数24時間。

呉江：県立小学校2校、246人。中国人教員略歴に軍特務部呉江班班員、日本人略歴に憲兵隊長の名がある。毎週授業時間数6時間。

丹徒：県立小学校、私立小学校、私立日語専修学社等10ヶ所、984人。日本人教員略歴に軍特務部鎮江班班員の名がある。毎週授業時間数1.5－6時間

南通：施設不明1校、学生数64人。毎週授業時間数不明。

崇明：日語専修学校4校、学生数295人。毎週授業時間数不明。

句容：軍特務部小学校2校、257人。中国人教員に特務部句容班派遣日語課担当教授の二人の名がある。毎週授業時間4時間。

金壇：日語学校1校、60余人。日本人教員に特務部金壇班班長、班員の名がある。毎週授業時間6時間。

太倉：小学校4校、小学高年級5校、中学校3校、日文日語速成班1校、学生総数879人。毎週授業時間2－6時間、速成班のみ12時間。

江都：小学校3校、学生数583人。毎週授業時間6－14時間

以上、小学校80校、補習学校22校（中学校を含む）、専修学校27校、研究班11ヶ所、総計140ヶ所、学生数11,235人に上るが、未集計も多いと思われる。

【同誌第12号（1938.11）からの関連記事抜粋】

北京（北平）の日語学校の情況をみると、「東城区」に16校、学生数約600人、「南城区」では7校、約210人、「西城区」では27校、約900人、「北城区」

では10校、約350人、総計60校、約2,060人とある。近代科学図書館日語講座（分校）、新民語文学院などの学生数の多さが目立つ。

　1938年に集中した極めて限定的な資料ではあるが、華北（北京）、上海を中心にした「中支」の日本語教育の普及状況がうかがわれる。日中戦争勃発から数年後の期間にこれだけの展開を見たのは、特務部班員のほか中国人教員の「動員」が大きな背景となっている。資料による限り日本語教員に占める日本人の比重はまことに小さい。多くの小学校教員をどのように訓練して日本語教員として教壇に立たせたのか、実態究明が求められる。

## 8．日本語教育訓練所の実態 ── 冀東地区の場合 ──

　中国占領地における維新政府の活動実態の中で日本語教員養成をはじめとする文化行政はどのように進められたのであろうか。志賀幹郎（1995）、小野美里（2002）は主として興亜院連絡部（北京）華北日本語教育研究所の活動について考察しているが、末端の機関における実態は規模も性格もさまざまで日本語の補習、研究をかねたものもあり、正確な把握は困難である。ここでは華北日本語教育研究所設立（1940.9）以前の情況を知る一端として、『冀東日偽政権』収録資料により、日本語教員養成の具体的なプログラムを見ておきたい。

　「冀東日語教員養成所設置案」（1937.12.3-4）によれば、唐山にこれを設け、冀東全区の小学校日本語教育を実施する目的で、教員養成をはかること、各班34名を上限として3班を設け、修業年限は1年とすること、資格は高級中学、師範学校の合格者、簡易師範を成績優秀にて卒業した者などであった。年齢は20歳以上30歳までとし、科目は日本語のほか、日本事情、日本語教授法、教育実習、自由研究、体操などとした。待遇は宿泊費、光熱費、制服、教科書貸与で月給6元。卒業後は指定校に日語教員として割当てられ、月給30元とし、五年の服務義務を負わせた。これによって「冀東日語教員養成所」は1937年12月に設置され、翌年1月に百名の学生を入学させ開所した。所長と主任教官のほか教員が4名、事務員が4人とする。学生は三組に分かれ、教官が各班を担当し、教育訓練の責任者となった。養成所には事務室、講堂、教室、自習室、所長室、教職員接待室、教員職員住宅、食堂のほか、学生の寝室、浴室、閲覧室などがあった。各室備品は交通大学のものを多く利用した。教育内容を見ると、1月から6月までの第一学期は教員心得のほか日本語講読会話に重点が置

かれた。読本は日本籍教員が責任をもって当たり、読解にあたっては教導主任がこれに当たった。7月から12月までの第二学期は読本会話以外の日本語教授法に充てられ、思想純正教育、教授法の涵養を図った。そのほか、訓育、体育の時間が設けられた。以下は、各科教学時数表である[27]。なお、第三学期の期間は不明。日本語習得に重点が置かれ、教授法および実習時間は極めて少ないのが現状であった。

| 学期　　　　　　　毎週時間数　　　　　　　科目 | 第一学期 | 第二学期 | 第三学期 | 合計 |
|---|---|---|---|---|
| 教員心得 | 1 | 1 | 1 | 3 |
| 日本語 | 21 | 21 | 18 | 60 |
| 日本事情 | 3 | 3 | 1 | 7 |
| 日本語教授法 | 3 | 3 | 2 | 8 |
| 日本語教授法実習 | — | — | 6 | 6 |
| 自由研究 | 2 | 2 | 2 | 6 |
| 体操 | 2 | 2 | 2 | 6 |
| 合計 | 32 | 32 | 32 | 96 |

　また冀東政府教育庁は官費日本留学の選考も行ったが、これは「漢奸」養成の最終段階であった。その後、日中の日本語教育関係者が「興亜錬成」の文化事業にどのように関わっていったか、究明すべき重い課題である[28]。

　なお、「冀東日系教員分配各県校名および給与」（1937.8）では31の県で上田金三郎ほか36名の名簿と平均160元の給与が記録されている。これは前述中国人給与額に較べるとかなりの格差が明らかである。

　「日語教育調査票」（1938.1）は20カ所の学校、教員氏名、使用教材、学習者数、週授業時間数、開始年月日などの一覧である[29]。日本人教員では鈴木正嘉（東京拓殖大学専門部）、大武良秋（早稲田大学）の名が見える。中国人教員の多くが日本留学経験者であった。学生数は最少12人から最大430人までさまざまある。授業時間数では週1時間のところもあれば三河県日本語練習所のように24時間のところもある。多くが1936年から1937年にかけて開始

された。教科書は大出正篤の『速成日本語読本』のほか、『日本会話宝典』、『大衆日語会話』など飯河道雄著のものが多い。唐山中学校では日本弘文学院予科卒の教員劉学愚が毎週10時間、310人に対して『日本語会話読本』を用いたとあるが、これが前掲宣撫班作成のものであるとすれば、すでにこの時期には使用されていたことになる。このほか、河北省では興亜奉公日が実施(1941.5.)され、また新民会活動の一環として唐山市青年訓練所が日本語の教習を積極的に行ったが、これらの組織的な実態究明も今後の課題である[30]。今後、中国の档案館に所蔵される資料の公開などによって、各地のこうした「日本語講習所」の実態解明が進むことが期待される。

## 9．占領地区における日本語教育の記憶

　当時の日本語教育の実態把握は前述『宣撫工作資料』などによるだけではきわめて不十分である。日本軍側のプロパガンダを昂揚する記録には捏造された箇所も否定できないばかりか、被占領者側の塗炭の苦しみは伝わって来ない。もう一つの歴史の暗渠の解明には聞取り調査が有効な一手段であるが、ここでは張珍の証言を紹介しておこう[31]。彼は北京郊外房山の人で「日偽対中国小学生的奴化教育」と題する文章の中で当時受けた「東亜共栄」教育の野蛮で権力服従的な実態を克明に述べている。

　　　「大東亜共栄」思想の潅輸は中国の有名な「東亜病夫」を持ち出し、日本の工業力を誇示した。東北三省の工業力を例に、日本は中国人の新生活建設を幇助するために進出していること、教師と生徒は皇軍を擁護し、皇軍を見ればお辞儀をするよう要求した。当時の一般民衆は日本兵の旗を「膏薬旗」と呼んだが、校長や維持会会長は世界を照らす「太陽旗」と呼ぶよう生徒に言い聞かせた。日本人が村や学校に来るときは小学生を組織して歓迎させた。当時の中国偽政権は奴隷根性丸出しの下卑た態度というほかなく、日本侵略者の傲慢きわまる態度も形容しがたいものであった。
　　　小学校に日本語課が設置され、親日歌曲を合唱させられた。長溝小学校では3，4年次に日本語の授業が設けられた。日本語をしっかり学べば将来、日本人との交際が利便になるということで、当時我々を教えた青

年教師は、流暢な日本語を話した。この教師は日本精神主義に傾倒、学生に意味を考えずにひたすら暗記を強要した。読めなかったり書けなかったりした場合、彼は学生を殴打した。ある時は藤の杖で頭部を、ある時は"戒尺"という細長い板で手の平を叩くなどの制裁をした。あまりの凶暴ぶりに私たちは日本語の授業を怖がった。学校の規則により教師は学生に日本の国歌を覚えさせた。毎日歌うことを強要され、お蔭で今でも一部の天皇を敬う歌詞を覚えている。"新民会の歌"も習ったが、これは「東亜共栄」を宣伝するものだった。…

　小学生を組織して日本軍の武装訓練を参観させた。我家は日偽の天開村の管轄にあり、村には多くの日本の武装部隊が駐屯していた。日本兵は頻繁に大広場で訓練に明け暮れていた。最も印象深かったのは日本兵の刺殺訓練である。二人の日本兵が長い柄のついた木槍を持って互いの胸部を突くのである。全員の胸部の胸板に向かって耳をつんざくばかりの声をあげて突進する。力がない者は教官が並ばせて頬を殴る。殴られてもまた殴られるのを待つ。この光景こそが日本人の凶暴さと深く感じた。

　朝礼励行は日偽の統治教育を維持するためであった。早朝の会では家から十二里を走らされた。校長は台の上に立ち、号令をかけ、規律と「平和を守り、国歌を建設し、匪賊を追い払い、大衆を救う」という謡言を繰返し高唱させた。この朝礼は生徒に日偽による統治に疑問をもたせないためのもので、統治の維持は生徒に紀律を厳守させることであった。

　ある時は日偽開催の運動会に参加した。大規模なものでは1942年夏で天開村には日本軍のトラックが出動、多くの生徒が駆り出され、百里先の隣村まで運ばれた。運動会には日本人も中国人も参加した。運動場は非常に広く、多くの群衆の見守るなか、四方には「中日提携、大東亜共栄、共匪撃滅、建国平和」の標語の横段幕や幟が掲げられた。もう一度は1944年秋の運動会だった。房山県開催の全県の小学校が参加した。プログラムも多く、遠くから来た参加者もいた。優勝者には賞品が、一等賞には銀盾が贈られた。こうした運動会の催しは日偽政府が青少年の体育訓練に大きな関心を持っていることを露呈するものだった。

日本語教育はただそれだけが実践されたのではなく、「教化」として深く精

神の中枢に向けられた。無垢な世情と心情を麻痺させる精神的阿片であり、朝鮮侵略の「故伎重演」(前にやったことの繰返し)であった。「奴隷化教育」と称される本質である。むしろ周縁の傷痕の大きさに決定的な不信感、憎悪が増殖したことは明らかであろう。証言からは、表面の美辞麗句と実態とが大きくかけ離れていたことがうかがわれる。殴った者は殴られた者の痛みが解らないように、教えた者の側の記憶と教え(させ)られた者の側の記憶は大きく相反する。証言者は知らず知らずのうちに日本軍が帝国精神、皇軍精神に感化させる「潜移黙化」の手段を用いた「奴化教育」が陰険で意図も悪辣であったことを述べている。侵略者が中国侵略を「大東亜共同の繁栄」のためと大々的に宣伝しても、被占領者側の眼からは日本侵略軍の「焼殺搶掠」(家を焼き払い人を殺し、物品を略奪する)の行為でしかなかった。一般人民の過酷な迫害を見たことがある者なら誰もが日本軍の言うことを信用せず、仇恨だけが充満していった。宣撫教育の主たる標的とされた無辜の年少者に軍国主義日本の現実を植え付けられた強烈な記憶は、その後も長く精神的な傷痕として残すことになったのである。

## おわりに——日本語教育史研究の中の歴史認識——

　当時の国際情勢のなか、東アジアに日本を中心として新しい国際秩序の枠組みを構築しようとする「東亜新秩序」の外交方針は世界に大きな衝撃を与えた。日本をアジアにおける優位性の主張は欧米主導の国際秩序を正面から否定するものであったからである。とりわけ米国にとっては以後、領土保全、主権尊重、通商上の機会均等を閉ざす憂慮となり、世界戦略にも多大な影響を及ぼすことは明らかであった。1937年12月の南京占領、大虐殺、1938年2月の重慶無差別爆撃は国際的に日本を孤立化させた。米国はただちに日英米軍縮条約を放棄し、海軍増強に力を入れ始めるが、「東亜新秩序建設」の構想は事実上の外部からのこうした経済制裁に対抗する牽制でもあった。国際情勢の正確な判断を欠いた結果、日満支の政治経済文化提携の強調は日中間の泥沼の戦いを隠蔽する一方、日米間の隔たりを決定的なものとした。満洲事変、日中戦争から太平洋戦争勃発へと至る流れのなかで、「東亜新秩序」は治安・自衛を掲げながらも曖昧な擬制を世界に喧伝した意味において、十五年戦争のターニングポイントともなった。そして宣撫工作としての日本語教育は「構想」を擁護、美化し、

正当化する上での文化戦略であったが、米国を中心に対外的には不信感を募らせ、中国人民にとっては屈辱の軍国日の丸の象徴にほかならなかった。

本研究では、中国大陸における日本語進出の展開をその背景、および当時の日本語施策、さらに宣撫班資料、日本語教材、教員養成の実情、中国人民の記憶など、多角的に検証してきた。今後の作業として、『日中戦争対中国情報戦資料』などからの日本語普及策に関する資料収集が求められる。同時に個々の日本語教育機関において使用された教科書、教員組織、さらにその養成・派遣の実態についても検証が必要である。教員のなかには西本願寺派遣によるものがあり、日中戦争時期「以華制華」をスローガンとして扶植された宗教（仏教）民俗文化工作との関わりの中でも注目していく必要がある[32]。

さて日本の国際化と呼応するかのように、声高に叫ばれることの一つに文化交流の一環としての日本語教育の普及充実がある。だが、ここには日本語という言語のもつ「内在性」と同時に「外在性」もまた、それも時間軸に沿った検証が必要なように思われる。グローバル化の進行は単に地域的な知の共有構築を意識化させるだけではなく、一方で時間的な知の遡行をも共有することを求めつつあることも確かであろう。日本語教育の時間軸をたどることによって、現在に（非）連続する言語観、言語政策観もまた浮き彫りにされる。

日本語教育が単に経済効果に付随する産物であるとすれば、その文化的、知的「膂力」は魅力に乏しいものになるであろうし、またそこから社会、生活、歴史への想像力も閉ざされるだろう。昨今の日本語教育が日本の国際化、文化交流に即して、相応の貢献度なり成果が認められるとしても、外国語教育として世界的認識にいかに寄与するかという局面からいえば、その取り組みにはなお多くの思想的課題を残していると言わざるを得ない。

その課題の一つに、戦前、戦中の日本語教育が遺した「負の遺産」が教訓としてどう現代に継承されているのか、という問いかけがある。戦後、新しく出発した日本語教育の母胎となった日本語教育学界のメンバーの中心にはかつての戦中の日本語教育に関与した人たち（例えば長沼直兄、釘本久春、日下部文夫など）が多く含まれていたことは事実であったし[33]、また、戦後の国語学界も戦中の国語教育（例えば綴り方教育など）の本質的なありかた、根源的な問題を清算しきれないまま、今日に至っている一面もまた否定しがたいように思われる。これらの時代的な引継ぎに何らの違和感も抱かないのが大方の趨

勢であったといえよう。戦後長く東南アジアで用いられた日本語教科書、俗称「赤本」も、「ヨミカタ」「ハナシカタ」の名称にも引継がれ、内容的にも連続性が見られることに数十年の歳月を経て再びそれらの教科書を手にした現地の人々の想いはいかほどであったか。こうした事実への無関心、無節制は、国語、日本語の別を問わず、その研究と教育に携る者の怠慢と一口には片付けられない、もっと総体的かつ本質的な日本人の歴史感覚の欠如に根ざしているようにも思われる。ここには科学的歴史観を欠いた一種、無分別な、あるいは厚顔な言語認識が底流している。歴史認識の議論以前のその基底となる歴史感覚、歴史意識の希薄さ、曖昧さにおいて我々は真摯に議論する必要があるのではないだろうか。

　日本語教育にしても、国語教育にしても今日的な発展の表層、断層だけに眼を覆われるのではなく、歴史的所産がいかに現在に継承されてきたかを、教材面、思想面、言語政策面において検証しておく必要があるだろう。今日、「世界における日本語」という枠組みで考えてみた場合、単なる経済的な評価だけでは文化的な信頼・関心は得られないだろう。時代から産み落とされた日本語の歴史の鮮烈な断面を内省する根本が築かれていない以上、時代に迎合した物象的な、表層的な消費体としての日本語にしか、世界から関心を集めないことになってしまわないだろうか。

　ここに日本語教育史から日本語「教育」の本質を照射する意義があるように思われる。日本語教育は最初から用意されたのではなく、その地に赴き、人々に向かい、きわめて具体的な実践的を通じて、民心平定を画策する過程で、諸々の精神的抑圧を強いたことを忘れてはならない。

　中国大陸における日本語の普及ないし進出は、文字通り国語学界をはじめ知識人を総動員して国を挙げての聖戦の後輪ともなった。それまでの日本語教育の普及とは異なった組織的規模、イデオロギーと一体化した未曾有の思想的戦略であったことは当時の夥しい日本語論をみても瞭然であるが、同時に日本語の普及策は日本国内の国語の「醇化」を推し進め、神国共同体を指向する基盤の熟成にもなりえた。「満洲国」、台湾、朝鮮での経験のうえに立脚しながら大東亜共栄圏の中核的思想となり、大東亜教育圏、さらに南方教育圏へと膨張されていく過程において、中国大陸での「実践」がどのような形態をとりえたのかは、今後の研究に俟つところが大きい。中国大陸での日本語進出がほぼ「成功」すれば、一気に大東亜共栄圏の言語建設へと引き揚げる可能性を潜在化さ

せていた。だが、その意図は中国のナショナリズムと抗日勢力にはばまれ、大東亜共栄圏における日本語教育は大陸に進出した航跡を受け継ぐすることなく、平行して南方政策の一環として海軍主導で試行されていくことになる。異民族統治と戦時国民統合としての日本語、国語が尖鋭化していく時代である。その継承と相克、断絶についてはより戦時色を強めた南方政策における日本語教育の諸問題として、いずれ稿を改めて論じる予定である。

　ところで、日本語教育史研究で足元を見ておきたい要件がある。2002年度日本語教育春季大会（2002.5.14）シンポジウムのテーマは「日本語教育史研究のこれから」であった[34]。一人のパネリスト（新内康子氏）の基調報告「教科書の変遷から日本語教育史を見る」のなかで、戦前戦中のおびただしい日本語教科書には学習目的、学習者別の開発が配慮されており、今日でも日本語教科書を作成・編纂する上で示唆されることは少なくない、としたうえで、「我々は引継ぐべき遺産は引継いでいかなければならない」という説明があった。さらに近年の日本語学習者の多様化にともなう日本語教科書の多様化をとりあげ、「こうした現象はすでに「満洲」で起きていたのであり、「満洲」の多様な教材と今日の多様化した教材との比較研究は教科書作成のあり方に少なからずヒントを与えてくれるものと思われる」として、教科書比較研究の意義を示した[35]。

　これに対し、その後、聴衆者の一人（京都外国語大学の彭飛氏）から「示唆」、「ヒント」、「遺産」とはどういう意味なのかという質問が出された。中国占領地における宣撫工作としての日本語の多種多様な教育・教材の工夫もこうした「言説」の中に埋没するのだろうかという疑義が同時に脳裏をかすめた。そして、私はこの質疑応答を聞いていて、司会者を含め質問には充分に答えていないとの印象を受けたのであった。また、この事実に対して会場聴衆との意見の交換は一件も見られなかった。日本語教育史研究が盛んになってはみても、こうした状況は呼びかけにもあった真の「国際的な共同研究」をつき動かす力になるだろうか。歴史を学ぶにはそこに批判的精神がなければならない。質問者の静かな問題提起が果たしてどこまで報告者、聴衆者に届いたかは分らない。ただ、なぜ報告者はそこに「批判的継承」という言葉を使わなかったのだろうか、という怩怩たる感慨がいつまでも臓腑に残ったのである。日本語教育史研究はその表面のみを見て評価判断を下すべきではない。言語の背景にある歴史の塗炭の苦涯に触れることでしかその実態には迫りえない。そして「教育」こ

そが、侵略の、教化（同化）の最も峻烈な「刃」となることを、対象とされた年少者たちの姿を思い浮かべながら、あらためて胸に刻まずにはいられない。

　特に本稿で言及した宣撫工作の一環としての日本語教育は草の根の文化工作でもあり、教授にあたった人々は新しき東亜の建設を信じ、真摯に取組む姿勢も見られたに違いないが、その末端に目を覆われ、侵略の過程で行われた現実を看過することはできない。本研究を通して、武力を背景に純真な年少者に対してなされた言語普及教育が短期間であれ世界でも類を見ない規模であったことが分った。こうした実態の経緯検証を顧みることなく、「多様な過去の遺産を現代に継承しよう」とする理屈はいかにも他者不在であるとの批判の謗りを受けかねない。

　今また、日本の伝統文化精神の源流としての国語（教育）問題に各界の論者が刮目し、また、一方でかつての「国家総動員法」を彷彿させる有事法制制定の議論渦巻く中、当時の時代状況をめぐる日本語、日本語教育の言説を再検証してみることは、歴史学者のみならず言語教育に携わるものの使命ではないだろうか。日本語という言語が朝鮮半島をはじめとするアジア各地の民衆に過酷な精神的な軋轢、苦難を及ぼしたことは想像を絶するものがあったであろう。学習者の側に立った歴史研究に傾斜するだけでは、歴史の総体を総括したことにはならない。かつて「壮絶なまでの使われ方」をした日本語の実態と、それを駆使せしめた帝国の歴史と思想を、研究者はさらに深く討究する義務があるように思われる。

　　　　　　　　　　　　　　　　　　　（日中国交正常化三〇周年の年に）

[注]
(1) 同年7月11日に支那駐屯日本軍と冀察政務委員会の間で現地停戦協定が成立した時点で「北支事変」と命名、9月2日に「支那事変」と改名される。本稿では「支那事変」の用語を用いる。なお、中国では「七・七事変」と称される。また、本稿では史実を踏まえて「北支」「中支」「南支」などの用語を用いることにした。
(2) 山中恒（2001）「東亜新秩序声明」379-397pによる。また、『昭和二万日の全記録』4、5巻（1989）なども参照。当時英米仏など連合国を「持てる国」、日独伊の枢軸国を「持たざる国」と指し、持たざる国の日本が中国大陸に進出するのも、独伊が領土拡張に走るのも当然とする考えがあった。なお、「更生新支那」と

平行して「暴戾庸懲」が1937年8月15日に声明され、その直後、長崎大村、台湾台北から、中国南京、南昌への初の渡洋爆撃が敢行される。

(3) 「進出」の用語をめぐっては「進行」「侵攻」とも同様、常に歴史認識にかかわる問題ではあるが、本稿では当時の表記を史実として踏襲、「日本語の進出」のように用いる。もっとも、侵略政策の一環であったことに変わりはない。

(4) 「ペン部隊」には石川達三、火野葦平、長谷川伸、岸田国士といった、小説家、演劇作家が報道部に従軍した。櫻本富雄（1993）、王向遠（1999）などを参照。

(5) 『興亜ノート』（1939） 16p.なお、1937年11月に「宣撫工作要領」が、同年12月には「中支占領地宣撫工作実施綱要」が作成される。井上久士編（1989） 6頁参照。

(6) 朝日新聞社『朝日歴史写真ライブラリー』第2巻（1995） 口絵参照。宣撫工作については、遠藤興一（1999）、奥出健（1999）なども参照。

(7) 例えば興亜院華中連絡部調査資料第147号「国定教科書糾謬と題する抗日文献」（35頁）。坂井喚二「華北における教科書政策」には、冀東政府などで排日教科書と別に膨大な教科書の改訂作業が行われたことが記されている。

(8) 例えば、支那事変後の診療救護、防疫に関しては、外務省文化事業部は主として財団法人「同仁会」を中心に当たらせた。なお、具体的な文化組織団体として、対支文化工作協議会、東亜文化協議会などが結成された。「満洲事変」以前の対支文化事業については、See Heng Teow（1999）の研究がある。

(9) 以下、出典は末尾文献目録を参照。『国語教育』は保科孝一を主幹として国語研究会より大正5年1月に創刊、『国語運動』は石黒修編集により東京国語協会（研究社）より、「国語の愛護と言語問題の理論と実際」を謳って昭和12年8月に創刊、『国語文化』は昭和16年11月に創刊された。なお、『国語問題篇』（1941）の巻末には国語問題年表があり、内外の国語問題が俯瞰できる。

(10) 華北日本語研究所における直接法、翻約法の確執など教授面の問題についても、駒込武（1996）第7章「華北占領地―日本語共栄圏構想の崩壊過程―」294-353頁参照。

(11) 参会者は46名。山口喜一郎、坂本一郎、小倉進平、森田五郎、久松潜一、大岡保三といった斯界、各機関を代表する面々であった。なお、議事録は同昭和14年11月に刊行された。第二回国語対策協議会については、イ・ヨンスク（1996） 296－308頁参照。

(12) 以下の記述は概ね『興亜院刊行図書・雑誌目録』（井村哲郎編・解説）にもとづく。

（13）期間は支那事変後1937年後半から1939年前半、工作地域は上海、南京、杭州を結ぶ線内に限られる。
（14）音声言語表記にして下段に対訳を付した体裁などによる。石黒修（1939） 106－112頁
（15）資料中の日付は報告日で、実際の工作期間との間には数ヶ月ないし一年未満のタイムラグがある。この項、昭和12年1月6日とあるが、13年の記入ミスと思われる。
（16）佐藤秀夫他編（1993）においても巻一、巻二の所在しか確認されていない。『日本語會話讀本』に関する考証として中村重穂（2002）がある。本教科書の他にも占領地で用いられた中上級教科書教材として、飯河道雄著『対譯速修日本語讀本』（大連東方文化會）、同著『対譯日本語會話宝寶典』（同）、北京近代科学図書館編による高等教材『日文模範教科書』『日文補充読本』などがあるが、これらの（思想文化教材）としての検討も今後の課題である。このほか陸軍宣撫班の編集したと思われる教材として、謄写印刷による『初歩日本語』第1冊（46p）、第2冊（48p）があるが、発行年、発行所不明。竹中憲一氏のご教示による。
（17）以下の数字は掲載課の番号を指す。
（18）中国語表現の適否判定については大東文化大学講師徐曼氏の教示を得た。
（19）日本語普及振興会『日本語』に連載された菊沖徳平「中国日本語研究文献」（一）～（四）第1巻第8号～第2巻第3号）の目録を指す。また菊沖徳平（1941）によれば昭和16年6月時点の中国人による日本語関係書調査で、「速成」14冊、「会話」17冊、「作文」2冊、「文法」18冊、「読本」11冊、「辞典」8冊、計70冊があげられているが、出版期日不明の未載文献も42冊あるという。とりわけ昭和14年には「会話」8冊が出され、「日本語熱」の高さをうかがわせている。
（20）実藤恵秀編「中国人日本語学習書年表」の昭和12年の刊行に吉原良之助著『中日對照日語會話讀本』巻1（94p）、2（124p）がある。未見ではあるが、分量や体裁的にみて『日本語會話讀本』作成の参考にした可能性も考えられる。
（21）『興亜ノート』（1941）「新民会」の記述による。107p．
（22）武強（1994）「奴化教育体系的建立」157-165p．および張洪祥主編（1996）「華北"新民会"和奴化教育」256p-263などによる。
（23）田中寛（2002）では「満洲国」を描く少年少女たちの実相にふれている。
（24）王向遠（1999） 159頁。なお、小島利八郎は川西政明（2001）にも未見。
（25）例えば本稿第3章3節に挙げた「華北ニ於ケル日本語普及状況」の対象地域河北

省は1942年5月には抗日分子を掃討する冀中作戦「五・一大掃討」が引き起こされ、日本軍による暴行被害が最も甚大であったところである。田中寛（1999）、愈卒惇（2000）など参照。
(26) 山口大学東亜経済研究所書庫所蔵。昭和13年度版のみ閲覧、他は未調査。
(27) 『冀東日偽政権』562頁。
(28) 細部新一郎（1939）「北支那の唐山における日本語教育」によればこの省立唐山日本語教員養成所の昭和13年12月第一期生卒業者（61名）の就職先として各地新民会、公署官吏、宣撫班などがあげられている。また、日本語専門の教習所として「冀東協和学院」が紹介されている。
(29) 『冀東日偽政権』566-567頁。
(30) 田蘇蘇他「偽河北省公署対河北淪陥区的統治述評」など参照。なお、1940年3月、宣撫班は新民会に統合された。新民会の実態については果勇「華北占領区の新民会」（1987）（『日偽統治下的北平』北京出版社1987収録）、堀井弘一郎（1993）「新民会と華北占領政策」（上）（中）（下）などを参照。
(31) 「日偽統治下的北京郊区」（1993）pp306-308 筆者訳。「日偽」は日本語では傀儡政権と訳されることが多い。このほか侵略日本の名称として「日寇」がある。「戒尺」は中国の私塾で生徒の折檻に用いられた細長い板で「手板」とも言った。「戒尺」を用いた体罰制裁が満洲国、朝鮮においても日常的に行われたことは多くの証言者の記憶にも顕著である。
(32) 孟国祥1996「日本利用宗教侵華之剖析」、丸田孝志2001「華北傀儡政権における記念日活動と民俗利用—山西省を中心に—」、辻村志のぶ他2002「日中戦争と仏教」など。また宣撫文化工作としての年画の役割については川瀬千春（2000）の研究がある。
(33) 言語学者としては小倉進平、服部四郎、国語学者としては山田孝雄、藤原与一、久松潜一、坂本一郎、三尾砂らがいた。彼等の多くが戦後の国語学界、言語学界を生きた。
(34) 御茶の水女子大学を会場とし、司会者は平高史也、パネリストは新内康子、河路由佳、安田敏朗、由井紀久子の諸氏であった。『日本語教育学会2002年度春季大会予稿集』（日本語教育学会）参照。
(35) こうした日本の植民地教育史研究者の一部に認識される「植民地支配合理論」、「植民地教育部分的有益論」については、斉紅深（2002）に見られるような根強い反論がある。

[参考文献］（分野別、発表順に記した）
(A) 対中国関係日本語・日本語教育論（1933-1943）
保科孝一「植民地と国語政策の重大性」『国語教育』18巻3号1933
保科孝一「日支事変と国語国字問題」『国語教育』23巻7号1938
渡辺正文「支那に於ける日本語の進出状況」『国語教育』23巻11号1938
神崎清「世界における日本語の発展」『教育国語』8巻4号　1938.4.
田辺尋利「日本語―日本語教育―日本語学」『教育国語』8巻4号　1938.4.
東條操「此頃の国語問題」『国文学解釈と鑑賞』第3巻10号　1938.10.
『中国文化情報』5,9,11,12,13号（昭和13年）上海自然科学研究所
小林澄兄「東亜文化協議会と北支の教育状況」『教育』岩波書店7巻1号　1939.1.
松本金尋「外地における国語教材の問題」『教育国語』9巻2号　1939.2.
鈴木徳成「日本語の出陣―教育の立場から動員―」『教育国語』9巻3号　1939.3.
石黒修『国語の世界的進出―海外外地日本語読本の紹介―』『教育・国語』5月号別冊附録　厚正閣　1939.5.
神保格「外地及び外国の日本語教授」『教育国語』9巻6号　1939.6.
松宮一也「日本語の世界的進展とその対策」『教育国語』9巻6号　1939.6.
同「同」承前　『教育国語』9巻7号　1939.7.
神崎清「日本語教育の経験」『教育国語』9巻6号　1939.6.
小池藤五郎「支那事変と日本語教育」『国文学解釈と鑑賞』第4巻第7号　1939.7.
福井優「大陸文化工作としての日本語」同上
酒井森之介「日本語と支那語―日本語普及上の諸問題―」同上
飯田利行「大陸の日本語教育管見」『教育国語』9巻10号　1939.10.
荻原浅男「対支日本語教授法の問題―現地的視角に立脚して―」『国語と国文学』第16巻第11号　至文堂　1939.11.
渡辺正文「支那に於ける日本語の進出状況」『国語文化』第24巻9号1939.9.
永持徳一「支那人と日本語の特殊性」『国語文化』第24巻10号1939.10.
細部新一郎「北支那の唐山における日本語教育」『国語運動』第3巻10号　1939.10.
白鷹「シナ人にニッポン語を教える場合」同上
堀江秀雄「東亜新建設と日本語」『国学院雑誌』1940.1.
石黒修「大陸経営とわが言語政策」『コトバ』国語文化研究所　第2巻第1号　1940.1.
下村海南「大陸政策と国語問題の解決」同上

福井優「石黒氏の『大陸経営とわが言語政策』を読む」同上
山口察常「『大陸経営とわが言語政策』について」同上
魚返善雄「大局的眼光と正しい優越感」同上
岡本千万太郎「大陸経営上の言語政策の精神と技術」同上
石黒修「大陸に対する日本語政策の諸問題—『大陸経営とわが言語政策』に対するご意見　を拝聴して—」『コトバ』第2巻第2号　1940.2.
石黒修「支那に対する日本語普及と教科用書編纂」『教育』第8巻第2号　1940.2.
文部省図書局「日本語の大陸進出」『週報』情報委員会　188号　1940.5.22.　藤原彰監修　大空社復刻1988
菊沖徳平「中支における日本語教育」『文学』岩波書店　第8巻第4号　1940.4.
西尾實「大陸における日本語の教室」同上
釘本久春「江南の春—××県立小学校開校す—」同上
松宮一也「日本語の対支進出と教授者養成問題」『コトバ』第2巻7号　1940.7.
松宮一也「官か私か—再び対支日本語教授者養成問題について—」『コトバ』第2巻第8号　1940.8.
細部新一郎「東亜新秩序建設と日本語教育」『国語運動』第4巻第9号　1940.9.
永山勇「国語の大陸進出に伴う二大急務」『国語文化』第25巻第7号　1940.9.
廣瀬菅夫「北支における日本語発展状況」『国語文化』第25巻第11号 1940.11.
山口喜一郎「北支における日本語教育の特殊性」『日本語』第1巻第2号　1941.5.
大出正篤「大陸における日本語教授の概況」『日本語』第1巻第3号　1941.6.
菊沖徳平「最近中支の日本語教育」『日本語』第1巻第5号　1941.8.
筧五百里、国府種武、山口喜一郎他「座談会：華北における日本語教育」『日本語』第1巻第7号　1941.10.
一戸務「支那人の見た国語の美しさ」『国語教育』24巻10号 1941.10.
菊沖徳平「中国人の日本語研究」『中日文化』日文第一巻第三号　中日文化協会出版組　民国3（1941）.11.15.
太田宇之助「中華民国における日本語」国語文化講座第六巻『国語進出篇』　朝日新聞社　1942.1.
柯政和「華北における日本語教育について」『日本語』第2巻第1号　1942.1.
大蔵公望「東亜新秩序建設と興亜教育」『興亜教育』1巻1号　1942.1
釘本久春「大東亜の明日と国語—日本語普及の実践的基礎—」『国文学解釈と鑑賞』第10巻第6号　至文堂　1942.6.

徳沢龍潭「日本語と大東亜政策」（一）（二）『興亜教育』1巻6号　1942.6.1巻9号　1942.9.
秋田喜三郎「日本語意識の昂揚」『日本教育』1942.7.
高須芳太郎「大東亜建設と日本語」『日本教育』1942.8.
長沼直兄「日本語教師の進出」同上
国府種武、山口喜一郎他「日本語教育における教材論―北支座談会―」『日本語』第2巻第9号　1943.9.
高沼順次「南支の日本語―日本語進出の第二段階―」『コトバ』第4巻第12号 1942.12.
保科孝一『大東亜共栄圏と国語政策』統正社　1942
岡本千万太郎『日本語教育と日本語問題』白水社　1942.9.
魚返善雄「大陸の言語問題・政策・工作」『国語文化』第3巻第3号　1943.3.
徳澤龍潭「日本語大東亜文化建設論」　同上
国府種武「北支：文化理解のための日本語教授」『コトバ』第5巻第4号　1943.4.
秦純乗「北支：環境と対象―日本語教育の政治的性格について―」　同上
太田義一「華北における日本語の品位」『日本語』第3巻第7号　1943.7.
篠原利逸「日本語教育の基礎的問題―新中国の日本語の普及について―」『日本語』第3巻第10号 1943.10.
藤村作、佐藤幹二、篠原利逸、片岡良一、上甲幹一「座談会：北支における日本語教育の新段階」『日本語』第3巻第11号　1943.11.
別所孝太郎「華北の日本語教育に嘱す」『華北日本語』第2巻第11号　1943.11.
鈴木正蔵『中国人に対する日本語教育』育英書院　1943.7.
国語文化学会編『外地・大陸・南方日本語教授実践』国語文化研究所　1943.11.
釘本久春『戦争と日本語』株式会社龍文書局　1944.9.

(B)　文化工作関係
藤本萬治「北支に於ける文化工作の現状（一）〜（四）」『文部時報』第642,643,644,645号　昭和12年1月、2月掲載。
岸田国士「北支日本色」『文藝春秋』1938.1.及び1938.2.
坂本徳松「対支文化工作の基点」『文藝春秋』1938.9.
松本慎一「大陸政策における文化工作の位置」『教育』6巻10号　1938.10.
中野實「宣撫班から」『文藝春秋』1939.1.
上泉秀信「北支旅行者の傍白」『教育』7巻1号　1939.1.

青木燕太郎「対支文化工作について」『教育』7巻4号1939.4.
同「抗日教育の是正と文化工作」『教育』7巻6号　1939.6.
佐藤 誠「排日支那教育の断面」『教育』7巻12号　1939.12.
清水幾太郎「文化工作の基本問題」『教育』特集：共栄圏の教育問題1943.5.
坂井喚三「華北における教科書政策」『興亜教育』2巻1号　1943.1.
柳瀬博親「華北における思想戦に就いて」大東文化協会『月刊大東文化』第97号　1943.6.

（C）日本語教育史関係
山口幸二「『ダイトーア』思想と日本語－かつての日本語教育と現在－」『日本語・日本文化』第14号　大阪外国語大学留学生別科　1989
駒込 武「日中戦争期文部省と興亜院の日本語教育政策構想—その組織と事業—」『東京大学教育学部紀要』第29巻　1989
駒込 武「戦前期中国大陸における日本語教育」『講座日本語と日本語教育』木村宗男編　第15巻日本語教育の歴史　明治書院　1991
石剛『植民地支配と日本語—台湾、満洲国、大陸占領地における言語政策—』三元社　1993
佐藤秀夫他編『第二次大戦前・戦時期の日本語教育関係文献目録』文部省科学研究費補助金による総合研究（A）「戦前・戦時期における日本語教育史に関する調査研究」研究成果報告書1993.3.
解説小川 博「実藤恵秀編『中国人日本語学習書年表』」『創大アジア研究』第15号　創価大学アジア研究所　1994.3.
志賀幹郎「日中戦争時の北京における日本語授業研究—華北日本語教育研究所の活動—」『日本語教育』85号　日本語教育学会　1995
駒込 武『植民地帝国日本の文化統合』岩波書店　1996
徐敏民『戦前中国における日本語教育』エムティ出版　1996
イ・ヨンスク1996『「国語」という思想　近代日本の言語認識』　岩波書店
安田俊朗1997「『国語』・『日本語』・『東亜共通語』　帝国日本の言語編制・試論」『京都大学人文科学研究所紀要人文学報』34号
安田敏朗『帝国日本の言語編制』　世織書房　1998
安田敏朗「〈科学〉としての日本語学—戦前・戦中期の議論から—」2002年度国語学会春季大会要旨集　2002a.

安田敏明「日本語教育史と言語政策史のあいだ」2002年度日本語教育学会春季大会予稿集　2002b.

石剛「淪陥下北京の言語的憂鬱」杉野要吉編著『交争する中国文学と日本文学　淪陥下北京1937-45』三元社　2000

安野一之「華北占領地域における文化工作の諸相」同上

小野美里「日中戦争期華北占領地における日本語教育―興亜院華北連絡部直轄日本語教育研究所の動向と占領地行政との関連に着目して―」　日本植民地研究会例会レジュメ　2002.10.4.於立教大学

中村重穂「大日本宣撫班と『日本語會話讀本』―日中十五年戦争期華北における日本語教育の一断面―」『日本語教育』115号 2002-11．日本語教育学会

(D)　その他参考文献

古屋哲夫『日中戦争』岩波書店　1985

藤原彰、今井清一編集『十五年戦争２日中戦争』　青木書店　1988

『昭和二万日の全記録　第四巻　日中戦争への道』　講談社　1989

櫻本富雄『文化人たちの大東亜戦争』青木書店　1993

堀井弘一郎「新民会と華北占領政策」(上)(中)(下)『中国研究月報』539,540,541号　中国研究所（1993）

朝日新聞社『朝日歴史写真ライブラリー　戦争と庶民』第2巻　1995

遠藤興一「日中戦争下の占領地における救済事業」『社会学・社会福祉学研究』明治学院大学　1999.3．

奥出健「日中戦争下の新聞「外地」文芸記事一覧」(1)　『湘南短大紀要』10号　1999.3．

山中恒『新聞は報道を美化せよ！―戦時国家情報機構史―』　小学館　2000

田中寛「河北省北坦村探訪記―日中戦争毒ガス戦の記憶をたどって―」『大東フォーラム』第12号　大東文化大学広報部　1999

川瀬千春『戦争と年画―「十五年戦争」期の日中両国の視覚的プロパガンダ―』梓出版社　2000

丸田孝志「華北傀儡政権における記念日活動と民俗利用―山西省を中心に―」『近代中国と日本―提携と敵対の半世紀―』曽田三郎編　御茶ノ水書房　2001

川西政明『昭和文学史』(中)　講談社　2001

林敏、伊東昭雄編著『人鬼雑居―日本軍占領下の北京―』社会評論社　2001

山室信一『思想課題としてのアジア』　岩波書店　2002
田中　寛「『満洲国と私たち』に描かれた真実—同化政策のなかの作文集から—」『大東文化大学紀要』第40号　大東文化大学　2002
辻村志のぶ他「日中戦争と仏教」『思想』11月号　岩波書店2002
本庄比佐子・内山雅生・久保亨『興亜院と戦時中国調査』　岩波書店2002

（E）引用資料
新東亜研究会編『興亜ノート—新東亜の時事問題早分かり—』東京国民図書協会　1939
『国語対策協議会議事録』文部省　昭和十四年十一月　復刻版
『国語文化講座第一巻　国語問題篇』朝日新聞社　1941.7.
『国定教科書紕謬ト題スル抗日文献』　興亜院調査資料報告147号　秘　興亜院華中連絡部1942.5.（早稲田大学社会科学研究所蔵）
『国語文化講座第六巻　国語進出篇』朝日新聞社　1942.1.
防衛庁防衛研修所戦史室『支那事変陸軍作戦〈1〉』朝雲新聞社　1975
井上久士編・解説『華中宣撫工作資料』十五年戦争極秘資料集13　不二出版　1989
井村哲郎編・解説『興亜院刊行図書・雑誌目録』十五年戦争重要文献シリーズ17　不二出版　1994
粟屋憲太郎・茶谷誠一『日中戦争　対中国情報戦資料』　原書房　2000

（F）中国語・英語文献
北京師範学院『簡明中国近現代史詞典』（下冊）中国青年出版社　1986
北京市政協文史資料委員会編『日偽統治下的北平』　北京出版社1987　邦訳（抄訳）『北京の日の丸—体験者が綴る占領下の日々—』大沼正博訳　小島晋治解説　岩波書店1991
南開大学歴史系・唐山市档案館『冀東日偽政権』　档案出版社1992
武強『日本侵華時期殖民教育政策』　遼寧教育出版社　1994
北京市政協文史資料委員会編『日偽統治下的北京郊区』　北京出版社1995
張洪祥『近代日本在中国的殖民統治』　天津人民出版社　1996
孟国祥「日本利用宗教侵華之剖析」『民国档案』1996年第1期
劉著「日軍対晋察冀辺区教育事情的破壊和辺区人民反奴化教育的闘争」『日軍侵華暴行（国際）学術討論会文集』中共石家庄市委党史研究室・石家庄市党史研究会編　新華出版社　1996

田蘇蘇・王潮「偽河北省公署対河北淪陥区的統治述評」『民国档案』1998年第3期
榮国章、孔憲東、趙晋『北平人民八年抗戦』中国書店　1999
王向遠『〈筆部隊〉和侵華戦争―対日本侵華文学的研究与批判―』北京師範大学出版社　1999
See Heng Teow " Japanese Cultural Policy Toward China 1918-1931 " Harvard University Asia Center　1999
愈卒惇「日本対華北根拠地的軍事掃蕩」『近代日本研究論集』天津人民出版社　2000
張鈴等『日軍在上海的罪行与統治』上海人民出版社　2000
斉紅深「日本侵華植民地教育研究論述」『国際教育』第8号　日本国際教育学会　2002

# 植民地朝鮮における
# ラジオ「国語講座」
―― 1945年までを通時的に ――

## 上田崇仁[*]

### はじめに

　日本でラジオ放送が開始されたのは、1926年（昭和元）年のことである。ラジオを利用した語学講座の試みは、放送開始直後から行われていた。『英語講座の誕生』（山口誠、2001）は、その中の英語を中心とした語学講座を扱った著書である。

　筆者（上田）が本稿で扱うのは、語学講座のひとつ、「国語講座」である。「国語講座」を扱った先行研究と認められるものはほとんどなく、「国語講座」の存在を確認するのも、当時の回想録や当時の記録――『ラヂオ年鑑』や新聞記事など――を参考とする他ない。

　「国語講座」は、本稿で主に扱う朝鮮の他にも台湾で放送されていることが資料から明らかである。また、実際に放送されたかについては疑問が指摘された[(1)]南方については、日本放送協会が作成したテキストが残っている。朝鮮を含めた3地域での「国語講座」の状況をまとめたのが次頁の表である。

　この表に示したように、朝鮮にラジオが登場したのは1927年（昭和2）年のことである。今日ではラジオやテレビ、インターネットを利用した語学教育は珍しいものではない。では、朝鮮にラジオが登場した当時、この新しい道具を利用した語学教育は、どのように放送され、どのような放送だったのだろうか。

　こういった疑問はラジオを利用した「国語」教育の存在を筆者が知った時から抱いてきた疑問である。筆者が目にした具体的な記述を5つ挙げてみる。

* 徳島大学

|  | 台湾 | 朝鮮 | 南方 |
|---|---|---|---|
| ラジオ放送開始時期 | 1930年12月（S5） | 1927年2月（S2） | 実際に放送されたか不明 |
| 「国語講座」放送時期 | 1938年 | 1936年 | |
| 番組制作局 | 台湾放送協会 | 朝鮮放送協会 | 各放送局 |
| 「国語講座」名 | 国語普及の夕<br>国語普及の時間<br>国語普及講座<br>（初等・中等） | 初歩国語講座<br>中等国語講座<br>速成国語講座<br>国語会話の時間 | にっぽんご |
| テキストの有無 | 有（未確認） | 有（未確認） | 有（写真で入手） |
| テキスト発行部数 | 不明 | 1万部（1940年） | 15000部（奥付） |
| 放送中の媒介語の有無 | 有 | 不明 | 有 |
| 仮想聴取者 | 公学校出身者<br>家庭にある公学校出身者でない老年者 | 不明 | 現地住民の青年層 |

① 「國語普及運動要綱」 1942年 朝鮮総督府
　三）國語を解せざる者に對する方策
　　一、國民學校附屬國語講習所の開設
　　二、各道講習會の開設
　　三、國語敎本の配布
　　四、ラジオによる講習
② 『大東亞言語建設の基本』志田延義 1943年 畝傍書房
　　敎育方面に於いては、思想轉向者をもつて組織せられた時局對應全鮮思想報國連盟の主催する眞摯な國語普及運動が、やがて大和塾といふものに發展して、京城はじめ各地に晝組、夜組の講習會を開き、國語の普及に力め、日本人たる自覺と信念とを體驗せしめようとしてゐる。總督府も年々三十萬人を相手として、二ヶ月間ぐらゐの講習會を開き、敎科書を配布して國語敎育を行ってゐる。放送にも國語講座が開設せられてゐる。
③ 「徴兵制實施に伴う國語常用全解運動」國民總力朝鮮連盟 1944年
　實施方針
　　二　運動實施方法
　　　（イ）國語を解せざる者に對する方策

　　　　（４）ラジオ初等國語講座、或は新聞、雑誌による紙上國語講習會を利用すること。
④　『日本無線史』第12巻　1951年　電波管理委員會
　　　（ロ）敎養送送　講演講座放送に於いてはテキストによる國語講座の開講を繼續放送する他、時局の重大化に伴い内閣情報部發行の週報や總督府週報中より取材して、極めて通俗平易な解説送送を行い・・・
⑤　『英語講座の誕生』山口誠　2001年　講談社
　　　・・・(朝鮮では)第二放送では『国語講座』という独自制作の教養番組を発信した。(中略)また、台湾放送協会でも1930年1月から『国語教育講座』が伊澤財団の寄付金によって制作され全島に放送されており、・・・

　上述した疑問を解決するには、ラジオが登場した1920年代から調査をはじめる必要があるだろう。手軽な録音機器が存在する今日とは異なり、当時の放送状況を音声的資料で再現するのは困難なことであろう[2]。筆者は新聞に掲載されているラジオプログラム欄の確認作業とデータ整理によって植民地朝鮮におけるラジオ放送の全体像を明らかにし、当時形作られつつあった「国語」とそれを取り巻く「国語」教育の実態に迫りたいと考えている。
　本稿では、従来触れられてこなかったラジオを利用した「国語」教育について基本的な背景を説明し、検討していきたいと考えている。本稿が取り上げる地域は、先に掲げた表のうち、筆者がこれまで初等教育機関における「国語」教育を扱ってきた朝鮮とする。本稿は以下の構成によって議論を進めている。まず１において、朝鮮におけるラジオ普及の状況に触れ、２において「国語」を含む各語学講座の放送状況を紹介し「国語講座」のはじまった背景について論じた。３では南方向けに制作されたテキストのあとがきを手がかりとして「国語講座」の放送意図、テキスト編纂に見られる特色について検討し、４で本稿のまとめを行う。
　なお、以下で検討する具体的な番組の放送期間、放送時間、担当講師、講座名などの記述は「毎日申報[3]」のラジオプログラム欄記載の情報に基づいている。

## 1．朝鮮におけるラジオ普及の状況

　宮田節子氏は著書『朝鮮民衆と「皇民化」政策』の中で、植民地朝鮮における当時の情報宣伝を研究する際の注意事項として、「マスコミは、一体朝鮮の民衆にどの程度の影響力を持っていたのだろうか。私達は現在情報の洪水の中で生活し、ともすると、その感覚で当時の朝鮮の状況を判断しがちであるし、（中略）いかに全ての新聞、雑誌、ラジオ等が、皇民化政策に狂奔したとしても、一体それがどの程度、朝鮮の民衆の中に届いていたかを、改めて考えてみる必要があるのではないだろうか」（p 12）と述べているが、この言葉は本稿でも検討しなければならない問題点を指摘したものといえよう。

　そこで、最初に資料や先行研究に見られる具体的な数値で当時のラジオ聴取者について検討してみよう。筆者の手元にある資料や研究の中で当時の聴取者数について言及のある資料は、『ラヂオ年鑑』、『日本無線史』、『新しき朝鮮』、『朝鮮民衆と「皇民化」政策』である。これらに採られている数値をまとめたのが下の表である。

| 年 | ラヂオ年鑑 契約者数 | 割合 | 日本無線史 | 新しき朝鮮 | 朝鮮民衆と[4]「皇民化」政策 |
|---|---|---|---|---|---|
| 1926 | | | | | |
| 1927 | | | ？／5260 | | |
| 1928 | | | ？／8550 | | |
| 1929 | | | ？／10226 | | |
| 1930 | （10月末）1528／10544 | | ？／10971 | | |
| 1931 | （9月末）1539／11912 | | ？／14337 | | |
| 1932 | （9月末）2221／17121 | ○ (5) | ？／20562 | | |
| 1933 | （12月末）5639／29321 | △ (6) | ？／32058 | | |
| 1934 | （不明）9785／40671 | | ？／40671 | | |
| 1935 | （不明）14959／53099 | | ？／53099 | 2.3：58 | |
| 1936 | （不明）？／67106 | | ？／73247 | | |
| 1937 | （3月末）23867／73147 | 0.5：34.0 | ？／112032 | | 40257／？ |
| 1938 | （3月末）41811／112032 | 1.0：45.9 | ？／128344 | | 49116／？ |
| 1939 | （3月末）51150／128844 | 1.2：49.0 | ？／167480 | | 76059／？ |
| 1940 | （3月末）78774／167480 | | ？／221893 | | 117085／？ |
| 1941 | （3月末）115098／221893 | 2.7：66.1 | ？／271994 | | 135062／？ |
| 1942 | （3月末）？／271994 | | | | 139803／？ |
| 1943 | | | 3.7：71.8 | （8月末）160226／287613 | 154960／？ |
| 1944 | | | | | 168884／？ |
| 1945 | | | | | |

表内の数値は、括弧内に特定が可能な調査時期を記入し、「朝鮮人聴取者数／総数」と記す。朝鮮でラジオ聴取契約を結んでいた「内地」人契約者数については省略する。『ラヂオ年鑑』には、割合が記されている場合もあり、割合については「朝鮮人100世帯あたりの契約戸数：在朝「内地」人100世帯あたりの契約戸数」と記す。

この表からわかるように、それぞれの資料に採られている数値にはばらつきが多い。

『ラヂオ年鑑』のデータは、各年鑑初出の数値と、後年整理された段階で記されている数値が異なっている。これは、新規加入者数とは廃止数の差し引きを整理したために生じたものである。正確を期するためには、確定した後年のデータを利用することが望ましいのだが、後年のデータには朝鮮人契約者数の割合などが明示されていない。そのため、初出の数値のみを採用し、後年整理された数値については記載しないこととした。

『ラヂオ年鑑』からは、普及率についても記したが、ほかにも表内に記載したが、「朝鮮民衆と「皇民化」政策」には、1943年のデータについて「これを世帯数でみると、在朝日本人は百世帯あたり七一．八戸の普及率であるのに対し、朝鮮人は京畿道の百世帯あたり十二．七戸を最高に、忠清北道の百世帯あたり〇．八戸を最低とし、平均百世帯あたり三．七戸の普及率である」（p 14）と記されている。

また、「日本無線史」には、「その普及率は昭和十五年七月現在に於いて内地人百世帯あたり五八に達し、内地に於ける普及率三四．四を遙かに凌駕しているが、朝鮮人百世帯あたり僅かに二．三という低率で、内鮮人を通じての普及率は四．四に過ぎず」と記されている。

数値に違いがあるとはいえ、このような記述からすると、朝鮮における朝鮮人世帯でのラジオの普及率は極めて低かったといわざるをえない。しかしながら、この数値に基づいてラジオの影響力について検討を進めるには、次のような問題点があることを指摘しておきたい。

それは個人で受信契約を結ぶことなく、公共の場に設置されていたラジオを聴取していた人々がいたという問題である。例えば、1927年1月19日付の朝鮮朝日では「囚人達にラヂオを聴かす」という記事が掲載され、同年4月14日付の朝鮮朝日には「癩病院にラヂオ設備」、1928年8月30日付の朝鮮朝日「郵

便所にラヂオ設置」の記事も見られる。また、『日本無線史』にも、「模範農村に対しては、無料受信機を設置して、共同聴取に利用する」という記述が見られ、具体的な地名が掲載されていないものの、農村でラジオを個人負担なしに聴くことができた可能性を示している。上述の宮田氏は、在日朝鮮人考古学者李進熙氏の証言として、「李氏がラジオを聴いたのは、国民学校3、4年の頃、日本人の校長先生が、おそらくは自分のラジオを学校に持って来て、竹竿の先にアンテナを立てて聞かせてくれた」（p14）という事例も紹介している。

　この二つの問題点は、先に宮田氏が今日の状況を鑑みてラジオの影響力を過大評価する危険性を指摘したのと同様に、統計に表れる数値によってラジオの影響力を過小評価することの危険性を示しているといえよう。

## 2．朝鮮における語学講座

### 2.1．各語学講座の放送状況

　前述したように朝鮮でラジオ放送が開始されたのは、1927年2月のことと記されている。朝鮮におけるラジオ放送は、日本放送協会とは独立した別組織の朝鮮放送協会により行われていた。朝鮮で放送された語学講座の言語名と開始年月は右の表のとおりである。このデータは、朝鮮でのラジオ放送が始

| 言語名 | 放送開始年月 |
|---|---|
| 英語 | 1927年4月 |
| エスペラント | 1928年4月 |
| 朝鮮語 | 1930年7月？ |
|  | 1933年11月？ |
| 支那語 | 1933年4月 |
| 仏蘭西語 | 1933年4月 |
| 独逸語 | 1933年4月 |
| 満州語 | 1933年10月 |
| 「国語」(日本語) | 1936年11月 |

まった1927（昭和2）年2月10日から1945（昭和20）年8月16日までの「毎日申報」に掲載されているラジオプログラム欄の調査によって作成したもので、本稿執筆の時点で次の期間の調査を終えた。

　　1927年2月10日～1930年10月11日
　　1932年3月2日～1933年11月13日
　　1935年3月1日～1935年5月27日
　　1936年5月15日～1942年5月4日
　　1943年5月2日～1945年8月16日

　未調査の期間が残っており、また、「毎日申報」のみを対象とした調査であるため、今後、他の資料に基づいた検証作業が必要であることはいうまでもな

いが、ラジオ「国語」講座の背景を大まかに捉えるために、この現時点までの調査結果を利用することとする。

　ここに見られるように、ラジオを利用した語学講座は、非常に早い段階で生まれている。英語講座を皮切りに様々な言語の語学講座が放送されていることがわかる。英語講座について、『英語講座の誕生』の中で山口誠氏は「とくに岡倉由三郎が担当する「英語講座初等科」は「岡倉英語」という名称で定着し始め、1931（昭和6）年になると東京、大阪、名古屋、広島、熊本、仙台、札幌、金沢、長野、静岡の放送局といった「内地」だけでなく、京城放送局（JODK）と台北放送所（JFAK）にまで中継されている」と記している。山口の言及した英語講座の他に、筆者（上田）が調べたところによると、放送局ごとに開設していた語学講座が存在していたようである。具体的な史料としては、1928年（昭和3）年5月25日付の大阪朝日新聞附録朝鮮朝日に見られる記事である。記事には、「英語講座をD局が開設　【京城】DKでは來る六月一日から再び初等英語講座を開講することになつた、講師は笠谷保太郎氏で毎週月、水、金の午後六時半から約三十分宛向ふ一カ年繼續の豫定である、講義用のテキストはDKで編輯し、單價四十五錢送料二厘、貞洞一番地放送局に申込次第直に送付する由」と書かれている。この他にも、山口氏は著書の中でエスペラントについても言及しているが、東京放送局によるエスペラント講座の放送は1925年の放送開始の年だけであると記述しているのに対し、筆者の調査では朝鮮において1928年の放送がプログラム欄から確認されるため、中継された番組と局が独自に制作した番組が存在したことがわかる。後述する『ラヂオ年鑑』の記述から判断すると、各語学講座の中で「国語講座」は、朝鮮で独自に製作されていたと思われるが、それを確定するためにはひとつ検討しなければならない問題がある。

　当時の新聞のラジオ欄には、放送発信局の局名が略号で示されているのだが、その発信局名が1943年11月20日以降、（城）から（東）に変化していることである。文字通り受け取れば、京城放送局から東京放送局へ移ったことを意味する。放送局が移ったのであれば、この時点で朝鮮の「国語講座」は「内地」からの中継番組ということになり、台湾や関東州などの放送についても留意する必要が生じる。ただ、この記載を扱うこと自体にも問題がある。それは、プログラムに毎回発信局が記されているわけではないので、単なる誤植が数回にわたって継続したという可能性も否定できない点である。ここで述べた問題点

の解決には、今後他の新聞等の記述の確認が必要であることは言うまでもない。

## 2.2. 「国語」講座の放送状況

2.1.で示したように、「国語」講座は朝鮮におけるラジオ語学講座の中では最も遅く放送が始まった語学講座である。しかしながら、放送プログラムのタイトルは複数にわたり、他の語学講座とは大きく異なっている。次の表は、講座名、及び講師名と思われる人物名、講座名初見の時期をまとめたものである。

| 講座名 | 講師名と思われる人物名 | 講座名初見の時期 |
|---|---|---|
| 初歩（初等）国語講座 | 高橋平次郎 | 1936年11月 |
| | 宋　今虞 | 1938年5月 |
| | 金永淳子 | 1942年1月 |
| | 新？苑子 | 1943年9月 |
| | 西田富子 | 1943年11月 |
| | 国友富子 | 1944年2月 |
| | 朝野　淑 | 1944年3月 |
| | 東　明江 | 1945年5月 |
| 中等国語講座 | 李　完？ | 1938年6月 |
| | 金　鳳姫 | 1939年3月 |
| | 林　久次郎 | 1942年1月 |
| 速成国語講座 | 梅園時成 | 1940年11月 |
| 国語会話の時間 | 田中初男 | 1942年4月 |
| | 中？朗子 | 1943年9月 |
| | 大山成媛 | 1943年9月 |
| | 田中初男 | 1943年9月 |
| | 梅園純子 | 1944年9月 |
| | 田中淑子（敏子） | 1944年11月 |

「毎日申報」におけるラジオプログラム欄は、今日のような最終面一面一杯を使って掲載されているのではなく、日によって異なった面に、少ない時には1段の半分程度、多い時でも2段から3段を使った量の掲載であり、講師名が記載されていることは少ない。また、放送の回数（「第○回」）と書かれていることも稀である。ここに示した様々な講座で実際に使用されたテキストはまだ入手できていないため、『ラヂオ年鑑』に見られる記述を元に、「国語講座」がどのような番組であったのかを検討したい。

ラジオ年鑑の記述からわかるのは、台湾での講座は媒介語を使用し、テキストが準備されていたこと、朝鮮での放送は媒介語の有無は不明ながらも、台湾同様テキストが準備されていたことである。ここに記されている発行部数1万

a) 臺湾の事例

| ラヂオ年鑑 | 記　述 |
| --- | --- |
| 昭和１３年版 | 「國語講座」これも本島人方面へ正しき日本語の普及を目的としたもの。 |
| 昭和１５年版 | 「日本文學講座」これは曩の「國語講座」の後を受け、正しき國語観念とその文學鑑賞の道を拓くもの、 |
| 昭和１６年版 | 國語普及講座　初等科と、中等科に分ち言語統一に依る内台一如の理想を實現するため十月開講。<br>國語普及徹底の爲「コトバの講座」・・・計畫實施された。 |
| 昭和１７年版 | 記述なし |
| 昭和１８年版 | 放送事項別放送時刻表・平日の部に「午前九〇〇　國語普及講座（臺中ローカル）」との記述あり。 |

b) 朝鮮の事例

| ラヂオ年鑑 | 記　述 |
| --- | --- |
| 昭和１２年版 | 國語講座なる種目が現れ週二回宛長期に亙り繼続してゐるが・・ |
| 昭和１３年版 | 総督府の方針に基づく朝鮮の民衆に國語の普及を圖る國語講座・・・何れもテキスト付で開設された・・・ |
| 昭和１５年版 | 國語普及の緊要性に鑑み其の一助としてテキストに依る「國語講座」を開講し、初等、中等の兩課に分って夫々三期に亙り放送したるところテキストの発行部数も一萬を超へ相當の効果を収めつゝある外、・・・ |
| 昭和１６年版 | 尚國語普及の緊要性に鑑み其の方法としてテキストに依る「國語講座」を開講して以来茲に三年着々と効果を収めつゝあるが、 |
| 昭和１７年版 | 「速成國語講座」を増設した。（放送事項別常用放送時刻表　昭和16年4月現在　によると、「促成國語講座」は第二放送の晝0時15分より15分間、月・水・金に放送され、「國語講座」は午後9時40分より19分間放送されることになってゐる） |
| 昭和１８年版 | 記述なし |

という数は、1940年当時の朝鮮人聴取者を78774名から117085名として、8.5％から12.6％の人が聴いていた可能性を示す。発行部数については、『ラヂオ年鑑』昭和16年版に、「内地」の語学講座に関する記述として「語学講座はいづれもテキストを発行し、最も部数の多かったものは、基礎英語、支那語の夫々五、六万部である」という記載があること、後述する南方向けのテキストは、15000部作成されていることを参考として挙げる。

## 2.3. 「国語講座」放送の背景

朝鮮において「国語講座」の放送が始まったのは、これまで述べてきたように1936年のことである。では、なぜこの1936年という時期に始まったのだろうか？　朝鮮で「国語」教育を行うという方針は併合直後から採られているに

もかかわらず、1927年の放送開始から10年近い歳月を経て「国語講座」の放送が始まっているのはなぜなのか？

筆者はこれに対する明確な答えを用意していない。しかしながら、この1936年前後は、朝鮮における「国語」教育の中で注目すべき時期にあたると考えている。例えば、1937年には朝鮮総督府内務局長談話によって地方議会における「国語」奨励が求められ、朝鮮総督府文書課長の通牒では官公署職員の執務中の「国語」使用が求められ、さらに政務総監の通牒においては学校教育における「国語」教育について指示が出されている。このような「国語」をめぐる社会的背景に加え、学校教育の場でも教科書に変化が生じていることが指摘できる。

筆者は上田（2000）において『国語読本』の変遷をたどったが、その中で『国語読本』の改訂に「全面改訂」と「部分改訂」の別があることを明らかにした。全面改訂とは、教科書の構成、内容そのものが変更される大きな改訂で、この改訂により筆者は朝鮮における「国語」教育を「旧学部期[7]」「朝鮮第一期[8]」「朝鮮第二期[9]」「朝鮮第三期[10]」「朝鮮第四期[11]」「朝鮮第五期[12]」の6つの期間に区分した。部分改訂とは、それぞれの期間内に行われる小規模の改訂で、通常、句読点の位置、送り仮名の変化のようなレベルでの改訂が行われている。ところが、1937年に行われた部分改訂は、他の時期の部分改訂とは大きく異なっている。タイトルはそのままであっても内容が大幅に書き換えられていた[13]り、教材そのものが変更されていた[14]りする例も見られる。

朝鮮第三期までの『国語読本』は、「内地」のそれと比較した際、採用された教材のタイトルが共通である割合が低い。下の表[15]を見てほしい。朝鮮で使用された『国語読本』の改訂と「内地」で使用された『国語読本』の改訂は同時期には行われていないため、単純な比較はできないが、重なっている時期を取り上げて朝鮮読本に含まれる共通のタイトルの教材が占める割合を調べた

国定読本と朝鮮読本における共通タイトル教材の割合（時期別）（単位：％）

|  | 国定第一期 | 国定第二期 | 国定第三期 | | 国定第四期 | 国定第五期 |
|---|---|---|---|---|---|---|
| 朝鮮第一期 | 11.65 | 24.76 | | | | |
| 朝鮮第二期 | | | 7.89 | 16.67 | | |
| 朝鮮第三期 | | | 15.26 | 22.34 | | |
| 朝鮮第四期 | | | | | 48.91 | |
| 朝鮮第五期 | | | | | | 65.94 |

ものを示している。1937年の部分改訂についてのデータはないが、朝鮮第三期から朝鮮第四期へと全面改訂された際に、内容が大きく変わっていることがわかる。つまり、朝鮮独自の教材が減っているのである。

　このように、1936年前後は朝鮮における「国語」教育の転換点と見られ、それを促した具体的な理由は示せないが、抽象的に言えば日本の海外膨張と足並みをそろえた日本語普及熱がこの転換を産み、この転換の中でラジオ講座が考案されたのではないかと推測している。

## 3．「国語講座」テキストの編纂意図　～　南方向けテキスト『につぽんご』を参考に

### 3.1.　『につぽんご』のあとがき

　2.2.で示したように、台湾でも「国語講座」は放送されていたことが『ラヂオ年鑑』の記述から明らかになった。さらに、筆者は放送文化研究所において南方向けに制作された『につぽんご』というラジオテキストを見ることができた。宮城学院大学の宮脇弘幸先生から、このテキストを利用したラジオ講座が実際に放送されていたかという問題について、当時の南方の状況から見て難しいのではないかという指摘をいただいた。その指摘に対し、筆者はまだ南方のラジオ放送について論じる準備がないので、南方におけるラジオ講座について立ち入った検討は今後の課題としたい。

　しかしながら、このテキストのあとがきは、当時のラジオ講座がどのような位置付けを与えられ、またどのように放送されていたのかを知るための他にはない重要な資料であるため、あえて全文を取り上げ、検討を加えていきたいと思う。

一、　この教科書は南方各地の放送局で、現地放送によつて原住民に日本語を教へるために作つたものです。

二、　現地の事情が色々違ふと思ひますので、それぞれ地域別の教科書を作るのが理想的でせうが、現在は當分現地事情を參酌して適宜御活用願ひます。

三、　原住民は日本人との接觸によつて既に片言の日本語は覺えてゐるでせ

うし、日本語學校、日本語講習會が開かれてゐるところも多いでせう。また國民學校でも日本語を敎へてゐることと存じます。放送による日本語敎授はそれらの方法による普及と並行して行はれるものですが、その獨自の機能によつて多大の效果をあげ得るものと考へられます。

四、　放送においてはあくまで正しい日本語を敎へるべきものと思ひます。標準語の語法、發音、アクセントに從ふことは無論であり、且正統的な日本語、つまり過去よりも現在に接續し、將來に連るやうな正しい言葉を敎へねばならぬと思ひます。一時の便宜上から變則な歪んだ日本語を採用すれば、その禍は長く將來に殘るでありませう。放送は原住民が日常生活で習得した日本語を醇化し、之を標準のものにして統一して行く立場に立つのであります。

五、　この敎科書では文體は最後まで標準語の話し言葉で通してあります。文法的な説明は避けて、會話を聽かせ、暗記させることによつて次第に習熟していくやうにしてあります。現地住民の靑年層を對象として考へてありますから、止むを得ない場合を除いては出來るだけ子供つぽい内容を避けました。

六、　この敎科書はむしろ敎授者に敎材を提供するのを主眼としてあります。假名の普及度の低い地域では之を配布しても效果の少ない場合がありませう。さういふ地域では聽取者はテキストを持たないものとして文字を度外視して、耳を通じてのみ敎へていくことが必要であります。テキストを使はせる場合には日本語學校、日本語講習會、國民學校の生徒に配布して、放送を聞かせることが、先づさしあたつて有效と考へられます。

七、　語彙は頻度を考慮して適宜採擇したつもりでありますが、日常生活に用ゐられるものをすべて網羅するわけにはいきません。それは他の手段による習得にまつべきものでありません。

八、　原住民の放送員と協力して、現地語の通譯及び説明をその都度附けていくやうにして下さい。擬音並びに音樂の活用も御研究願ひます。擬音の音盤はあとからお送りいたします。

九、　一回二十分乃至三十分位の講義三十回で終るやうにしてあります。つまり毎日連續ならば一月、隔日ならば二月で終るわけであります。終つたら翌月から再び始めから繰り返すやうにすれば、同じ言葉が何回で

も聽取者の耳に入るわけで自然覺えこんでいくことになりません。
十、　基本の文字として平假名を採用してあります。これは進んで日本語を究めようとする者にとつては、平假名の方が便利であり、文字を敎へるなら始めから、平假名を敎へた方がよいと考へたからであります。しかし聽取者の大部分がテキストを持たないやうな場合には無論、文字は考慮に入れる必要はないわけです。
十一、縱書き、分ち書きとし、助詞も切り離して書いてあります。
十二、下段には片假名で發音を示し、息の段落による分ち書きとし、尚アクセントを傍線で示してあります。
十三、假名遣いは國定敎科書に從つてゐます。終りにはやさしい漢字も入れてあります。
十四、ローマ字を使ふ場合は内閣訓令式に從つて下さい。之はこの綴り方が國定のものだからであります。發音の問題ではなく、單に正綴法の問題と考へて下さい。たとへば「シといふ音はローマ字で書く場合はsiで、チはtiであらはす」といふ風に敎へ込んで下さい。尚名詞の語頭は大文字で書くやうにした方がよいでせう。長音の符號を附する場合には―を附します。
十五、日本語の敎授用語はその時その場合の必要に應じて用ゐることを建前とし、敎材の進度に應じて適宜使用し理會せしむるやうにします。

　注目すべきは、八、十、十二、である。もちろん、他の項目も檢討すべき重要な内容を含んではいるが、本稿ではこの3点を特に取り上げ、檢討を加えていきたい。
　まず、八の記述を見ると、このテキストは現地語の媒介語を介した放送を想定していたことがわかる。これは、台湾の「国語講座」に媒介語が使用されていたことと合致する点である。朝鮮での放送が同様に媒介語を介した放送であったとすると、「国語講座」の講師名に見られる名前からは、講師のほかに通訳が存在していた可能性があることも考えられる。もっとも、創氏改名が実施されたのが1940年であるから、1940年以降に現れる講師名は檢討する必要があるだろう。
　次に十、十二の記述である。この二つは相互に関連していると思われるので、まとめて取り上げることとする。この記述から、当時「内地」で使用されてい

た教科書や朝鮮で使用されていた教科書がすべてカタカナから導入されていた時期に、このテキストでは基本にする文字をひらがなとしていることがわかる。

　これはラジオというメディアを利用した「国語」教育において、非常に重要な点である。

## 3.2. テキストの文字について

　最初に教えられる文字がひらがなであるかカタカナであるかという問題は、単に表記に関する問題では終らない一面がある。カタカナはひらがなに比べて基本的に直線のみで構成されている文字であり、また、活字による字体の変化が少ない文字である。それにもかかわらず、あとがきにもあるように実際に日本語を使う場合にはひらがなのほうが便利だという認識は当時にも存在している。カタカナの発生はもともと発音記号としての役割にあり、当時のアクセント辞典や、ひらがなで書かれた教材を実際にどう読むのかという指導書はカタカナで書かれていた。

　十二に記されているように、ここで取り上げたテキストも、歴史的仮名遣いによってひらがなで書かれた本文のすぐそばに、カタカナで発音が示されている。実際の発音がどのようなものかという問題に対して、ラジオによる音声の提供が行われるという事実が、カタカナを利用した発音表記を補助的な役割とし、ひらがなを主として教えることが可能になったのではないだろうか。

　カタカナから導入し、ひらがなをさらに教えるという形をとれば、学習者は同じ発音の文字について最低二つの文字を覚える必要が出てくる。カタカナの存在意義・学習意義の大きな部分が実際の発音を示すという点であるとすれば、ラジオ講座のような実際の音声を耳で聞きながら学習する場合、カタカナの学習に労力を割く必要はなくなる。

　筆者はこのテキストがひらがなを基本の文字として作成された背景をこのように推測している。

## 4．おわりに

　本稿では、従来扱われてこなかったラジオを利用した「国語」教育について、朝鮮の事例を中心に整理・検討してきた。

　ラジオ「国語講座」についての記述は、「はじめに」で紹介したように様々

な資料に残っている。しかしながら、ラジオ講座は音声によるものであり、テキストがあったとはいっても、その講座内容を正確に、且つ再現的に記述することは困難である。今日まで研究されてこなかったのは、資料的困難さゆえであったのであろう。

　筆者は、この問題について調査をはじめるまで、ラジオを利用した語学講座の中で「国語」が最も後発であった事実を知らなかった。ラジオの普及率を考えれば、圧倒的多数の聴取契約者が「内地」人であったという現実の前に、「国語講座」の放送意義・要望・影響力がどの程度だったのかという疑問も生じる。放送開始が1936年であったという点については本文で検討したが、今後より多角的な観点から検討する必要がある。

　本稿では触れるだけにとどまった台湾、南方の講座についても、同様の検討を今後進めていきたいと考えている。

　ラジオは、いわゆる標準語の普及を推し進めると期待されたかもしれないが、実際には、橋本（1998）が指摘したように「日本語の均質性という神話が逆に放送という声の挑戦を受け、多様な方言の実態が大衆の耳目に晒された」といった状況が生じたことは想像に難くない。この時期にアクセント辞典の編纂されたこと、国民学校における「国語」教育が音声言語を重視した教育に変化したことなどは、音声面での「国語」の統一がラジオ放送の登場によって、また、ラジオの普及によって必要と認識されたからであろう。国定第一期のイエスシ本が「内地」の方言矯正を目指していたとすれば、この時期の「国語」教育は「外地」を含めた標準語の整備を指向していたといえよう。

　そういった意味では、植民地で放送された「国語講座」は、非母語として「国語」を学んでいる人々に、どのような音声を伝えたのか、どのような語彙を教えたのか、という問題を中心に非常に興味深い研究対象である。今後、使用されたテキストをはじめとする文字資料の発掘、当時の録音盤をはじめとする音声資料の発掘を通して、ラジオ「国語講座」が何をどのように教育しようとしたのかを明らかにしていきたい。

[注]
(1) 2002年3月31日に開催された植民地教育史研究会における口頭発表の場で、宮城学院大学の宮脇弘幸先生から当時の南方の情勢から考え、放送は困難ではなかったのかという指摘をいただいた。あわせて、軍によるラジオ放送と講座についてもご教示いただいた。
(2) 『素顔の放送史』によれば、1932年11月22日に録音放送が始まったという。また、1936年からは録音放送が本格的に使用開始されたとの記述がある。筆者はこれまでに、ラジオ放送の録音ではないが音声資料の一つとして、「内地」人児童（東京高等師範学校付属小学校、東京高等女子師範学校付属小学校）による『国語読本』の模範朗読が吹き込まれた録音盤を入手している。
(3) 1938年4月29日に「毎日新報」と改称。本稿では『毎日申報』で統一した。
(4) 「○秘昭和二十年三月四日「朝鮮及び台湾在住民生処遇調査会」の数字から作製」と注記あり。
(5) 1台あたりの世帯数として、朝鮮人1716.0戸、「内地」人8.4戸。
(6) 1000世帯あたりの普及率として、朝鮮人1.55戸、「内地」人188.5戸。
(7) 1909年～
(8) 1912年～
(9) 1923年～
(10) 1930年～
(11) 1939年～
(12) 1942年～
(13) 11巻の「飛行機」では、初版ではライト兄弟が紹介されているが、部分改訂後はリリエンタールとライト兄弟が紹介され、さらに初めて空を飛んだ人物として「二宮忠八」が新たに紹介されている。
(14) 11巻では、初版に掲載されていた「朝」「朝鮮の教育」という課が削られ、新たに「昭憲皇太后御歌」「山内大尉の母の手紙」が加えられている。
(15) 上田（2000）より転載。


[参考文献]
上田崇仁（2000）『植民地朝鮮における言語政策と「国語」普及に関する研究』
上田崇仁（2002）「ラジオを利用した「国語」教育に関する研究 ── 資料整理を中心

に ─ 」『広島女子大学国際文化学部紀要』第10号
韓国放送公社（1977）　『韓国放送史別冊』　韓国放送公社
崎山正毅（1941）「ラジオと国語教育」『国語文化講座』第三巻　朝日新聞社
多仁安代（2000）『大東亜共栄圏と日本語』　勁草書房
津川　泉（1993）『JODK　消えたコールサイン』　白水社
志田延義（1943）『大東亞言語建設の基本』　畝傍書房
朝鮮総督府情報課（1944）『新しき朝鮮』　朝鮮行政学会
電波管理委員会（1951）『日本無線史』第12巻
西尾実・久松潜一（1969）『国語国字教育資料総覧』
日本放送協会　『昭和六年ラジオ年鑑』(1931)、『昭和七年ラジオ年鑑』(1932)、『昭和八年ラジオ年鑑』(1933)、『昭和九年ラジオ年鑑』(1934)、『昭和十一年ラジオ年鑑』(1936)、『昭和十二年ラジオ年鑑』(1937)、『昭和十三年ラジオ年鑑』(1938)、『昭和十五年ラジオ年鑑』(1940)、『昭和十六年ラジオ年鑑』(1940)、『昭和十七年ラジオ年鑑』(1941)、『昭和十八年ラジオ年鑑』(1943)、『昭和二十二年ラジオ年鑑』(1947)　日本放送出版協会　＊『ラジオ年鑑』はいずれも大空社による復刻版。
橋本雄一（1998）「声の勢力版図」『朱夏』第11号
藤田圭一（1969）『素顔の放送史』新日本出版社
放送文化研究所　20世紀放送史編集室（1998）『放送史料集　台湾放送協会』
宮田節子（1985）『朝鮮民衆と「皇民化」政策』　未来社
森田芳夫（1987）『韓国における国語・国史教育』
山口誠（2001）『英語講座の誕生』　講談社
若宮義麿監修（1981）『JODK　朝鮮放送協会回想記』

# 朝鮮における
# 徴兵制実施と朝鮮人青年教育

## 樋口雄一＊

はじめに——徴兵実施と日本語理解程度——

　朝鮮人に対する徴兵の研究は日本では皇民化政策との関連で論及されている程度であり、韓国での研究成果は全くないといってもよいのが現状である。また、日本・韓国では徴兵制度実施が戦時下朝鮮人の教育に与えた影響について独自に研究した実績もないようである。本稿では徴兵対象男女青年に対する兵事教育、軍隊理解教育について論じ、この中で学校がはたした役割についても検討してみたい。徴兵の制度的な側面は拙著『戦時下朝鮮の民衆と徴兵』で述べたので出来るだけ重複をさけた。なお、徴兵が学校教育の教科内容にどのような影響を与えたかなどについては検討するに至らなかった。しかし、朝鮮教育令改正にあたっては「不必要なる民族意識はなるべく避くることに留意しつつ」教材の取扱に「慎密」の注意を払うことを指示している。具体的には「朝鮮征伐」の場合は「文禄の役」「秀吉朝鮮に兵を出す」とするように、また、出兵理由は明が修好に応じないためこれを討つべく道を朝鮮に取り行軍したと説明するように指導していた（「茗荷谷文書Ⅰ－35」『本邦に於ける教育制度並状況関係雑件、朝鮮教育令改正参考資料』1938年）ことなどの徴兵実施時点での朝鮮人教育経過はこれからの研究課題であると言えよう。

　まず、徴兵実施過程の中で徴兵対象青年に対する独自な教育が必要になった理由について述べておこう。
　周知のように朝鮮人に対する徴兵実施が発表されたのは1942年5月8日であ

＊　朝鮮史研究会会員

った。在住日本人は日本人の徴兵は当然のことと考えていたが、朝鮮人を徴兵するとは思っていない人が多かったと考えられる。朝鮮で朝鮮人民衆と日常的に接している日本人は彼らが日常的には朝鮮語で会話して、戦争を進めている天皇についても「崇拝」の念をもっていたわけではなかったことをよく知っていた。また、神社参拝なども組織的な動員による集団参拝が主で日本人と一緒に戦場で戦う初歩的訓練もまともに受けていないことも知っていたためである。日本兵としての素養と訓練がまったく欠けている存在が朝鮮青年の現状であった。これは就学率が高くなりつつあったとはいえ1940年で45.9パーセント[1]にしか過ぎず、徴兵年齢の就学率は約25パーセントであったことにも示されている。また、徴兵が予想されていなかったため体育、教練などの軍人としての予備教育も不十分であった。

　こうした朝鮮人の状況は総督府も軍当局も十分に知っていたと考えられる。知った上で徴兵の準備をしたのである。1941年1月には東條英機が議会答弁で朝鮮人徴兵を検討していると答弁し、それが朝鮮でも大きく報道され、42年3月には徴兵検査と同様な朝鮮青年体力検査が全朝鮮270カ所で実施され、徴兵が近いことを予感させていた。東條英機と南次郎朝鮮総督が朝鮮青年体力検査の直後の42年3月13日に会談し、内容は公表されていないものの報道されている記事から朝鮮人徴兵の合意に達したと考えられる。軍は朝鮮人の日本兵として適格かどうかの状況を見た上で、無理なことが多いことを承知の上で徴兵を決定したのである。政府と軍が徴兵を急いだ最大の理由は深刻な兵力不足であった。師団・連隊では定員割れの状態があり、41年12月の太平洋戦争の開始によって戦線が拡大し、兵力補充が最大の課題となったのである。政府は当面の不足兵力を植民地では最大の人口を擁していた朝鮮を対象に補充しようとしたのである。無理で強引な手法であった。それだけに総督府はあらゆる手段で徴兵体制を作り上げようとしたのである。戸籍整備、寄留届などの組織的な整備と青年と朝鮮人一般に対する徴兵教育と徴兵理解教育が総力を挙げて実施されるようになる。徴兵の実施という政策が1942年以降の基本となり、教育をはじめとするあらゆる分野で対応することが求められるようになったのである。

　朝鮮総督府は第一次教育拡張計画を1937年に実施し、第二次教育拡張計画である国民学校制度への改変を1942年に実施して、わずかの期間で1943年から第三次初等教育拡充計画に取り組み、急遽1946年に義務教育制を実施する

こととしたのである。42年の徴兵制実施の影響であった。これについては総督府学務局がまとめた文書で国民学校は「昭和21年度より実施予定の修業年限6年を以てする義務教育制度は徴兵制の実施に照応し規定方針通り之を実施す」と規定している通りである[2]。

この義務教育制度実施の背景になっていたのは朝鮮人に徴兵を実施する際に最も大きな障害なっていた日本語理解が進んでいなかった問題があった。また、日本語理解の不足が急遽、男女朝鮮人青年を錬成しなければならない要因の一つであった。参考までにこの時点での日本語理解について素描しておこう。日本語を理解できた者は16.1パーセントにすぎず、男子の会話に差し障りのない者の比率は25パーセントと高くなっているが女子は3.63パーセントに過ぎない。約84パーセントの人々が日本語をまったく話せず、意志の疎通が出来なかったのである。(第1表) 都市部では36パーセントの人が、農村を中心にした郡部では14パーセントの人が日本語が理解できるにすぎなかった。朝鮮人はまったく朝鮮語の世界に居り、家庭では朝鮮語であり、戦時末には家庭で日本語を使用しているとして美談になっている程度であった。

日本政府・軍はこうした生活基本言語としての朝鮮語を使っていた朝鮮人が日本の兵士達に混じって働くことに不安を持ち、実体的には徴兵さえ難しく、徴兵検査も通訳付きでおこなわれるとこともあった。朝鮮人の日本語教育が徴兵を契機に絶対的な必要性を帯びてきたのである。もちろん、学校教育以外の朝鮮人民衆に対する日本語教育は徴兵時点から始まったわけではなく、1937

第1表 朝鮮人の日本語理解程度　　　　　　　　　　　　　1941年末現在

|  | 総数 | 男 | 女 |
|---|---|---|---|
| 朝鮮人総数 | 23,912,063(100%) | % | % |
| 日本語を解する者 | 3,972,094 (16.1%) | 25.42% | 7.69% |
| 　内普通会話に差し支えない者 | 2,087,361 (8.73 ) | 13.76 | 3.63 |
| 　少々解し得る者 | 1,884,733 (7.88) | 11.66 | 4.04 |
| 日本語を解せざる者 | 19,939,969 (83.39) | 74.58 | 92.31 |

＊朝鮮総督府「本邦に於ける教育制度並状況関係雑件―朝鮮教育令改正関係」外務省外交資料館蔵　茗荷谷文書Ⅰ-36　1943年による。日本語理解程度は総督府『調査月報』にも掲載されているが男女別がないため本資料を掲載した。

年の日中戦争の拡大後から朝鮮人民衆に対する日本語教育が始まっている。「国語普及講習会」がそれで教科書は無償配布であった。1938年に3,660カ所であった講習会は1940年には7,795カ所にまでになっていたとされている。同年の受講者数は34万人余、教科書配布数は22万余であったと記録されている。しかし、この講習は日本語教育のみであり、一時的なもので体系的ではなく、時間数も少なかった。徴兵のため実効のあるものとはなっていなかった。改めて青年に対する日本語教育が必要になったのである。

　この日本語教育は即製の教育で兵士としては十分でないことは明白でありなんとしても日本語の完全理解が必要とされたのである。
　長期的には朝鮮人学齢者の就学率の向上とそこに於ける皇民化政策、兵事教育の充実があってはじめて全青年に対する徴兵が可能と考えられたのである。このため義務教育制度の早期達成が急がれたのである。
　なお、正式な兵としての徴兵実施は対象青年の4分の1弱ににすぎず、あとの青年は日本語の通じない青年を中心に武器を持たせず、労働のみを目的にした勤務兵あるいは農耕隊員等の労働兵としての徴兵が実施された。

## 1　徴兵対象青年に対する軍事教育

　徴兵対象者朝鮮人青年の教育程度は約25パーセントが初等教育を受けているにすぎなかった。残りの75パーセントは日本語を十分理解できない青年が存在し、この朝鮮総督府の近代学校教育を受けていない大半の朝鮮青年をも「平等」に徴兵しなければ朝鮮の徴兵制度そのものの存立が危うくなり、彼らを兵士として育て上げることが朝鮮の徴兵制実施成否の鍵を握ることとなった。このためにも日本語教育、初歩的軍事訓練などが緊急に必要になった。このための検討は徴兵実施発表の直前にも検討され、初等教育をまったく受けていない朝鮮青年への対応が第一に考えられた。
　5月8日の徴兵実施閣議決定の5カ月後の10月1日には制令33号をもって「朝鮮青年特別錬成令」が公布され、10月26日には朝鮮総督府令第269号によって「朝鮮青年特別錬成令施行規則」が告示された。日本語を知らない、あるいは歩行訓練、敬礼、国旗、天皇のなんたるかを知らない青年達が急遽、日本人青年と同等な質を求められ訓練を受けることとなったのである。日本人青年

は小学校を卒業後も地域青年団などを通して青年期にいたるまで兵士としての訓練を受けており兵士となることがあたり前として受け止められていたことと比較すると大きな差が存在したのである。日本兵としては戦うための精神形成、一定の知的・行動的な水準、同一言語が必要な最低の条件であった。このため総督府は総力を挙げて教育に取り組む事となった。まず、この布令の内容を見ておこう。

(1) 朝鮮青年特別錬成令の目的

　この錬成令の最大の特徴は軍・総督府当局が徴兵年齢の青年全員を兵士として徴兵できるとは考えていなかったと思われる事である。この錬成令の第一条に錬成の目的を「将来軍務に服すべき場合に必要なる資質の錬成を為すを以て目的とし兼ねて勤労に適応する素質の錬成を期する」としてあるように言葉など適応出来ない青年は、やはり深刻に不足していた労働者としての動員を考えていたのである。錬成令は一石二鳥をねらう二つの側面をもっていたといえよう。　しかし、建前としては全員を徴兵対象者として訓練することが求められ、訓練は強力にすべての青年に実施されたのである。

　対象の青年達の年齢は17～21歳の男子に限られ、国民学校初等科の未修了者であることが第一条件であった。錬成期間は1年間で夜間教育が主であった。錬成施設は国民学校が使用された[3]。

　学科は1.訓育、2.学科、3.教練、4.勤労作業で訓育・学科で400時間、教練・勤労作業が200時間、合わせて600時間となっていた。

　1. 訓育では「教育に関する勅語」を基本として訓育要目は次のような事項を理解させるとしていた。

　1. 天皇陛下・宮城遙拝　（天皇の存在と宮城遙拝の方法を教えた）
　2. 勅語・詔書奉読　（内容の説明をして暗記させた）
　3. 皇大神宮・神社　（各戸に大麻を奉祠する事を含めて理解させた）
　4. 祭日・祝日・大詔奉戴日など　（意味の説明をした）
　5. 国旗　（国旗の説明と掲揚の仕方）
　6. 君が代と歌詞　（歌いかたと意味）
　7. 軍人に賜りたる勅諭　（5か条の暗記）
　8. 皇国臣民の誓詞　（暗記させた）
　9. 国民道徳一般　（国民学校初等科国民科、修身科の教科書を使用した授業）

この訓育を行う上で留意しなければいけない点としては、反覆練習をさせること、絵画・図なども利用し判りやすく、抽象的な説明でなく具体的に、生活心理に即して行うこと等の注意がが掲げられている。
　これらの事項は日本人であれば大半が国民学校の初等科で習い、日頃から身に付いているもので朝鮮人青年は新たにこうした事を理解させなければ兵士としての起用が難しく、大半の事項を丸暗記させる事が課題になったのである。

　(2) 学科
　兵役に服務するさいの最低限の知識と「国語」に重点を置くこと。
　訓育と学科で全体の600時間のうち400時間を当てることになっていたが最も重点が置かれたのは日本語の理解を進めることであった。この段階では朝鮮人のみの部隊編成は考えられておらず、日本人兵士の中に分散配置する方針であったから会話を中心に取り組まれたと思われる。それまで教育を受けられなかった青年の大半は「書堂」で学んだことがあるものもいたが、日常はまったく朝鮮語の世界に暮らしており、日本語を使ったことのある青年は少なかったと考えられる。夜間、労働が終わった後に行われる錬成時間内の訓練のみでは兵士となるほどに日本語の上達は望めなかった。必要な幾つかの単語を理解していても会話が出来るほどの上達は望めなかったと考えられる。家に帰れば朝鮮語の世界に戻るのが一般的であった。

　(3) 教練と勤労作業
　全過程600時間の内、200時間を割り当てられていたが教練は兵士として初歩的な敬礼の方法、整列の仕方、団体行動など基礎的な訓練に終始していたと考えられる。勤労作業は錬成対象は農民が大半であったから労働者としての初歩的な訓練であったと考えられる。
　なお、初年度は600時間と定められていたが、実際には500時間に短縮されて行われた。どの錬成項目を削減したかについては明らかでない。
　実際に錬成を実施する課程では道が「進度課程標準」を作成するなどの細かな達成目標の指導を行っていた[4]。

　以上のような内容で錬成は実施されていくが具体化するについては幾つかの問題があった。その一つは錬成対象者の選別であった。

この錬成には徴兵対象者の全員を参加させることが前提ではあった。しかし、錬成対象年齢の者は各年20万人前後と思われ、ここから錬成対象外の国民学校を卒業したものなどを除いた各年15万人前後の17歳～21歳のものを対象にすることになっていたので単純にいっても75万人前後にもなり、これを当時の邑面数を2324として、各面錬成所が100人を収容出来たとしても23万人余となる。そこでこの錬成令では7条で各道知事が選定して入所者を決めることとしている。面での選定がどのように行われたのかについての資料が発見されていないので基準をどこに求めたかは明らかでない。初年度の錬成所設置は1942年12月1日から開設され、翌年9月30日までの10カ月間であった。期間は6カ月まで短縮できたのである。44年からの徴兵実施を前に43年にも錬成所が開設されているが新たに発見された資料によれば実際の入所者数は第2表のとおりである。入所者が全部所定の課程を修了したとして徴兵実施までに約10万人の青年が錬成所を終了したこととなる。

　それでも錬成所はすべての面に出来ていたわけではなく設立所数の中には都市部が含まれ、複数設置されていたので設立の遅れていた面が存在していたと思われる。入所は道知事の命令書（施行規則10条）によって施行され、本人名で受領証を知事に提出しなければならなかったから強制に他ならなかった。入所出来ないときは知事に届けを提出し、かつ警察官などの証明が必要であったから命令書がくれば拒否できるようなものではなかった。

　　第2表　朝鮮青年特別錬成所設置状況　　　　　　　　　　1943・10・1日

| 設置年度 | 公立 | | 私立 | | 計 | |
|---|---|---|---|---|---|---|
| | 所数 | 入所者数 | 所数 | 入所者数 | 所数 | 入所者数 |
| 1942年度 | 715 | 31.638 | 31 | 1.238 | 746 | 32.876 |
| 1943年度 | 1.920 | 66.685 | 33 | 1.023 | 1.953 | 67.708 |
| 計 | 2.635 | 98.323 | 64 | 2.261 | 2.699 | 100.584 |

＊朝鮮総督府学務局「参考資料」1943年12月付、茗荷谷文書「本邦に於ける教育制度並状況関係雑件──義務教育参考資料──」1－14収録文書による。

　また、実施施設は大半が学校が使用され、所長と職員を置くことになっていたが人的な余力はなく、所長は校長が兼務して訓練は教員などが担当した。一

部では日本人在郷軍人なども指導的な立場で訓練に参加していたと思われる。青年訓練所には指導員が置かれていたので彼らも兼務したと考えられる。朝鮮の地方行政機関と学校が一体となって錬成体制を作り上げていたのである。

　こうして徴兵制の実施に伴って教育を受けることのなかった広範な青年に教育を実施して徴兵体制を整えたのである。この錬成所の実態については資料的な制約から検証されていないが、ここでは「京城」における錬成所入所者の実状を見ておきたい。

　実際の錬成対象者は1923年12月2日から24年12月1日までに生まれた者で20歳～21歳になった青年で第1回の徴兵検査を受けるものに限られていた。当初の指令にある17歳～19歳の者は対象とされていなかったのである。指名された者の入所は義務制で「正当」な理由がなくて錬成を受けないと拘留されるか科料処分を受けることになっていた。入所が強制であったことの証明である。「京城府」では1942年12月1日に6カ所の公立青年特別錬成所を開設した。地域割が行われ274名の入所者があった。合同入所式が12月1日に「京城府孝悌町孝悌国民学校」の講堂で行われ、6カ所の生徒が300余名集まり、大野総督府学務局長、宮野京城学務局長、道知事、軍関係者などが出席し盛大に実施された。

　しかし、まだ京城で設置されていない地域が18地区あり、これは43年度から開設されることとなっていた。「京城」のような重点的な大都市でも3分の1の設置率に過ぎなかった。総督府の設置指示が急で対応が間に合わなかったと思われる。「京城」の他地域に青年錬成所が設置されたのは翌年4月1日になって18カ所に設置、開所された。1942年12月1日開所の錬成対象者の職業は第3表のとおりであった。この職業構成が示す実態はあらかじめ徴兵を想定し選ばれて指定されていたことが判る。この時期は一般的には就業先がなく、職業をもっている青年達にとって夜間とはいえ錬成所入りは望まなかったと思われるのである。

第3表　朝鮮青年特別錬成所入所者の職業　　　　　　　　　　1942.12.1現在

| 農業 | 工業 | 商業 | 交通業 | 公務自由業 | その他有業者 | 無 | 計 |
|---|---|---|---|---|---|---|---|
| 20 | 80 | 52 | 8 | 26 | 78 | 10 | 274 |

＊京城府学務課長宮野寛「朝鮮青年特別錬成令と京城府」『京城彙報』1943年2月号・255号所収による。

次に入所者の「学歴」を見よう。学歴がない者と指定されていたが、それは日本の近代学校制度に組み込まれていた人以外に、多くの学歴をもっていた者が明らかに存在していたのに、それらについては総督府は学歴に含めていなかったのである。第4表に見られるように書堂をはじめある程度の教育を受けた人が半数弱であったと考えられ、徴兵用に選別された結果であると思われる。書堂、中退者は一定の日本語能力があり、それらの人々を選んだと思われる。

錬成令で対象にしていた17歳以上のものは初年度は対象にならず徴兵対象者に限って錬成が実施され、しかも、当初は対象者地域の3分の1の青年に実施されたに過ぎないという実態が浮かび上がってくる。この時点で錬成の遅れが存在したのであり、これは徴兵実施にも大きく影響したものと思われる。

第4表 朝鮮青年特別錬成所入所者の学歴

| 不就学者 | 私設学術講習会及書堂 | 私立初等学校<br>(国民学校と同程度の認定学を除く) | | 簡易学校 | | 国民学校中途退学者 | 合計 |
|---|---|---|---|---|---|---|---|
| | | 中退 | 修了者 | 中退 | 修了者 | | |
| 14 | 63 | 34 | 15 | - | 5 | 13 | 274 |

　＊数字は原資料のママ、合計が合わないが、これ以外の資料が発見できないため錬成所入学者の一般的な傾向を知りうる資料として使用した。不就学者数が相違していると思われる。
　＊出典は第3表に同じ

しかし、一応は全朝鮮に錬成所が設置され、多数の徴兵対象青年が収容され日本語と簡単な軍事教練を受けたのである。錬成は月・火・木・金曜日で夜6時から9時、あるいは早朝にも実施される時があった。この錬成は義務制で、科料等の処罰の対象となったので指示された錬成対象者は従わざるを得なかったのである。

以上は近代学校教育制度から抜け落ちていた青年に対する軍事教育であった。

徴兵では初等教育を受けたものと初等教育の一部を経験した（朝鮮では朝鮮人初等学校生徒の中途退学比率が極めて高かった）青年達も徴兵対象となり、むしろ徴兵対象の基幹部分となりうる人々の存在があった。彼らは初等教育を

受け、一応の日本語理解や国旗、天皇、宮城遙拝、君が代などは理解し、整列や行進といった軍事行動の初歩となる知識は身につけていた。それは学校教育の範囲内で、軍事教育、すなわち命令の絶対服従、軍の装備、敬礼などの行動、戦況理解などの知識や用語も学んでいなかった。初等教育を受けた後、徴兵年齢に達するまでは軍事的教育はまったく受けていなかったのである。日本人青年は1935年からは青年訓練所令の下で軍事教育を受けていたことに比べると朝鮮人青年と大きな格差が生まれていたのである。同じ日本軍兵士になった場合には大きな格差が生まれ、統一的な軍行動が出来なくなる事も予見された。軍と総督府はこれら初等教育を終了した人々に対する軍事教育も実施することとなった。軍に入隊させるための第1段階の教育で、労働者動員を見越した朝鮮青年特別錬成令とは違う側面をもっていたのである。

初等教育を受けた朝鮮人青年に対して実施されたのが青年訓練所別科の設置であった。

## 2　青年訓練所別科での徴兵教育

朝鮮における青年訓練所は1938年3月、朝鮮総督府令54号によって公布され、実施されていたが実際は在留日本人青年の訓練機関となっていた。青年団も活動していたが朝鮮人青年団の活動は活発ではなかったと考えられるが一部には活動しているところもあったと美談として宣伝されている[5]。その後、「時局」の要請により1940年と41年に増設を実施した。国民学校卒業後上級学校に行かない青年は原則としてすべて青年訓練所に入所しなければならなかった。朝鮮人青年も青年訓練所で錬成することが必要とされ別科設置の直前にはかなりの朝鮮人青年が参加するようになっていた。

青年訓練所別科は「国民学校初等科終了後単に一般青年団員として希薄なる受くるに止まりその他何らの教養の機会に浴せざりし壮丁は国民学校終了後すでに相当の年月を経過し心身共に皇軍要員たるの資質十分ならざる状態にあるもの多く、随て入営後あるいは皇軍伝統の素質を傷つけ全半島感激を以て迎えたる栄誉を汚涜するがごとき場合なきを保し難きを以て」設置すると説明している。国民学校を卒業したものと規定しているが実際には中退者も多く、すでに青年達は労働に従事しており、軍事教育としての訓練は困難であったと予

第5表 青年訓練所概況　　　　　　　　　　　　　1943.10.1現在

| 公立<br>私立別 | 設置数 | | 科別 | | | | 指導員 | 出席率 |
|---|---|---|---|---|---|---|---|---|
| | | | 普通科 | 本科 | 研究科 | 計 | | |
| 公立 | 1,744 | 日本人 | 2 | 1,355 | 54 | 1,413 | 8,043 | |
| | | 朝鮮人 | 9,835 | 96,576 | 56 | 106,465 | 2,280 | 0.77 |
| 私立 | 108 | 日本人 | | 7,598 | 146 | 7,744 | 1,250 | |
| | | 朝鮮人 | 463 | 9,356 | 24 | 9,843 | 131 | 0.79 |
| 日本人計 | | | 2 | 8,953 | 202 | 9,157 | 9,284 | |
| 朝鮮人計 | | | 10,292 | 105,932 | 78 | 116,308 | (2,411) | |
| 総計 | 1,852 | | 10,300 | 114,885 | 280 | 125,465 | | 0.78 |

一部数字が合わないがママとした。
＊（　）内は兼任。指導員、出席率には原表に日本人、朝鮮人の区分なし
＊出典は注（6）に同じ

想される。訓練機関は1年で短縮することも出来たが、夏季には約1カ月間の合宿訓練などをして効果を揚げようとしている。

　青年訓練所別科は徴兵対象青年者のすべてを別科に組織したのではなく、選別が行われ別科に入れたのである。あらかじめ「簡易なる予備検査を施行し徴兵検査に際し、甲種合格を予想されるる者は之を青年訓練所別科に収容」[6]して錬成するとしていることにも示される。選別して別科に入学させたのである。

　この別科の設置は1944年1月に決定され、2月に対象者が決められており、同年4月からの徴兵検査直前に設定されており、急ごしらえの制度であった。この錬成は徴兵対象年齢の1944年に20歳になる者に限られており、完全な入営準備教育であった。錬成期間は原則として1年間、訓練時間は300時間と定められていた。半分の150時間は教練の時間とされ、軍隊生活を想定した錬成が中心であった。しかし、徴兵検査の修了者らは44年9月から入営が始まっており、入営者の別科教育は夏の合宿訓練とともに中断したものと思われる[7]。しかし、1945年1月からの青年訓練所別科の授業は予定通り行われた。

## 3 朝鮮女子青年錬成所の設置

　朝鮮女性の日本語理解は男子に比較すると著しく低かった。第1表にあるとおり約8パーセントに過ぎなかったのである。したがって、戦時下朝鮮の家庭生活はすべて朝鮮語で行われ、朝鮮語で考える世界が広がっていたと考えても良いのである。郡単位の集会では日本語が話されていたものの面の女性関係の集会では一部のみが日本語を理解していたに過ぎず、朝鮮語でさまざまな皇民化のための集会などが実施されていたのである。女性向けに徴兵のための兵営見学会が開催されたが、そこでも通訳を付けて案内しなければならなかった。朝鮮人人口の約半数を占める女性の教化・錬成なしには家庭からの徴兵体制の確立はの望めなかった。

　また、徴兵に対して強く反対したのは女性達で、家を継ぐべき男性を失うことは耐えられないことと映じていたのである。女性の教化なくしては徴兵の完璧を期す事が出来なかった。女性一般に対する教化は国民総力朝鮮連盟などの組織を通じて行われていたものの形式的な運動に終わっていたと思われる。「建兵の妻を養成」と「強兵の母」（釜山日報　1944年2月8日付）をするためであった。一部には農村の生産力を上げるために「農村中堅婦人訓練所」が設置されていたところもあるが、その内容は農業生産向上が目的であり、戦時徴兵教育とは違う側面をもっていたのである。この中堅婦人訓練所は朝鮮南部を中心に1942年現在で6カ所が確認できる。収容人員は50名前後で1年以内の合宿農業訓練であり、戦時徴兵教育とは内容を異にしていたのである。そこで総督府は改めて女性の錬成を行うこととして徴兵年齢に照応する若い女性達を集めて系統的に錬成をしていく事を決定したのである。

　朝鮮女子青年錬成所令は1944年2月10日に総督府総督府令35号で公布され、4月1日から開設されることとなった。対象者と教育程度、錬成内容について幾つかの事項をあげて錬成のねらいを検証しておきたい。

　対象者はその年の4月1日現在で16歳以上、17歳以下のもので既婚者を除くとしている[8]。また、対象者は小学校を終了していない者、すなわち学校での教育を受けていない者に限定されていた。日本語などがまったく話せず、理解できない人々が対象にされた。また、1カ所の面で50名ほどを収容することが基準とされていたので選別された女性が錬成所に入れられた。ただし、青年錬成所と違うところは面長は対象者の名簿を作成するが入所者の選定を国民学校

長が行うことになっていたことである。会場が国民学校に指定されていただけではなく学校長が所長を兼務する事も明確に指定されていた。

　錬成期間は1年間で600時間が割り当てられていたが、錬成内容は修練50、国語350、家事50、職業150時間が一応の目安とされていた。第一に日本語教育が、第二としては職業教育に重点が置かれていたのである。錬成のねらいの一つが皇民化という側面と労働者としての動員であったことが明らかである。

　女子錬成所の朝鮮全体の設置総数は明らかではないが、慶尚北道の1944年の場合は257カ所[9]に設置されていたので、人口、面数によってみると男子青年錬成所とほぼ同数の設置があったと考えられる。男子が1920カ所設置されていたので女子は約1900カ所に設置されたと想定すると、およそ1カ所原則としては50名が定員であったから朝鮮全体で95,000人が動員されたこととなる。朝鮮青年女子錬成所では日本語を知らない、労働力として役立ちそうな特定年齢の多くの独身女性に日本語と労働力としての訓練を施していたといえよう。既婚者を除いたのは農村労働者として重要であったこともあるが、既婚者動員に対する朝鮮人側の抵抗が強かったこと等の要因がある。この女子青年錬成令と前後して未婚者は動員されるという「噂」か流布され、早婚が多くなった。連行を心配する親達が早く結婚させることによって自衛しようとしたのである。実際、国民学校を卒業したばかりの未婚者が大量に「公募」され日本に連行されたり、朝鮮国内の工場に動員されたりしていた。

　なお、この錬成の指導は朝鮮語を堪能に話す、男性指導員のみが教えるのではなく、女性が主な指導員となって教育にあたった。儒教的な論理から男性が指導することに抵抗があり、女性指導員が速成で養成されたのである。道でも独自に養成し、面の指導員は国民学校の女性教員が指導員となった。所長は学校長であったことは男子錬成所と同様であった。各道の指導員には朝鮮人女学校であった梨花、淑明高女の517名の学生を集めて特別な速成であるが錬成をして総督府が各道などに送り込んだ[10]。実際の錬成所設置数からいえば日本語が堪能な朝鮮人女性指導者は大幅に不足していた。指導者を改めて養成しなければならなかったのが実状であった。また、各地の公立高等女学校の生徒も短期養成を実施して指導員の増員を行った。慶尚南道の場合は釜山高立高等女学校で2カ月間に亘って養成が行われた。（釜山日報　1944年2月8日付）

## まとめ

　徴兵制実施に伴う教育機関としては上記の他に徴兵決定者に対する「軍務予備訓練所」が設置された。軍人としての基礎教育が中心であり、訓練場所も専門的な施設が3カ所（内2カ所は志願兵訓練所がそのまま使われた）作られて教育された。軍直轄の訓練機関とも言え、ここの教育を終えた者を中心に正規兵として徴兵するシステムを作ったのである。ここで、この訓練所についてふれることは出来ないが、兵士としての二重の教育・訓練をへて兵士とさせられる体制が整えられたのである[11]。二重の訓練をしなければ兵士として日本兵に混じって入営することが出来なかったのである。なお、労働のみを目的とした兵士は日本語のできる者は兵士として、できない者は勤務兵（武器を持たされず、労働のみを目的とした兵士は朝鮮人のみで構成されている部隊）として徴兵された。

　この教育、訓練に共通しているのは教育、訓練の場が学校であること、訓練担当者と責任者は教師と学校長がなった場合が大半であったと考えられる。学校が組織ぐるみで徴兵教育の場となったのである。これは行政組織として朝鮮農村・地方には日本人で指導にあたれる人間が警官、教員以外になく、警官はすべての行政にかかわり、教育指導まで関われなかったと思われる。日本の学校組織が徴兵教育の前面に立つ以外の方途がなかったのである[12]。また、この時期の学校は勤労動員、労務動員にも係わり総督府の戦時体制を支える支柱の一つになってたのである[13]。

　なお、以上にみたような錬成は短期、一時的な対応として実施されたが、総督府は第3次初等学校拡充計画を立て、1941年に1,2学年、1942年に3学年、1943年な4学年、1944年に5,6学年の教科書の改訂を行った。改訂の内容は「闘う朝鮮」の姿を前面に出し、1944年度改訂では、山本元帥などが取り上げられた。長期的な朝鮮人兵士づくりを考えていたことも確認しておきたい。

[注]
(1)　大野録一郎文書　1206「朝鮮関係参考統計表」による。
(2)　1943年12月「学制臨時措置案説明資料一問一答」朝鮮総督府学務局『本邦に於ける教育制度並状況関係雑件』外務省外交資料館茗荷谷文書1-9所収による。
(3)　朝鮮総督府情報課『徴兵制度参考資料』1943年刊による。

(4)　『慶尚北道報』848号　1943年7月9日付による。
(5)　朝鮮連合青年団『皇国精神に燃えて－青年団と団員の汗の業績－』1939年刊による。
(6)　朝鮮総督府「学制臨時処置案説明資料（一問一答）」1943年12月　前掲　茗荷谷文書　1－14による。
(7)　青年訓練所別科入所者の具体的な数字とこの中からの入営者数については資料で確認できず明らかでない。日本語の理解度から朝鮮青年特別錬成所入学者より高い比率で徴兵されたものと思われる。
(8)　この時期の朝鮮人女性は未婚女性は徴用対象になるという噂が広がり早婚が多く行われていた。錬成をさけるために結婚するという行動は朝鮮全体に広がり、釜山日報は社説で「解け女子錬成の誤解」(1944年3月21日付)との記事を掲げなければならないほどであった。この年齢では結婚している人も多かったが、労働者として動員するためにはこの年齢の者が適切であると考えられたために限定されたと考えられる。
(9)　慶尚北道の場合、人口の多い大邱府の場合は6カ所に設置されたので各道によって差があったと思われる。また、慶尚南道の場合は249カ所に設置される予定で準備が進められていた。
(10)　このことについては樋口「太平洋戦争下の女性動員」『朝鮮史研究会論文集』32集　朝鮮史研究会1994年10月刊を参照されたい。朝鮮総督府は43年12月15日に農業以外の女子専門学校の縮小を決定しており朝鮮人を主とする私立女子教育に対する抑圧であった。淑明・梨花の学生を指導員にしたのは朝鮮語で対象女性を指導しなければならなかったためで、朝鮮語の出来る日本人女学生を大量に得ることが出なかったためと思われる。朝鮮に在住する日本人女学生の大半は朝鮮語が出来なかった。

(11)　軍務予備訓練所の概要については拙著『戦時下朝鮮の民衆と朝鮮』総和社2001年を参照されたい。
(12)　この時点では日本人警官は著しく不足し、比率としては朝鮮人警察官が多くなっていた。また、警察官は民衆から批判的に見られており、教育の任に当たらせることは出来なかったと思われる。
(13)　なお、朝鮮人男女青年に対するこれらの兵事教育に在住日本人在郷軍人、すでに除隊していた朝鮮人志願兵達がどのようにかかわっていたかについては明らかでない。
　また、警察は朝鮮青年錬成令で訓練対象者となった訓練に応じなかったり指導に従わなかった場合は警察が関与したと思われるが日常的な錬成にはそれほど係わってはいなかったと思われる。

ソウル大学校　師大論叢　第53集（1996.12.31）

# 植民地解放後
# 分断国家教育体制の形成　1945～1948
―― 国立ソウル大学校と金日成綜合大学の登場を中心に[※] ――

## 金　基奭* （許哲＝訳）

## 1. 序言

　南北朝鮮では国立ソウル大学校（以下ソウル大）と金日成綜合大学（以下金大）がそれぞれ「最高学府」として位置付けられている。朝鮮半島における二つの「最高学府」の存在は分断国家教育体制をもっとも明確に示している。筆者は日帝敗戦後に二つの大学が創設される過程を分析したことがある[1]。この二つの大学は開校の時期のみならず、設立の趣旨や手順および方法も同じである。教授陣の構成に関する限り、二つの大学は根も同じである。筆者は大学の誕生過程のこのような特徴に照らして、二つの大学を「一卵性双生児」と称した。先の研究は個別大学の創設過程を別々に分析したものである。ここでは大学分断の起源に焦点を合わせ、分断国家教育体制形成を分析する。このために二つの大学の登場を比較分析した。

　本稿で筆者は、朝鮮人を歴史の中心に据えようとした。この方法は至極当然の方法であるが、その間近代教育史研究ではそうすることができなかった。従来、韓国および韓国人を対象とした外国の対韓占領政策と外国占領軍の教育政策の具現に注目し、それに韓国人がどのように対応したのかを明らかにしようとした。もちろんこの時期、支配的権限と権力を行使したのは外国の軍隊であるから、そのような方法の選択は不可避であるかのように見ることができる。他律的史観とも言えるこの方法はほとんど慣行化されている。従来の研究はも

* ソウル大学校教育学科

ちろん、いわゆる「修正主義研究」[2]でもほとんど米国の対韓政策と米軍政の教育改革の推進に主たる関心を示し、これに対する朝鮮人の反応を分析した。しかし、この研究では「日帝敗戦後、朝鮮人が民族教育を再建するために何をしたのか？」に注目した。もちろん外国占領軍の支配に対する対応も分析したが、その場合にも朝鮮人の主体的努力を中心に置き、それを外部勢力の介入に対する能動的対応として把握した。この方法は内在的発展論の延長から導き出されたもので、その間韓国教育史庫内でなされた一連の研究課題の共通的問題意識の発露でもある。実際にこの方法をさまざまな時期にも同じように適用してみた[3]。その結果、これからもこの方法を持続的に用いようとの信念に変わりはない。ここでは、その間国内で知られていない原資料のいくつかを用いた。刊行された資料集に含まれていない米軍政庁学務局資料と、いわゆる「鹵獲文書」として米国立文書管理庁に記録グループ（Record Group 以下RG）332と242として各々分類保管されている資料である[4]。

## 2. 先行研究の検討

本稿で扱おうとする質問は次の三点である。
「国大案は誰がなぜ提案したのか？」
「国大案反対運動の原因は何であり、その結果はどうであったのか？」
「国大案反対と金大創設にはどのような関連があるのか？」

前の二つの質問は、その間ソウル大を誕生させた国立ソウル大学案（以下国大案）を分析した研究で常に扱われた質問である。呉天錫博士の『韓国新教育史』以来、国大案の立案と実行において、朝鮮人は能動的であり、米国人は受動的であったとみなした[5]。見解を異にする修正主義研究の結果を要約すると次のようになる。国大案は学務局の米国人将校によって発議された。言うならば、国大案は「米国人官史によって最初に作られ、この推進過程で悪役は韓国人職員」が受け持った[6]。米軍が作った米国式総合大学案をもって、わが国の高等教育界を再編」しようと国大案を提案した。米軍政官僚に協力した朝鮮人官僚たちは、「大学別自治委員会中心の教育活動を通じて成長している進歩的教育勢力に対抗」する目的で国大案を推進した。要するに「一言でいえば、高等教育に対する官僚的統制の失敗を軍政十ヶ月間経験した軍政庁、そして教育界の主導権を掌握しようと軍政業務に協調してきた当時体制内的な教育界人士

の間での集団利己主義的妥協の結果」が国大案であった。大学自治委員会や学術団体幹部であった進歩的知識人たちは、学務局の米軍将校と韓国人官史のそのような意図を看破したので、これをけん制するために全国規模の反対運動を起こした。1年余り抵抗したが、「数百人の学生と380余人の教授」が犠牲となった。結局「進歩的教育者たちは教育界の主流から完全に除去された。」 国大案反対運動は失敗し、ソウル大が創設された。以上の主張は文化帝国主義論議の核心論旨と一致する[7]。

　従来は、国大案反対運動が北の共産党の指示によって触発されたと見なした。朝鮮教育者協会が国大案反対運動に深く介入し、甚しくはソ連共産党が南朝鮮労働党に秘密指令を下し、全国規模の同盟休校を指示したとされる。ソ連軍クズノフ少佐が1947年1月南労党許憲委員長に送ったことで知られる指令文を決定的証拠として挙げている[8]。修正主義史家は韓米両国人士間の「集団利己主義的妥協」で国大案が提案されたので、進歩的知識人がこれに反対したと見た。しかし、従来の主張であれ修正主義の主張であれ、国大案の立案と実行に関連して派生した一連の事件を、ほとんど左翼または右翼のどちらか一方からその原因を探っている。冷戦意識の発露という点で二つの見解は区別されない。

　その間の主張は、修正主義であろうとなかろうと明快であった。それだけに過度に単純でもある。一次元的分析方法を使用したからだ。他の言い方をすれば、複雑な現象を過度に単純化させたのである。複雑な現象を階級矛盾だけに着目して、左右分類の一次元だけ強調したのだ。帝国大学式大学自治[9] 実現が国大案波動の核心争点であることを看過したのだ。既得権を維持しようとする帝国大出身教授対改革勢力間の大学創設主導権争奪は注目を受けることができなかった。国大案反対運動の象徴である「教育民主化」の根幹となる大学自治は、改革対象となるか如何が分析対象から除外された。そのスローガンに内在されているある種の価値志向をありのままに受容しないのであれば、違う質問が提起されうる。大学自治は日帝植民地教育の遺産として清算対象であるのか？　そうでなければいわゆる大学の本質であるから存続される伝統であるのか？　今までにこのような気がかりな点は忠実に扱われてこなかった。

　その間進まなかった質問に答えるために重層決定分析方法を適用することができる。階級矛盾とともに作動した民族矛盾を同時に考慮することである。加えて、大学既得権維持勢力対改革勢力間の葛藤も考慮してみる。改革集団が力を集中する媒体として、政治的信念のほかに、学縁または人脈のような慣行の

作用を念頭に置くこともできる。以下重層決定方法を適用しながら、その間進まなかった質問を検討してみる。

## 3. 大学自治と国大案波動

　以下比較検討する質問は、従来の見解と修正主義史家の見解との間に大きな隔たりのある次のような質問である。言うならば「国大案はなぜ提案され、その意図は何であったのか？」「反対運動はなぜ起こり、この運動ははたして失敗だったのか？」等がそれだ。この質問を扱い、金大を誕生させた綜合大学案（以下綜大案）を比較準拠とした。言うならば、「綜大案は教育民主化運動の理想と一致するのか？」「国大案に反対して綜大案に参与したり、または以後ソウル大から金大に移った教授たちは、金大で自身の意図を実現することができたのか？」　拙稿で明らかにしたように、ソウル大と金大はほとんど同じ時期に準備を始め、1946年10月に2週間の隔たりをもって競争するように開校された。創立準備から開校に続き、初の卒業生を輩出するまでの主要事件の進行を時期別に提示すれば〈表1〉のようになる。

　二つの大学は双方とも国立大学として創設され、既存の高等教育機関を統廃合して綜合大学を作った。違いがあるとすれば、金大は開校後すぐに正常運営されたが、ソウル大は教授と学生、甚しくは他大学の教授と学生からの強い抵抗に見舞われ、1年後にはじめて正常運営されたという点で違いがある。教授の構成を見ても、二つの大学の教授は大部分が日帝の敗戦直後に自生した知識人結社体に所属する学者であった。言うならば、各大学と専門学校を自治的に接収した自治委員会、「学術界の大同団結」のために組織された朝鮮学術院[10]、国学分野の学会として再建された震壇学会[11]等がそれにあたる。この団体の幹部の相当数はソウル大学校に教授として在職していた知識人であった。しかし外部の政治的条件の悪化で、自治団体と大学内に分裂が表れ、これらを自力で統合することができなくなると、教授たちは各々の信念に従って南北に分かれていった。ここで気になる点は、知識人間の内部分裂がどのように分断大学の登場にまで展開されたのかという点である。

　国大案はわが学術界の内的必要により提案されたものだ。そのような必要性をもっともよく代表した人物が呉天錫である。朝鮮の「全学術界を代表する巨

表1　国立ソウル大学校と金日成綜合大学の学校沿革の比較

| 年月日 | 主　要　事　件 | |
|---|---|---|
| | 南（国立ソウル大学校） | 北（金日成綜合大学） |
| 45　10/16 | 京城帝国大学を京城大学と改称 | |
| 45　10中旬 | 学長および学部長、<br>官立専門学校長任命 | |
| 46　3/23 | | 「20ヶ条政綱」で大学設立計画発表 |
| 46　5/29 | | 綜合大学創立準備委員会組織 |
| 46　7/8 | | 金日成綜合大学設置決定 |
| 46　7/13 | 国大案発表 | |
| 46　8/22 | ソウル大学校設置法令公布<br>　　　　（法令第102号） | |
| 46　9中旬 | 教授、学生の反対およびデモ | |
| 46　9/15 | | 金日成綜合大学開学 |
| 46　10/1 | | 金日成綜合大学開校 |
| 46　10/15 | ソウル大学校開校、登録拒否 | |
| 47　2前後 | 全国規模の同盟休校発生 | |
| 47　5/6 | ソウル大学校設置修正法案公布<br>　　　　（過渡立法議院公法第1号） | |
| 47　6/13 | ソウル大新任理事会、<br>除籍学生の復籍決定 | |
| 48　7/13 | 第1回卒業 | |
| 50　6 | | 第1回卒業 |

大な綜合大学」を創設するために国大案を提案したとする彼の証言は、1946年以来関連するすべての資料で一貫して表れている。国大案波動30余年後[12]、そして自身の名前を明示しないで国大案構想者を明らかにして20余年後[13]、呉天錫は国大案の立案と遂行で自身が担った役割をはっきりと明らかにした。彼の回顧を総合すると、彼は「数週間をかけて構想した」国大案をまず兪億兼局長と議論して賛意を受け、次にラカード局長経由でラーチ軍政長官に提案して「積極的に支援する」という約束を得て推進した。この回顧は関連する他の

学務局資料と一致する。特にソウル大学校創立を詳細に記録した他の資料と一致する[14]。この記録によれば、京城大クロフト学長の後任として学務局大学業務を担当する米国人将校が新しく任命された。高等教育課長職を受け継いだこの米軍将校の「案内」で国大案が成案された[15]。まだ名前を特定できないが、彼の役割は案内でしかありえない。彼は京城大学関連業務を担当はしたが、クロフトとは違って学長のような行政職まで継承はしなかった。

　米軍将校たちは後任として朝鮮人学長を任命するためたいそう骨を折った。彼らは1946年1月末、朝鮮教育委員会の推薦と本人の承認を得て朝鮮人1名を学長に推薦した。しかし、軍政長官は彼を適格な人物ではないとの理由から学長に任命しなかった。結局、彼と米軍将校1名が複数で米国戦争省に推薦された。突然、アンステッドが2月に新学長に任命された[16]。彼は大学行政の経験のない従軍牧師であった。米軍が南朝鮮に支配権威を行使することができたので、とんでもない人物が、とんでもない所で、とんでもない職責を受け持つようになった。要するに米軍将校の中で「全学会を代表するにふさわしい巨大な綜合大学」を構想する人物はいない。人力資源の弱点以外にも、学務局は北の臨時人民委員会教育局とは比較にもならないゆるやかな官僚機構であった。そのような機構の所属米軍将校として大規模の高等教育改革法案を立案推進できるような人物はいなかった。クロフトを除外すれば、大学改革に対する使命感や愛着を持った将校は1人もいなかった[17]。同じ学務局職員や米軍と朝鮮人の間に業務推進における質的な違いがある。前者は「目前の当面する問題解決」のために「断片的弥縫的作業」に汲々としていたが、後者は「韓国教育全体を指導」することに苦悩していた[18]。そればかりではなく、中央学務局と地方学務課間の業務調整機能もひどく脆弱であった[19]。重要部署責任将校もよく変わった。国大案立案時はリカードが局長であったが、それを推進するときはピテンジャーに変わっていた。このような実情で、米軍官吏が現存する京城大学と主要官立専門学校を統廃合しようとすることはできない。「巨大な綜合大学」の創設は、日帝敗戦直後の全学会の希望であった。北で同じ理由から、同じ時期に、同じ希望を実現しようと提案されたのが綜大案であった。南でそれを実現しようとしたのが国大案であった。呉天錫はこの希望を代弁したのである。

　国大案は韓国高等教育「全体を指導し正座させる包括的青写真」の一つであった。しかし発議者呉天錫はそれを具体化する過程で、自身の経験と職見を投

射した。彼は植民地高等教育を、その弊害・恩恵を含めてよく知っていた。そればかりではなく、それを改革する意志と展望を持っていた[20]。国大案を構想する時、彼が大きく念頭に置いたのは植民地高等教育遺産の清算であった[21]。彼は国大案の最大の長所について、1947年には「日帝の伝統である大学分派主義の除去」を挙げた。彼は国立大学では大学自治を認めないことを明らかにした。教授が人事権を行使する自治制は東京帝大や京都帝大から由来したものであることを彼もよく知っていた。呉天錫にとって帝国大は特権的支配層を養成する日帝植民地奴隷教育の弊習であった。自治の名で特定教授集団が「群雄割拠の排他的風潮」で各出身大学を支配する慣行を許すことができなかった。これは彼が米国で直接経験した民主主義教育の原理に反する。彼の信念は20年後次のように繰り返された。すなわち国大案は、

　日本的伝統を一掃し、当時相当の勢力を持っていた各学校のモンロー主義的傾向を打破するための措置に過ぎなかった[22]。

　したがって米国公立大学においてのような人事および財政権を理事会に帰属させることを構想していたのだ。もちろんこれが国大案設立理由の全部ではなかった。上記の理由を明かして20余年後に、呉天錫はその間言うことができないでいた理由について証言した。すなわち「当時としては口外できない理由の一つ」は「無能力であったり、左傾の方の教授を追い出そうとした意図も多分にあった」というものだ[23]。修正主義の主張どおり国大案には左翼教授を除去するための意図もなくはなかった。しかし、より重要な争点は植民地高等教育の清算である。ところが帝大式大学自治は最初から矛盾的でまた二重的である。教授自治を意味する大学自治には、学問と思想の自由とともに、排他的特権を享有する側面がある。呉天錫は後者を「大学分派主義」または「モンロー主義」と認識し清算しようとしたのだ。

　国大案で植民地教育を清算しようとした人物は呉天錫1人だけではない。国大案波動を調査報告した立法議院報告書にも呉天錫と同じ見解を見ることができる。東星高等学校の校長を歴任した張勉立法議員がそうだ。彼が見てもいわゆる「不参与教授」が生まれたのは、教授自治が実現されなかったからだ。しかし教授会議が人事権を持つのは「日本帝国主義の一残滓」である[24]。47年春、いわゆる第2次国大案波動である全国規模の同盟休校を心配そうに見てい

たある学父兄も、同じ見解を以下のように披瀝した。

　綜合大学案はわが教育建設に絶対に必要であると見る。その理由を具体的に言えば……何よりもまず、いわゆる京城帝国大学というものの根を抜かなくてはならないということだ[25]。

　彼は、同盟休校の原因は学術院結成と大学自治委員会の大学接収から源を発したと見た。彼は帝国大学卒業生である「帝大閥」が独占的人事権を確保できなかったために同盟休校が発生したのだと主張した。したがって京城大の伝統を「徹底的に破壊する」ことは植民地残滓の清算であると同時に、民主主義建設に必要なことだと主張した。呉天錫や張勉議員のように、この学父兄も大学自治の進歩的要素よりそれらの特権維持の病弊を強調したのだ。

　米軍官吏たちは反対世論が強まると、まるで自分たちが客観的仲裁者であるかのよに事態を収拾しようとした。彼らがまるで中立的立場に立ったような姿勢は、国大案波動に対する米軍情報分析報告書[26]にもっともよく表れている。米情報当局はまず、南労党の一貫性のない態度を指摘した。国大案や綜大案はすべて同じ趣旨、同じ手順および方法で推進されていた。しかし、綜大案を支持する党員教授の越北を許可した南労党が、なぜ国大案に反対しているのかをいぶかしげに思った。彼らは、国大案の長所は限られた資源の効率的運営にあることに違いないと見た。しかし、情報官吏たちは国大案と同じ規模の大学改革は、朝鮮人政府樹立後に施行するようにするのが最上であると考えた。次善の策として、その前に施行しようとすれば、該当する大学の教授等関連者たちの参与と論議を経なければならなかった。学務局朝鮮人官吏の中で相当数は韓国民主党関連者である。反面、大多数の教授や学生は共産主義者ではないが、進歩的性向を持っていた。情報将校は学務局がこのような政治的力学関係をもう少しはっきりと認識しなくてはならなかったと指摘した。政治的信念と立場に違いはあっても、理事会に教授人事権が帰属すれば教授たちが不安になるのも当然というのだ。なぜなら「誰も自らの未来を敵の手に置きたがらないし、教授もまた例外」ではないからである[27]。

　この報告書は教授たちがもった共通的不満として、次の5つを列挙した。
1）植民地大学で教授が享有した「大学自治」と教授の「個別的権威」の喪失、
2）いわゆる「エリート」大学教授と「格の低い」専門学校教授を同等に待遇

することに対する不満、3）専門学校と同じ小規模な学校で教授たちの特権的地位喪失、4）低賃金、社宅不足、交通不便、食糧配給不足、同級公務員との不平等のような待遇問題、5）教授不足による業務過重等がそれだ。それに加えて、いわゆる左翼教授たちの不満としては、6）左翼教授解雇に伴う不確実な将来、7）学問の自由侵害、8）事前の意見聴取の欠如、9）学務局と大学内「親日派」や「謀利輩（不当な利益をはかる輩―訳者注）」の存在[28]等であったと分析した。しかし根本的な問題は「財政ではなく人事」にあることを見落とさなかった。したがって、学生ではなく教授を念頭において彼らの要求を受容する解決方案を提案することを勧めている。振り返ると、米軍は国大案提案理由とその問題点および反対運動の原因等をほとんど正確に把握していた。

　この報告書は米国特有の卓越した「科学的情報収集能力」[29]をよく見せてくれる文書である。この点は国大案反対運動と関連した「アカ連結網」調査報告ではっきりと表出する。朝鮮共産党が学生運動を背後調整しようとした行動指針書である「仁川書簡」を作成したことはあるが、これは時期的に46年3月なので国大案と関連がないことを明らかにした。民主主義民族戦線が国大案を「帝国主義的」または「非民主的」と設定することによって大衆的支持を獲得できたのだと分析した。いわゆる左翼教授だけが国大案に反対してはいないということだ。警察が2月16日左翼学生団体から押収したことで知られる有名な文書―即ち許憲委員長に同盟休校を指示した文書―はソ連軍将校が送ったのではなく、「極右団体ででっち上げた」ものであることを明らかにもした[30]。文書偽造事実を明かした点は、米軍政が偏頗的でなく事態を客観的に分析していたことを見せている。南労党が国大案反対運動の背後にいるが、「とても慎重に」支援しているということだ。実際に民戦、文化芸術団体総連盟、朝鮮教育者協会、専門大学教授連合会等の進歩性向学術団体は大部分南労党の指示で結成されたのが事実である[31]。しかし党がある程度反対運動に介入したのかはまだ不確実である。米軍政直接統治の正当性を揺るがすという点では、党の立場と反対運動組織の志向点とは同一である。しかし党が直接介入したのか、あるいは学術団体が自らの判断によって運動を展開していったのかはまだ不確実である。

　米軍政官吏たちは国立大学創設の必要性には賛同したが、大学の形態や機能および運営については具体的な指針を持っていなかった。「目前の当面する問題解決」のために「弥縫的作業」に汲々としていた彼らは、韓国人官吏と違っ

て反対意見を受容しようとする姿勢も示した。報告書によると同盟休校発生直後、1947年2月14日ソウル大学校総学長連席会議を開き、理事と総長を朝鮮人とすることに合意した。しかし、この妥協案も依然「大学自治」とは食い違うという理由で教授たちが拒絶した(32)。ラーチ軍政長官はついに2月27日、国大案の法的基盤である法令102号の修正を提案し、これを立法議院に要請した。興味深いのは、妥協案成案過程を全的に朝鮮人に任せ、米国は手を引いたことだ。先に明らかにしたように立法議院の修正法律案通過と新規理事会構成で波動は収拾された。修正法律案はある一団体の一方的勝利、または敗北ではないことを示している。従来の京城大学と官立大学は閉校され、新しく国立大学という制度は依然残っている。したがって反対運動の目標が国立大学の廃止であったならその運動は失敗したのだ。しかし、反対運動の核心争点が大学自治なら、9大学の代表が参与する朝鮮人理事会の構成を失敗とみなすことは難しい。それは妥協である。そればかりではなく、限られた権限ではあるが各大学別教授会議はそのまま据え置かれた。師範大学の場合、京城師範から由来する教授が直接選ぶ大学評議院会を現在までそのまま維持している。

国大案反対運動が必ずしも失敗したのではなかったなら、失敗したのはかえって国大案である。創立後ながらく9大学は、人事および財政の面で相当程度独自に動いた。京城大学の各学部と官立大学は「綜合大学」を成したのではない。ソウル大開校22年後である1968年に入ってはじめて「綜合大学」らしい大学を作ろうとした。いわゆる総合化が実施された以降にも大学別優劣争いと主導権競争等は依然続いている。最近いわゆる「総長直選制」前後にそれが再び表面化したりもした(33)。要するに、反対運動の影響で帝大式大学自治の慣行の一部が残るようになった。この勝利の代価は大きい。すなわち、ソウル大学は金大とは違って、統一された綜合大学としての発展が長い間遅滞された。ある点で見れば、それはいまだなされていない。

## 4. 大学の分断

国大案反対運動の中心勢力を形成していた有能な帝大出身ソウル大教授たちは北に行き、金大で創設の主役を担当した。彼らは各々の分野で「独歩的存在」であり、また学生たちからは「秀才」として知られた教授たちだった(34)。彼らがどのような理由で金大に移っていったのかを明らかにするのは、国大案反

対運動が標榜した教育民主化運動の他の側面を明らかにすることになる。それ ばかりでなく、それは分断大学起源の一端を見せてくれることでもある。

　国大案反対がはたして文字どおり「教育民主化」であったのかを考察してみる。この用語は左右間の理念闘争中に使用された修辞的表現である。しかし、この主張を論理的に堅持するのは容易ではない。この点は「不参与」教授たちもよく知っていた。1946年頃常識として知られていたことでは、米国は代表的民主主義国家で日本はもっとも悪辣な軍国主義国家である。だから「米国式」大学を非民主的だと叱咤し、「日本式」大学の維持を教育民主化と規定するのは容易ではない。京城大法文学部朴克采教授は次のような方法でそのような論理的難点を克服しようとした。

　ファッショ化の一路を行く日本においてさえも大学における研究の自由、学問の自由、学生の自由、教授任命辞任の教授会議による決定権等は最近まで確立されており……[35]。

韓仁錫教授もやはり「教授推薦、部長総長を集めた教授会議の決定」に任せる「教授自治権」は日本の大学より由来されたもので、それが存続される理由を次のように論証した。

　日本のような非民主主義国家においてさえも、大学を官僚の手から確保するために防御線となる教授自治権は認定されていた[36]。

ファッショ国家、非民主主義国家でさえも保障された自治権なので、民主主義国家で保障されない理由はないという論理だ。しかし、比較教育学的観点から見ると、教授自治権は「日本においてさえ」ではなく日本の帝国大学特有のものであった。もちろん教授会議のモデルはドイツの大学から日本に移植されたものだ。しかし「不参与」教授たちが考える教授自治は日本「国家主義教育」の産物である。大学自治は日本の私立大学でさえ許容されなかった。教授自治が学問の自由を保障する唯一の条件ではない。米国の大学はもちろん他の国でも、教授自治権を前提としなくとも学問の自由を保障している。教授自治は帝国大学でのように教授に付与された特権と権威を保障する前提条件である。ファッショ国家日本の支配層養成のために付与された制限的、排他的特権である。

したがってそれは「日本帝国主義の一残滓」でもあった。問題は「大学とは何か？」に対する見解や思想である。帝国大学出身者、米国の大学出身者、またはソ連の大学出身者はそれぞれ異なる大学に対する観念を想定している。また、植民地教育の清算対象特定と代案提示に対する観念もまたそれぞれ異なった。大学自治権を確保するために国大案反対の先鋒に立った帝国大学出身教授たちは、金大に移りながら同じ主張を繰り返しはしなかった。大学自治権紛争は結局教授任命権確保闘争であった。「不参与」教授は既得権を維持しようとしたし、学務局官吏たちはそれを廃止しようとした。

　不参与教授たちは国大案反対運動を「教育民主化運動」として再定義することによって、理念闘争で重要な優位を確保した。彼らの考えた民主化は教授自治であった。韓仁錫教授の言葉どおり、教授たちが学長と総長を選ぶことによって「はじめて学長と総長は全教授の意思を代表」するようにすることが民主化の要諦である[37]。不参与教授たちは教授自治の二つの側面のうち、進歩的側面を強調することによって反対運動に対する広範な大衆の支持を確保した。反対運動は、関連教授たちの個人的信念に基づく意思表示以上の組織的社会運動として拡散された。「教育民主化」運動での「教育」は修辞的表現であるだけで、実際には政治闘争であった。米軍情報当局が指摘したように、南労党は一貫性なく北の綜大案は歓迎し、南の国大案には反対した。国大案を推進する米軍政の正当性の危機を誘発するための政治的決定であったのだ。しかしそのような政治的意図をまた「教育民主化」と表現したので、教授や講師はもちろん学生と教職員が大部分この運動に参与した。後には直接利害関係のない各級学校の学生たちも「教育民主化」を奪取するために同盟休校に参加した。立法議院の調査によれば、この運動は「前にも後にもない政治的運動のある一端」として「各学校に細胞組織を置き、綿密周到な計画と敏捷な活動で同盟休校を煽動」することによって「一定の指令下で機械的に運動」に入った運動であった[38]。不参与教授たちは大衆動員に成功した。一般大衆は国大案自体を疑惑の目で見た。まるである種の陰謀が進行していることで知られた。国大案は米国人の陰謀に見えた。民族感情は国大案反対運動をいっそう増幅させた。修正主義者が着目した階級矛盾ぐらい、実はそれ以上に民族矛盾が国大案波動の動因として作用した。

　国民の共感を受けた国大案反対の名分は大学自治の実現であった。しかし、金大についての拙稿で明らかにしたように、金大では帝国大学式大学自治が許

容されなかった。国大案に反対した教授たちの大学自治はすなわち教授自治であり、その核心は、総長と学長および教授の選出を教授たち自身が担当する人事権の確保であった。しかし、金大の学部長やカペトリア（講座）長等行政責任者たちは、すべて党と臨時人民委員会教育局で任命した。彼らは「全教授の意思を代表」するためのものではなく、党と教育局の意思を代表するよう選出された。金大の大学機構では教授会議が設置されてはいなかった。人事および財政において学内主要意思決定経路を見ても、教授の意思決定権はとても制限されていた。帝国大学においてのような名称の大学評議会が設置されたが、それは最高議決機構ではなかった。大学創設前後、臨時人民委員会教育局が主要決定権を行使したのと質的な違いがない。

　ソウル大と金大を交互に分析すれば、前者が後者に比べかえって大学自治の要素をより多く許容していた。教授会議が残存し、制限されたものではあったが一定権限を行使する機構であった。しかし大学自治を守護するために国大案に強く抵抗し北に行った前ソウル大教授たちは、教授自治を許容しない綜大案に熱心に参与した。また、学生たちをけしかけて大学の機能を麻痺させるような反対運動を行いもしなかった。これは明らかな一貫性の欠如である。北に行った教授たちの一貫しない選択をどのように説明することができるのか？　彼らの一貫性欠如で教育民主化運動の他の側面を見ることができる。大学自治の実現は国大案反対の名分としてだけ作用し、実質的理由ではなかった。国大案反対の実質的理由は教授職の保存であり、特に排他的特権の維持であった。植民地高等教育の標準から見ると、帝大だけが「大学の中の大学」であり、その他の専門学校とは比較もできない。京城大の名声がそのまま残っていたその時期、旧帝大の教授となることは大変な名誉であり権威の象徴であった。特に国内外の帝大出身者にとって、それは一生を通じて追求してきたことであろう。したがって国大案によってそのような特権を他の専門大学と一緒にするということはどのような場合にも許せないことであった。彼らは教授の地位を守るため、実は他の学校と違いのある名門大学の教授の地位を守るため、国大案反対闘争に参加したのである。ただし彼らの闘争の名分を生かすために、大学自治や教育民主化というスローガンを前面に立て思想闘争を繰り広げたのである。全国同盟休校を引き起こすなど、彼らはこの思想闘争で華麗なる勝利をおさめた。その結果、ソウル大は1年余り麻痺状態であった。

　植民地高等教育の残滓を清算しようとする改革勢力は、大学自治という名分

の中に内在された帝大出身教授たちの既得権維持を看破したのだ。彼らは帝大出身の「群雄割拠の排他的風潮」で、所属大学を独占できるように分けることができなかった。このような争いで改革勢力は、国大案反対運動の中心勢力である帝大出身の有能な南労党員教授たちをすべて左翼とだけ把握した。改革勢力にとって植民地清算と左翼教授追い出しは同じことに見えた。しかし、国大案反対運動後ソウル大に残っている教授はもちろん、北に行った教授がすべて左翼思想に基づいて国大案に反対したのではない。学閥、能力および政治的信念等三つの範疇は、一見して重複しているように見えるが、同一の範疇ではない。またある一範疇に還元されることのできない独立的範疇である。ただし、既得権維持をめぐった熾烈な争いにおいて、改革勢力は国大案反対勢力を一つの範疇である左翼としてくくったのである。思想闘争で優位を占めた反対運動勢力を無力化させるために、彼ら多様な反対運動勢力を片っ端から左翼という一範疇として把握した。米ソ間のけん制と対立が先鋭化されるにつれて次第にその特徴をあらわにした冷戦体制の下、反対勢力を無力化させるもっとも強力な方法は三つの範疇を一つの範疇である左翼にくくり、彼らを非難することであった。米軍の直接統治体制で親日は容認されるが、親共は容認されえない。改革勢力の国大案反対勢力の単純化は相当程度成功した。したがって国大案波動は長い間左右対決という単色に組み直された。これは過剰な単純化である。

　単純化を避けようとするなら、国大案反対をさまざまな水準で区別する必要がある。表出した左右の思想闘争は、大学教授職という既得権維持闘争の象徴の水準での争いだ。そればかりではなく、既得権維持の根本理由は学者としての自我実現であった。この点では左右どちらも同じである。左右を離れ、学者たちはそれぞれ解放された祖国で自身をすべてなげうって奉仕しようとした。命までも捨てようとした。このような抱負を実現するために学者たちに必要なのは教授の地位だ。国大案は自我実現の機会の剥奪と映った。しかし、南労党は学務局に比べて、大学教授たちの不満を解消し、また彼らが心より願うことを満足させる力量を持っていた。したがって、相当数の学者たちが国大案反対の隊列に立つことになったのである。

　学務局は「巨大な綜合大学」創設という元来の意図を実現する実質的、物質的手段を確保することができないでいた。彼らが確保したのは、米軍政の支配的権威と彼らが許容した一部権限しかなかった。とても制限された資源と力量の表現が国大案である。この案は法令で公布された行政命令に過ぎなかった。

文書上の改革である。綜合大学として当然備えるべき大規模校舎と校庭も準備されていなかった。「最高学府」にふさわしい大学施設と設備投資計画もまったくなかった。当代最高の科学実験施設である京城大理工学部は、米軍の武断進駐で廃墟化された[39]。梅雨時に雨水が漏るのを防ぐ緊急予算の支援さえも容易ではなかった[40]。国大案は気ばっかり焦った性急な拙速計画であった。改革勢力は金大創設においてのように別途の予算も準備することができず、また北の金大でのように「愛国米」のような全国的支援と声援の動員にも失敗した。このような与件と風土で、教授たちは政治的信念と独立的に自身の自我実現を保障する大学を選択しようとする。学問らしい学問をしたくて北に行った教授も多い。研究与件造成に関する限り、綜大案は国大案よりも学者たちの心をよりよく見抜いていたからである。

　ソウル大の創設で米国官吏の役割は従来知られていたものに比べ、それほど大きくなかった。それならば彼らがしたことは何であり、またどのような結果を招いたのか？　従来は米国官吏と韓国人官吏たちがまるで力を合わせて国大案を推進したように見ていた。しかし「共謀説」と呼ばれるようなこの見解は再び検討される必要がある。米軍官吏は粗野で洗練されていない業務処理で、かえって反米感情を大衆的に拡散させるのに決定的な貢献をした。軍部隊の無分別な施設破壊のほかに反米感情を増幅させた措置が多い。代表的事例としてソウル大の総長、教務処長、学生処長等重要な行政職に米国市民権者を任命した措置がある。このような粗野な行政措置で、米国人の役割を実際よりもっと大きく見せるようにした。帝国大学教授に付与された尊敬と特権に比べてみると、総長の権威と威厳は相当なものであろう。しかしプロテスタント教牧師アンステッドは、いつも「さあ、祈祷しましょう」で業務を開始した。このような習慣は各大学の朝鮮人学長と幹部教授たちにとっては宗教的抑圧であり、また民族的蔑視と見えたことであろう。事態をとんでもなくより悪化させたのは、ピテンジャー学務局長の無分別な振る舞いである。46年12月文理大、商大および法大の学生たちが同盟休校を決議すると、彼は「軍服に目を引くほど大きな拳銃を腰におびて市場内を巡視」した[41]。また該当する学校に対して休校を命じ、関連学生全員を処罰することを指示した。彼の無分別な行動はソウル大学教授に送った書簡の一方的公表で絶頂に達した。彼は学生デモに始終拱手傍観している教授に「あなたの脊髄の中に鋼鉄（steel）のようなものが入っていなくてはならないのに、わかってみるとそのようなものではなく、泥（mud）

ばかりがあふれんばかりだよ」というひどく侮辱的な言辞を使用した[42]。教育者としての品位を喪失した彼の軽率な行動で学生と教授間に反米感情は高揚した。アンステッドのようにとんでもない人物が、とんでもない時に、とんでもない場所に現れて事態をより悪化させたのだ。

一部米軍将校たちの不適切な行動性向や習慣のほかに、より重要な問題はもちろん彼らが守ろうとした集団的利害である。彼らがはじめから右翼の側に立ったのではなかった。「断片的弥縫的作業」に汲々としていて問題が発生すると、客観的情報分析を通じて事態を把握し適切な措置をとろうとした。しかし、彼らは最終審査段階で右翼に回帰したのである。したがって改革勢力は国大案反対勢力を左翼という一範疇にくくることができた。「学術界の大同団結」に根拠を置いた国立綜合大学設立案があったならば、軍政官吏はこれを実現するのに協力したであろう。要するに、米軍の文化帝国主義的侵略のせいで大学が分断されたということだけではない。それは知識人と学者集団の内紛から由来しているのだ。米軍政の直接統治という政治的条件と、とんでもない米国人の突発的出現という事件で分断大学体制の創出はより促進された。米軍は文化帝国主義者のように一方的に自身の信念と制度を強制したのではない。それだけの力量がなかった。ただし、自らの分裂と自国利益を保護しようとする米軍官吏たちの介入と干渉を、朝鮮全体の利益保障に転換させるだけの内的力量が集中されなかった。次第にはっきりとする冷戦体制、直接統治による朝鮮と米国間の国益の対峙、占領軍と軍政間の業務調整欠如等のような要因と、度重なった知識人間の内紛はとうとう大学の分断として帰結した。

## 5. 結語

日帝敗戦後の植民地高等教育の清算で、改革の主導権を掌握するための集団間の競争があった。学務局米軍官吏、右翼政党所属朝鮮人官吏、「帝大閥」として知られる帝大出身教授とそうでない教授、いわゆる親日派とその批判勢力等は国内外情勢変化の中で政治的路線を選択するしかなかった。この集団はまるで西欧国家の地位集団のように激しい競争を繰り広げ、分断高等教育体制登場に重要な役割を担当した[43]。

ソウル大と金大の創立には関連利害集団だけではなく大学間の競争もあった。これらの間での競争もまた、二つの大学がそれぞれまったく違う姿で登場する

過程で重要な役割の一端を果たした。準備段階から相互意識と競争およびけん制があった。単に教育官僚だけではなく、教授たちもそうであった。招請対象の教授たちは二つの大学の発展可能性を比較検討したのはもちろん、甚しくは南北政治情勢までも考慮して大学を決定した。この競争は一種の「ゼロサム」ゲームのようであった。限られた物的、人的資源の中である一方が重要な取り分を確保すると、それだけ他の一方はそれを手放すしかなかった。教授補充過程で大学間の競争はもっとも激しかった。国大案に反対した教授たちの相当数がソウル大学から金大に籍を移した。反対の場合もあった。綜大案に批判的な人物は結局金大を捨ててソウル大学を訪ねた。限られた資源の下、同時期に南北でそれぞれ「最高学府」を作ろうとしたので競争が甚しかった。この競争はまた高等教育の分断を促進させた。

　ソウル大学は「民族興望の最高学府」にふさわしい国民的支持や参与もなかった。ソウル大学は金大のような中央行政機構の画期的財政支援もなかった。しかし金大は「科学の最高殿堂」建設のために組織的に動いた。ソウル大は神話のように残存していた過去の帝国大学の伝統、慣行および名声に依存して、相対的に優秀な人的資源を確保できただけである。ソウル大学は自らの人的資源に依存して自らが成長した。高い水準の人的資源に比べようもないぐらい立ち遅れた施設と劣悪な財政状態は、開校以来今まで一度も払拭されたことがない。


[注]
※　この研究は1994年度教育部学術研究助成費（自由公募課題）の支援によってなされた。
(1) 拙稿、「金日成綜合大学創設に関する一研究」、『教育理論』、ソウル大学校教育学研究会、第10巻第1号、1996；拙稿、「国立ソウル大学の創設に関する一研究」、『羅山朴容憲教授停年退任記念論文輯』、（近刊）
(2) 修正主義研究とは、80年代に国大案を扱った一連の修士論文を指して呼ぶ。その間の成果をもっともよく集約した論文は李吉相、「米軍政下における進歩的民主主義教育運動」、韓日文化交流基金、第九次韓日日韓合同学術会議、1996、東京を参照。
(3) この方法の適用結果は次の研究によって評価を受けることになるだろう。金基奭・柳芳蘭、「韓国近代教育の起源、1880-1890」、ソウル大学校教育学研究会、『教育理論』第7/8巻、第1号、1994；柳芳蘭、韓国近代教育の登場と発達、ソウル大学

校博士学位論文、1995；呉成哲、1930年代韓国初等教育研究、ソウル大学校博士学位論文、1996；拙稿、1996；金基奭・李向珪、「北韓社会主義教育の起源、1945-1950」、翰林科学院、『翰林論叢』、（近刊）；拙稿、近刊等がそれである。

(4) 刊行された軍政庁資料は李吉相（編）、『解放前後史資料集「：米軍政教育政策』ソウル：原主文化社、1993. 以下この資料集に含まれない資料はRG332とした。鹵獲文書は方善柱、「鹵獲北韓筆写文書解題 (1)」、『アジア文化』、翰林大学校アジア文化研究所、1986参照。鹵獲文書中金大教員履歴書、文学部、1946年、金大教員履歴書、薬学専門、教職員任命に関する件、金日成大学発令件、1947年、Captured Korean Documents,RG242,National Archives等を使用した。鹵獲文書の分類と分析は呉天錫博士と張利郁博士等によってなされた。彼らは戦争中東京米極東軍司令部心理戦要員として駆り出され、鹵獲文書の翻訳および分析任務を遂行した。呉天錫、『孤独な城主』、ソウル：光明出版社、1975、p.122.

(5) 呉天錫は教育史を執筆するとき、自身が国大案発議者であったという点を明示しないで、ただ脚注で「学務局の中の韓国人職員によって構想されたもので米側は受動的地位にあった」とだけ明かした。呉天錫、『韓国新教育史』、ソウル：現代教育叢書出版社、1964、p.416. しかし回顧録では自身が発議者であり推進者であることをはっきりと明かした。回顧は呉天錫、前掲書、1975.

(6) 李吉相、前掲書、1966。以下引用は前の論文である。

(7) 教育が文化帝国主義の一形式として強制されうるという理論はMartin Carnoy, Education as Cultural Imperialism,N.Y.：David Mckay Co.Inc.,1974参照。

(8) この秘密指令文は『教育福祉新報』、1988年2月1日または宗徳壽、『光復教育50年』、ソウル：教育福祉新報社、1996、pp.284-285.

(9) 「大学自治」とは、日本の帝国大学で教授が大学運営の核心である人事権と財政権を行使する慣行を意味する。帝大総長および学部長のような幹部は事実上教授直選制で選出され、教授の任用、昇進、辞職、昇給および減俸は教授会議を通じて行使された。教授自治と言えるこの慣行は1913年発生した「京大沢柳事件」を契機に公認された。沢柳京都帝大学長は改革の次元で7名の教授を辞職させた。これに教授会議は人事発令には教授会議の同意が必要とし、辞退決議と休講等で抗議した。事件の拡大を恐れた文部大臣は事態収拾のため教授会議に「教授の任免において総長が運営上教授会と協定を結ぶのは支障がなく妥当なことである」という覚書を伝達した。以後帝大での教授任命権は名実ともに教授会議に付与された。このような特権的地位付与過程とその理由については Dairoku Kikuchi,Japanese

Education,London：John Murray,1909,pp.365-370または国民教育研究所、『近現代日本教育小史』、東京：草土文化、1989,pp.146-147参照。

(10) 学術院の記録によると8月16日「京城鐘路基督教青年会2層中和企業会館で都逢渉、安東赫、金良瑕、李鈞、許遠諸氏が集まり許遠氏の開会演言に安東赫氏の趣旨説明で朝鮮学術院設立準備会議」が組織された。学術院は組織実務を受け持つ書記局のほかに10の分野別部署を置き各分野の代表的学者が部署の責任者となった。すなわち理学部（部長都相禄、以下部長名）、薬学部（都逢渉）、工学部（崔景烈）、技術総本部（尹日重）、農林部（趙伯顯）、経済法学（白南雲）、水産部（鄭文基）、歴史哲学（李丙燾）、医学（尹日善）および文学言語学（李敭河）等10部署が組織された。朝鮮学術院、「彙報」、『学術』1946年参照。

(11) 8月16日仁寺洞泰和亭で宗錫夏と李丙燾等は再建会議を招集し任員を改選し以後の活動方針を確定した。李相伯、趙潤済、李崇寧、申奭鎬、金庠基、孫晋泰、柳洪烈、金壽卿、都有浩、李如星、趙明基、金永鍵等が常任委員として確定された。金載元、「光復から今日まで」、『震壇学報』、第57巻、1979、pp.225-239.

(12) 呉天錫、「国大案事件」、前掲書、1975、pp.99-105.

(13) 呉天錫、前掲書、1964、p.416　脚注1.

(14) Establishment of Seoul National University,記録者および日付不明、RG332.この資料とリカードのHistory of Bureau of Education,From 11 Sept 1945 to 28 February 1946, RG332（以下『学務局一年史』）を比較すると、国大案構想過程についての叙述内容がほとんど一致する。新しく建てる大学の組織と編成についての叙述が同一である。ただし、リカードが編纂した学務局史の場合、国大案発議過程の叙述は関連者の氏名、時期、および職務についてもたいへん曖昧である。上の記録は『学務局一年史』に比べ時期や職務等についてもう少し明確である。前者は関連者の証言を収めた一次資料であるが、後者は一次資料を使用して編纂した歴史叙述である。ここでは一次資料に信憑性をより置いた。

(15) op.cit.,国大案構想時米軍将校の役割を次のように記録した。すなわち、Under his guidance plans were drawn for a professorial staff of 465 members to care for a future prospective enrollment of 8,000 students.すぐ続けてこの大学は京城大3学部と他の7専門学校を統合した大学であることを明かした。つまり、ここで大学とはソウル大である。この表現は彼が主導的に提案したのではなく、ある形態で提案された計画の立案過程を補助したことを意味する。『学務局一年史』によれば1946年12月12日付で大学関連業務を新たに受け持つこととなったある米

軍将校の任務中の一つが「米国大学計画に基づいて大学設立計画を考案」することであった。彼が主役を担当したのは解釈の余地を残している。また、彼が京城大学長として勤務した将校であると記述することによって、彼がまるでクロフトででもあるかのように錯覚させた。一見するとクロフトが京城大学長職を辞し、学務局に再び戻って高等教育課長となり国大案を発議したと誤解しうる。『学務局一年史』、p.28参照。しかしクロフトは12月7日まで学務局に勤務し、国大案発議の時期には学務局にいなかった。第24軍軍史担当将校が1946年1月21日クロフトから米軍の京城大理工学部武断駐屯に関する証言を聴取したとき、彼の所属は外事処だった。元来情報将校として参戦した点を考慮すると、彼は外事関連補職をうけもつにふさわしい人物であった。クロフト転出の日付は上の記録以外に付録、『学務局一年史』参照。クロフト面接記事は Interview with Lt. CMDR., A.Crofts, U.S.N.R., FOREIGN AFFAIRS SECTION, MG,21 January,1946.

(16) アンステッドの大学任命の日付は付録、『学務局一年史』。

(17) 47年夏学務局に派遣され業務を観察した大学担当官Philip Shayは次のように学務局の問題を指摘した。いわゆる「韓国化」政策で責任者となった韓国人官吏は米国顧問の助言をよく聞いていない。顧問も力量的に「目も当てられない構成」となっており「総括構想」さえない。十分な訓練と適切な経験がなく、顧問の業務執行がとても不忠実である。弱り目に祟り目で軍政庁からの財政支援もまたひどく不足である。"Report of Activities in Korea", 20 June 1947,李吉相（編）、前掲書、1991、pp.314-323.

(18) 呉天錫、前掲書、1975、p.94.

(19) 学務局とソウル市内務局学務課との間での分担も不明確であった。これはソウル市学務課マーチン顧問の罷免事件によく表れている。国大案波動が収拾される局面に入った47年5月メーデー行事に参加した学生たちの処罰と関連してマーチンと学務局アンダーウッド顧問の間で政策の混線が起こった。マーチンはソウル市中等学校長は学務局ではない学務課の指示に従うことを指示する反面、アンダーウッドの方はマーチンは「顧問」であって「課長」ではないことを周知させるなどの論争を繰り広げた。この事件の展開は "Clarification of Policy,as result of incident which occurred the 1st week of May,1947;"Memo on Clarification of Policy-to School Principals",15 May1947",12 May,1947,李吉相、前掲書、1991,pp.286-294参照。

（20）呉天錫は日本の教育に対する朝鮮人の二重姿勢を次のように指摘した。すなわち、韓国人は「日本を敵対視しながら無意識的に日本に少なからず影響を受けている」というものだ。学問分野はもちろん教育界でも日本のものが米国のものより優秀なものとして扱われていた。ひいては彼が普成専門学校に就職するとき、博士の学位を所持したとても珍しい学者なのに、帝大出身の学士ほどの待遇も受けられなかった。学校において日本人とともに、知らず知らずのうちに彼らに似ることになった朝鮮人から受けた差別と抑圧を通じて、呉天錫は日本植民地教育の弊害を直接経験したりもした。呉天錫、前掲書、1975,pp74-77.
（21）呉天錫、前掲書、1964、呉天錫、前掲書、1975. Conversation with Dr.Ah, Deputy Dir. of Education, Mar. 1947, RG332.
（22）呉天錫、前掲書、1964、p.421.
（23）『教育福祉新報』、1987年9月28日。関連教授たちの国大案反対について、呉天錫はその理由を一部無能教授の既得権維持と左翼教授の退職不安から探っている。この見解は関連資料に一貫して表れている。呉天錫、前掲書、1975、p.103.
（24）『速記録』。
（25）趙憲泳、前掲書、pp.57-61 ここで「綜合大学」とはソウル大を指す。
（26）"School Strikes in Seoul,Korea：Their Political Implications",April 3, 1947, RG332, 李吉相（編）、前掲書、1993、pp.262-282.
（27）ibid., p.264.
（28）ibid., p.272. 親日派とは学務局朝鮮人局長および副局長を指している。局長は学兵動員に参加したことがあり、また韓国民主党幹部であったと指摘した。副局長は代表的親日企業である和信産業と関連があるとの疑惑を受けた。商科大学新任学長は「とても成功した」企業家であり反共主義者であったので謀利輩という裏口をたたかれた。
（29）方善柱、「米軍政期の情報資料：類型および意味」、方善柱外、前掲書、1991、p.11.
（30）"School Strikes in Seoul Korea：Their Political Implications",李吉相（編）。前掲書、p.276.
（31）金日成大学発令件、1947、RG 242 または拙稿、1996.
（32）この事実は『自由新聞』、2月18日付および『正義新聞』、2月19日付報道記事に拠った。
（33）総長直選制は事実上の制度であって法的制度ではない。この制度の実現はソウル大学校公式見解としても大変な業績として記録されている。軍部独裁時代に強化

されたの政府の大学統制装置である総長任命制を切断したという意味があるのだ。しかし「総長直選」法案だけが大学自律化または民主化を保障するものではない。またこの制度は歴史的に帝国大学の制度であり、それに対する郷愁や感傷が直選制選択に作用したという点を看過してはいけない。特に、帝国大学の姿から大学の本質を探る相当数の教授たちにとって「教授が直接総長を選ぶ」という慣行は当然のことであった。実際にこのスローガンはソウル大大学自律化運動でよく論じられたスローガンであった。

(34) 金大教員履歴書、文学部、1946、RG 242
(35) 朴克采、「民主主義学園の確立」、『朝鮮人民報』、1946年7月17日。
(36) 韓仁錫、「国大案と朝鮮教育」、『ウリ公論』、1947年4月、pp.18-34
(37) 上掲書。
(38) 『速記録』
(39) 米軍の京城大理工部施設破壊については Major Lockhard Report, From 11 Sept.45 to 28 Feb.46,またはInterview with Lt.CMDR., A.Crofts, U.S.N.R., FOREIGN AFFAIRS SECTION ,MG, 21 January,1946, Interview with Major Lockhard, 9 March,1946.参照。クロフトによると学校施設は「徹底的に蹂躙され到底復旧不可能」であり、このような無分別な破壊で朝鮮での真正なる科学教育は「最小限10年間遅滞」することであろうと憂慮した。
(40) Harry B.Anstead,ProgressReport：Seoul National University ,4 Aug.,1947, RG332.ソウル大学に対する中央行政機構の支援はきわめて貧弱であった。46年4/4分期予算は年末を過ぎても執行されなかった。47年予算は4月まで確定もしなかった。壊れた学校の屋根を修繕するための「緊急施設復旧予算申請さえも棄却」され、梅雨どきに大きな被害をこうむった。電気および水道がろくに供給されず、工大の建物自体を使用することができず、結果的に文理大理学部実験室設置までも延期された。財政不足と責任所在の不透明等で草創期ソウル大学は国家水準の財政支援をほとんど受けることができなかった。
(41) 以下ピテンジャーの行動については張利郁、前掲書、p.236または『速記録』参照。
(42) 張利郁、前掲書。
(43) イギリスやフランスなどで形成された地位集団競争がどのように近代的国家教育体制形成の動因として作用したのかは Margaret Archer,Social Origins of Educational Systems,London：Sage , 1976 または金基奭 「中等教育膨張の歴史社会的条件と動因」、『教育社会学探求』「 、ソウル：教育科学社、1994参照。

# 旅の記録

# 開発・文化・学校
―2001年タンザニアの旅から―

## 柿沼秀雄*

### 1. はじめに

　2001年1月から5週間ほどタンザニアを旅した。①イギリス委任統治期1930年代前半の教育運動の中でチャガ人のイニシアティブによって造られたモシの学校を訪ねること、②また同時代のブコバ地区の教育運動に関する研究状況を調べること、③タンザニアの社会教育における民衆演劇の現在を知ることが主な目的であった。関連して、毎年のように学生たちとタイ東北地方へスタディ・ツアーに出かけては村人による自前の開発について考えてきた私的経緯から、タンザニア農村での住民自身による開発と文化の有り様を見ることも楽しみな関心事であった。各都市間の移動手段は飛行機を使った。ロンドン ― ダルエスサラーム ― ムワンザ ― ブコバ ― モシ ― ザンジバル ― ダルエスサラーム ― カンパラ（ナイロビ経由）― ロンドン、これが旅のルートである。小文では①②を中心に旅の記録をひろっていくことにしたいので、逆順になるが③についての簡単なまとめから始めることにする。

　第三世界諸地域で広範な展開を見せた民衆演劇は、タンザニアでは1980年代前半に精力的な取り組みがあった（これについては別の文章で紹介する予定でいる）。現在でもバガモヨのチュオ・チャ・サナー（3年制の芸術カレッジ）が地道な活動を続けているので、1月末ザンジバルから戻った後、車で訪ねていった。昨年は近くにあるMANTEPというカトリック教会の総合施設（教会、病院、神学校、成人教育施設、博物館などからなる地域文化センター）で、エイズ問題をテーマにした演劇ワークショップが行われた、とダルエスサラーム

---
＊　國學院大学

在住の根本さんから事前に聞いていた。そこで、識字と民衆演劇の手法をからめたコミュニティ開発に関する資料を求めて学長を訪ねたのであるが、今回は記録の担当者が不在のため、ワークショップなどの最近の文献を入手することはできなかった。ビデオ記録についてもたまたま国外に出ていて、見ることができなかった。それでも学長の話の端々から、演劇ワークショップを使った識字と地域開発への「芸術カレッジ」の関心の高さはうかがい知ることができた。ここでは芸術と教育が深くリンクしている。対照的なのは成人教育に携わる機関である。私が訪ねたInstitute of Adult Educationの大衆教育局の責任者や研究スタッフにとっては、識字教育とは教室での文字学習のことであるから、いきおい演劇をメディアとする識字への関心は低くならざるをえない、という次第であった。今もなお、フレイレのように世界を読み、世界に働きかけ、関係を変えていく方向線で識字教育を考えるとすれば、民衆演劇の手法にはもっと目が注がれてよいだろう。

## 2. ムワンザ、開発と文化の現在

〈ムワンザの文教地区ニエゲジ〉

ムワンザはビクトリア湖南岸に位置する都市で、港町として栄えた歴史を持っている。その市内から、大きな窪みがいくつもの巨大な水たまりとなっている悪路を大きく小さく揺られ続けてタクシーで40分ほど、文教地区であるニエゲジへ向かう。降ろしてもらったバス停のところからビクトリア湖の方角へ歩いて行く途中で、子ども連れのおばあさんと仲良くなる。通り雨が降ってきた頃、息子のルーカス・ピーターさんが家へ向かう脇道の入り口まで迎えに出ていた。家へ寄って休んでいくように誘われたので、雨が上がるまで建築中の彼の家を見せてもらった。小さな畑つきで、そこはまるで当然であるかのように、ささやかなアグロフォレストの初期相をつくっている。養魚池こそないが、Mahindi (メイズ)、Ukunde (菜隠元)、Ndizi (バナナ)、Kiazi (サツマイモ)、Nazi (ココナツ)、Muhogo (キャッサバ)、Embe (マンゴー)、Papai (パパイヤ) といった作物と果樹が混植されている。もっとも、規模は箱庭ほどに過ぎないから、自給を基本に暮らしを考えるとすれば、もっと大きな畑がほしい、というルーカスの願いは当然というべきだろう。コンクリート製の大きな自然浄化槽も初めて目にしたが、この地区における環境対策モデルとしての意味を

もつと理解してよいだろう。

　彼の案内でこの後 2 時間ほど岸辺の佇まいや主な施設を見て回った。巨石と奇岩がむき出しの丘陵と湖に挟まれた土地ではバナナやメーズを中心に農業が営まれていて、この地区が地味にもビクトリア湖の幸にも恵まれている印象を受ける。有数の文教地区であるから、ミッションスクールや農業大学、カトリック系のカレッジ、漁業大学などが湖に面した静かな林の中に集まっている。このような文教地区の形成のうえで、キリスト教会が果たしてきた社会文化的役割は大きい。ちなみにルーカス一家もクリスチャンであり、教会に出入りする人々の様子から、キリスト教徒の比重がかなり高いことがわかる。乗り合い自動車マタツの乗り場まで戻る道沿いには伝統的な呪術師の家もあって、かれらの健在ぶりを垣間見せてくれる。地域の宗教地図の実際はわからないが、スクマ民族土着の文化伝統もまだまだ日常生活空間に太く織り込まれ息づいているのは、東北タイの森の村々と違わない。遠くに見える丘陵の中腹では、この日、市がたっていた。

〈ブジョラ文化センターのブラック・キリスト〉

　キセサ地区にある「ブジョラ文化センター」は、1953 年からここで活動したカトリック白衣宣教会のカナダ人牧師、クレメントが開いた博物館である。ここの祭壇に掲げられたキリスト像は見事なブラック・キリストで、教会のデザインもまたカトリックとスクマの文化伝統がシンクレタイズ（というよりカトリックの土着化）していることを如実に物語っている点で興味深い。スクマのドラムと角笛を祭壇の飾りにしているのだが、ドラムは周知の通り言葉であるので、これによって聖書をもシンボライズしているとの説明はわかりやすい。ただし、聖書は文字言語に支えられた文化を、ドラムは話し言葉の文化を表示しており、コミュニケーションの象徴体系の質を異にしているのだから、両者を単純に重ね合わせてわかったつもりになるわけにはいかない。むしろシンクレティズムそのものの中に対立する文化の重層を読み解き、植民地主義とヨーロッパ近代を読み破る作業が求められると言うべきだろう。博物館だからスクマの伝統的な暮らしの道具が様々に陳列されており、ブラックスミスの小屋も再現されている。トドロフの『他者の記号学』ではないが、こうした文化世界における黒いキリストは、ヨーロッパ人によるキリスト教の神の概念をどこまで異化しえているのか、といった問題が開発と文化の研究課題としてせり上が

ってくる。

　帰りのバスを待っているとき偶然に同行者アキネ君の幼馴染みと遭遇した。彼は今このキセサ地区でアグロフォレスト・プロジェクトに従事している。彼によれば外国のNGOや援助団体は関わっていない。外国からの援助がある場合、ひとつのプロジェクトが終わると後は現地の人々に委ねられるのが通常で、資金の枯渇とともに活動が消えていくことが多い。しかし、そうはならず、彼のような若者が現地での活動の担い手としてしっかり根を張り始めているとすれば、これはとても重要な出来事である。ビクトリア湖周辺は東アフリカ全体から見ても最も農業生産力の高い地域のひとつであり、スクマランドに限れば植民地時代から綿花の栽培地であったことを考えれば、この地域におけるアグロフォレストの根づきは、農村開発に対する農民の考え方が商品作物栽培から自給作物栽培へと明らかにシフトし始めていることをものがたる。

## 3．ブコバ、教育先進地域の原像を求めて

　ブコバはハヤ民族の土地で、故ムワリム・ニエレレが生まれ育ったビクトリア湖東岸の町、ムソマのほぼ対岸に当たり、ウガンダやルワンダの国境が近い。赤道の少し南で、ナイロビとほぼ同じ緯度に位置する。ムワンザがタンザニア有数の都市であるのに対し、こちらは田舎の町といった佇まいで、2〜3時間歩けば市内の主なところは歩けてしまう。シーク寺院、モスク、建設中のなんともモダンなデザインのカトリック寺院、政府立ブコバ中等学校、ポスト・オフィス、警察、マーケット、クロックタワー、バスステーション、ブコバ大学、銀行、そしていくつもあるプロテスタント教会と政府の建物や病院等々。

　開発関係の役所に勤める人物に声をかけられ、この田舎町にあるコーヒー畑へ案内してもらうことになった。今日は日曜日なので、彼は誰もいない静かな職場で仕事を済ませ、これからモスクで夕方のお祈りをして帰るところだった。

　メインストリートから脇道へ入るとすぐに農家の畑になる。訪ねた農家もその中のひとつで、背後にはバナナ林が広がる地域のとば口にある。吃驚したことに、そこは確かにコーヒーも植わっていたが、全体が見事なアグロフォレストの畑だった。建築材になる樹木を含めた何十種類もの草木の中にロブスタ種のコーヒーが植えられ、様々な種類の木の苗が作られているのだ。後日、農業研究所の技師からバナナとコーヒーとの混植は奨めないという話しを聞いたの

だが、あえて先取りして言えば、バナナを中心に小規模な農業を営む農民のダイヴァーシティ志向と生産性重視の合理的近代農業の発想とでは、暮らしと文化への切り口や認識の上でかなりのギャップがあるではないか。キーワードはグローバリゼーションと対抗する「文化としての農業」と「サブシステンス」である。

〈マルク農業研究所〉
　農業研究所でコーヒーとバナナの専門技術者2人に案内してもらって、近くの畑を見せてもらう。乗合自動車マタツで通ってきた途中の村の畑では、コーヒーはバナナと一緒に植えられていて農民にとっては切っても切れない関係になっているように見える。イギリス支配の下で商品作物としてのコーヒー生産増強を求められはしたが、両者の混植はハヤ民族の農民にとってドイツ植民地時代からの歴史をもっている。ところが彼ら専門家は、コーヒーとバナナの混植は農民には奨めないと言う。バナナの根はせいぜい地表から30～40cmまでだが、コーヒーは地中深く根を張り、混植するとバナナの方が2～3年でだめになってしまうからだ。実際は混植されていることを彼らは認めるのだが、その場合でも農民達がバナナ林の周囲にコーヒーの木を配することはあっても、畑の中心に植えることはないという。前述の通り、街道沿いの村の畑は確かにそうなっている。詳しい説明はそれ以上なかったのであるが、文化・歴史的経験と併せて、品種、土壌や気候条件への配慮と知恵が背後にあるのかもしれない。
　研究所としてはコーヒーよりもバナナの方に重点を置いているとの話で、ここでは在来、外来あわせて132種を育てて研究している。この地方ではバナナを煮てつぶしたンディズィが昔から主食のひとつになっているので、料理用バナナの栽培比重は高く、それだけ研究の必要度も高いことは確かだろう。ブコバの朝の風景のひとつは、自転車タクシーが青々とした大きなバナナの房を荷台に乗せて行き交う姿である。それらのほとんどが料理用バナナである。
　ところで、タンザニア本土におけるコーヒーの歴史は100年以上になる。最初はドドマ、それからダルエスサラームへ持ち込まれたが、これらの地域では気候と土壌があわなくて栽培に成功せず、キリマンジャロやブコバに移植地が移っていった経緯がある。担い手はキリスト教伝道団体であったが、栽培種は気候と土壌などの条件によって異なっている。アラビカ種は、熱帯や亜熱帯で

も高温多湿を嫌い病気にも弱い上、有機質に富んだ肥沃な火成灰質の土壌、海抜高度1000メートル以上といった栽培条件を必要とするから、それに適したキリマンジャロ山麓の方で作られてきた。ブコバで昔から作ってきたのは、耐熱耐病にして低地でも栽培できるロブスタ種の方である。タンザニア・ブランド「アフリカフェ」の会社と工場がブコバ港の近くにあり、ここで製造されるインスタントコーヒーの原料になっている。

　ブコバやモシは、イギリスの委任統治が始まる時からすでに教育先進地域であった。これらの地域に住んだ人々の教育へのイニシアティブの歴史を見るとき、換金作物、植民地タンガニーカではとりわけコーヒー栽培導入が背景のひとつにあったので、その痕跡は是非見ておきたかったわけだが、商品作物から自給作物生産へと軸を移しつつある人々の日常の暮らしという点から見れば、コーヒーよりバナナの方が重要だという研究所の技術スタッフの言葉ももっともではある。

　マルク農業研究所を後にして村を少し歩き、売店の若い主人に近くを案内してもらいながら話しを聞いた。メインストリートの裏へ入ると、そこは茶畑だった。その側にはマルク中等学校もある。彼自身はモシの政府立中等学校へ通ったが、大学や専門学校へは進めなかったという。理科系の科目がだめだったとは彼の弁である。しかし都会への憧れは内面にくすぶっているようで、何の変化も刺激もない村の暮らしからなんとか抜け出して、都市のダイナミックな文化と時間の中に身を置きたいと思っている。


〈ブコバ大学——できて間もないコミュニティによる大学〉
　コミュニティによる大学として生まれて間もないブコバ大学は、地域が支える大学だけに資金がない。アメリカの大学との交流関係はあるというが、英語や開発研究関係のスタッフを送り込んでくる関係のようだ。農業を中心とした地域開発の学問を目指すコミュニティ・カレッジの印象を受ける。学長のI.カトケ教授は村や地域を捨てる学力しか育てない今の学校教育の在り方に批判的で、地域に役立ち、同時に国と国際社会にも目を向けた教育と学問の作風をここで作りたいと考えている。話しの途中で、部屋の前を通りかかる学生を呼び込んでは、日本人がハヤ民族の民衆演劇を含めた文化活動や伝統社会の教育などのテーマでチャレンジしているぞ、君たちもやってみないかね、とけしかけたりする。シューマッハーの100ポンド技術の話になったときには、待って

いたかのように伝統的な鍛冶屋の技術と文化の再評価が必要だと言う。アフリカ人自身によるハヤの教育習俗研究もそれほどきちんと行われていないようで、彼が同じようなものだと言って出してきたのは、1971年にマケレレ大学教育学部が出した Indigenous Education in Uganda (by Wandira, Asavia) と Early Missionary Education in Uganda (同) であった。大学の提携を土台にしたジョイント・スタディを持ちかけられたが、現状ではその公的可能性は限りなくゼロに近いと思われた。それは置くとしても、ブコバという地域を考えるときには、現在の国家という枠で政治的に捉えると同時に、文化圏としては歴史的にウガンダやルワンダなどとの関係の中で問題を捉え直さなければならないことをあらためて知らされた。旅のルートの終わりをナイロビからカンパラに急遽変更した理由である。

〈校庭の世界地図〉

ブコバ地区には21の小学校がある。市場にほど近いある小学校で、古電池と石を使って校庭に描かれた地図（カゲラ・リージョン、タンザニア、東アフリカ、アフリカ、世界）を見ながら先生の話を聞いた。この地図は3〜6学年の地理の教材として作ったものなのだが、教科書や教材・教具が不足しているためこうして自分たちで作るほかないのだという。ちなみに同じように校庭に書かれた地図はモシ市内の小学校でも目にしているので、全国でかなり普及している教材・教具だといっていいだろう。実のところ地図はかなり高い代物で、タンザニアのほとんどの小学校にあって、日本の教室では当たり前の、社会科の授業で使う大きな壁掛け地図にお目に掛かることはほとんどない。

## 4. モシ、1930年代に創られた小学校の現在

キリマンジャロ地域は昔も今も教育の先進地域として有名であり、日本の援助が持続的に行われてきたところでもある。教員養成カレッジが3校、そして私立を含めた中等学校が100校もある。それらの学校の多くが農村部に散在する。しかし農村部にあるから地域の学校だと単純に言うわけにはいかない。寄宿舎学校の場合はとりわけそうである。チャガの人々が学校づくりの運動の歴史を通して教育と学校に託してきた期待がどこにあり、これらの学校がそれにどう応えてきて、これからどこへ向かおうとするのかが問題だろう。

ところでバナナ畑であるが、ここではブコバのマルク農業研究所のスタッフが奨めないと言っていた形でコーヒーと混植されている。小農経営が基本で、多くの場合畑の縁ではなく内側に両者が一緒に植えられているのだ。ロブスタとアラビカの品種特性の違いもあるし、土地の肥沃度や土壌浸食の度合いの問題もあるだろう。ブコバの方は養分が流出しやすい痩せた土地で、土を作りながらバナナを栽培してきた歴史があることをマルク農業研究所の紀要が記している。他方先に述べたように、キリマンジャロ山麓は水はけがよく地味豊かな火成岩の土壌で、海抜1400mから1800mの農耕地にアラビカ種がバナナと長年混植されてきた。自然環境とチャガ人の生活文化史をふまえて、ここではそれが理にかなった栽培法だということになろう。伊藤博『コーヒー博物誌』によれば「低緯度地域では、強い日射、炎熱を避けるために山の傾斜地を利用し、一定間隔でシェード・ツリーを植えて適度の日陰をつくる」とある。バナナは最適のシェード・ツリーというわけである。

〈マラング、コマリャンゴーエ小学校〉

キリマンジャロはキボとマウェンズイの二つの火口からなる火山だ。コマリャンゴーエ小学校はキボのマラング登山口と麓の町の間にある。ひとまず登山口までピックアップ・トラックで登り、そこから山と谷を縫い、一峰越えた村の中である。

約40分くらいだろうか、かなりの早足で山道や畑道を歩き、人家の脇や時には畑の中を突っ切り、谷川もふたつ渡って辿り着いたところが教会である。これはルーテル派の教会で、その隣の敷地が小学校になっている。独立後、学校は公立になるが、敷地の位置関係は、この学校が創設された歴史的経緯をそのままものがたっていて興味深かった。カテキズムの教育に傾くカトリックのミッションスクールを嫌い、世俗教育を求めてこの地域の人々が自分たちの学校づくりの運動を展開するのが1930年代前半のことである。カトリック教会の妨害をはね除け、ルーテル派教会の力を借り、新設登録してできたのがコマリャンゴーエ小学校なのである。そうした住民との確執の歴史もあるカトリック教会は、ここからはかなり離れたところに今もある。要求の実現にあたりミッション同士の競争を巧みに利用したのは、なるほど進取の気性に富むチャガ人の知恵であるが、それにしても山間で、しかも商品経済の進展と開発による土地圧力もますます強まる中、ある広さの平地を学校用地として提供するのは、

簡単なことではなかった。そこに「田圃をつぶして学校を建てた」近代日本民衆の教育（意識）の歴史を重ねて見ることは可能だろう。

　学校には、2年前に改訂された新シラバスに基づく教科書がちょうど届いたところで、それが職員室の先生方と校長室の机の上に積まれている。目にしたのは4〜5教科分の教科書で、それぞれ15〜6冊である。教育省からの割り当ては3人に1冊ほど。英語の第5学年用の教科書を見ていた先生の話を聞く。旧シラバスのテキストと較べて、センテンス中心ではなくてひとつひとつがストーリーになっているのが特徴だという。たまたま開いたところは失敗をしでかした少年の話で、内容的には生徒の生活感覚に近いところで文章を構成しようとした意図がうかがえ、質的な改善が図られたと受け止められているようだ。今まで3年から7年までだった英語の授業が新シラバスでは1年生からになっている。もちろん英語の授業は英語で行い、その他はスワヒリ語である。1970年代、初等教育の100％普及を急ぐあまり成人識字教育をモデルにして、安上がりに教員を作って配置する失敗を犯した歴史の反作用か、今は学力優先の学校運営が支配している。教員室では新教科書を前にして、どう教えて進学率を伸ばすかの真剣な話し合いがしばらく続くことだろう。ちなみにこれらの教科書は教室で使った後は即回収される。もともと足りない教科書を生徒に貸し出すことなど論外だから、小学校であっても先生が教えることを生徒が聞いてノートする授業の形になるのは想像に難くない。そのスタイルは大学教育まで一貫している。

　進学の問題ではここ数年急カーブで数が上昇しているせいか、校長も教員達も表情は晴れやかだ。校長室に張ってある中等学校合格者数は、昨年度19人、今年度22人である。各学年45〜48人という規模の学校でこの合格者数は例外的に多い。この地域をよく知るモシ市で働く父親によると、今年の中等学校進学者は私立も含めて28人だという。これが60年以上前に村の長老や親たちが作った学校の現在の一面である。その教育的イニシアティブの伝統は一見脈々と流れ続けているようにみえる。ただし、それが今日の学歴社会の競争原理に変質している状況は、質の高い世俗教育に託した人々のかつての願いを真に実現したものであるかどうか、丁寧な検討を要する問題だろう。

〈マチャメのコンボ小学校〉
　コンボ小学校ではマイク・ムニシ校長の話を聞き、学校の基礎的なデータを

もらった。この学校が地域住民の運動によって造られたキリマンジャロ地域最初の学校であり、学校登録の法的必要のためにルーテル派伝道団の力添えを得る、という方式はここから始まる。コマリャンゴーエ小学校の先輩格に当たるわけだが、公立校としての現在の状況は対照的である。1990年代前半、細かく言うと1994年までは中等学校合格者が毎年いたが、それ以後はひとりも出ていない。生徒総数は305人（1年63、2年50、3年25、4年48、5年45、6年45、7年29）、教員数11人というのが現況である。年間の授業料は、1年—2000タンザニア・シリングTsh.、2年—4750Tsh.、3年—7500Tsh.、4年—9500Tsh.、5年—7500Tsh.、6年—7500Tsh.、7年—10500Tsh.。最終学年は試験があるために高い。学校教育にかかる費用はもちろん授業料だけでは済まないが、義務教育が無償でないことの問題はきわめて大きいと言わなければならない。有料の教科書は3人に1冊の割合と決まっている。生徒用机が5人にひとつという現状。校長室のボードに記された表から一部抜き書きしてみる。

|  | 必要数 | 充足数 | 不足数 |
| --- | --- | --- | --- |
| 机（椅子とセット） | 129 | 58 | 71 |
| 椅子 | 17 | 3 | 14 |

ちなみにこの椅子は生徒用のものではなく教員用である。3脚のうちのふたつは校長室にあるもので、そのひとつに私が座り、もうひとつは壊れていた。残りのひとつは校長が座っていたはずである。5人でひとつの机という現状は、子どもたちは机に鈴なりになりながら勉強している姿をものがたる。コンセントレーションなどできるはずがない。教師も立ちっぱなしだ。あらゆる備品が欠乏している。こうしたないないづくしの中で、せめて有能な教員を配置してくれるよう行政に働きかけており、2年くらいのうちに目途がたつだろうと校長は期待している。中等学校合格者数が学校の質を示す端的な表示だという教育通念からすれば、教育の成果は挙げて「優れた」教師の力量と熱意に頼るほかないというわけである。

校長室には 'Education is a key of life.' というモットーが掲げてある。これはマチャメの長老達が1930年代初めに取り組んだ世俗教育要求の運動に通底する思想であり認識でもあった。そして、必要ならば自分たちで学校を造るスタイルは今日までチャガの人々の中に脈々と引き継がれてきた。1960年代から70年代前半にかけて、小学校の増設抑制策を無視して「藪学校」とも称される私立学校を多数生み出してきたし、80年代には私立中等学校をいくつも

造ってきた。それがチャガ人の学校と近代化への伝統的な意識ではないか、という思いがあるためだろう——親と教師の協力連携なしに教育の「質」を高めることはできないのだが、ここの親たちは学校に協力しようとせず酒浸りだ、と校長は批判する。だが、その背景にはどうしようもない貧しさがあることも承知している。5人の子どもをもつ世帯の経済基盤が、この辺りでは1/2エーカーの土地だけという事実を校長は挙げる。安定した暮らしを支えるには3エーカーは必要だとされるから、各家庭の窮乏の度合いは深い。それでも、教育の「質」を上げるためにはワークブックを使い、補習をする必要がある。今や補習授業なしに中等学校に合格することはありえないのだ。

　土地・施設・備品は住民が準備して造ったはずの学校が60年以上を経て、貧しい家庭の子どもたちを収容する場になってしまっている。校長の充血したような目と苛立ちを隠せない言葉からそんな嘆きが伝わってくる。近くにはミッション系私立の学校があり、そちらには充実した教育条件がある。明らかに階層分化が進み、かつて学校造りを主導した人々の係累は私学の方へ流れていったと解するほかないだろう。コマリャンゴーエの学校では机や椅子などという話しはまったく出てきていない。その意味ではこの両者の隔たりは対照的である。1973年に廃止された小学校の授業料が復活した1984年のことであるが、構造調整下の民営化を柱にした社会経済政策がその隔たりに大きな影を落としている。

　走っている最中に今にもドアが外れ落ちそうなマタツでモシ市内へ戻る途中、キボショー・ロード沿いの小さな林を拓きながら畑を作っている姿がしばしば見受けられる。コンボ小学校周辺もまた森を開いて村を造ってきた歴史をもつのだろうが、すでに人口密度は相当高くなっていると思われ、アップダウンの多い山間に住居が散在するコマリャンゴーエとは村の佇まいがかなり違う。コンボ小学校の校長先生の言うことが正しいとすれば、コマリャンゴーエの住民の方が豊かな経済基盤があり、それが公立学校間にも大きな格差と不平等を生んでいることになる。ここからは教育への住民のイニシアティブの歴史的内実を、差異化と不平等の造出という相に照らして再審する課題が浮かびあがってこよう。

(付記：小文は、2000年4月から2001年3月まで、國學院大學が与えてくれたロンドンをベースとする海外研修の報告の一部である。)

# 「南洋皇民」の公学校教育、
# そして今

## 宮脇弘幸*

　第一次世界大戦から太平洋戦争の敗戦まで30年間日本の統治下にあった「南洋群島」は、赤道から北緯20度、東経130度～172度に位置し、東京から東端のマジュロまで約4,000キロ、海を含めた面積はアメリカ大陸あるいはオーストラリア大陸とほぼ同じ、島の合計面積は東京都か沖縄県くらいである。
　筆者はこの「南洋群島」（現在はミクロネシア連邦、マーシャル群島共和国、ベラウ共和国、北マリアナ連邦に分離）を3回訪ねた。最初は91年9月にグアム、パラオ、ヤップ、ロタを、第2回は92年9月にマジュロ、ポナペ、トラック(モエン：旧春島)を、第3回は92年12月にサイパン、テニアン、ポナペ、トラック(デユブロン：旧夏島、モエン)、サタワンを訪れた。訪問目的は、日本統治下の教育内容（皇民化教育・日本語教育）とその影響、日本語の残存状況などの聞き取り調査、及び当時の教育関係資料の収集であった。文献収集はほとんど成果が得られなかった。しかし、3回の調査を通じて85名（男性65名、女性20名）のインフォーマントに会い聞き取ることができた。みな各支庁管内の公学校（3年制）、公学校補習科（2年制）、あるいは木工徒弟養成所（2年制）などで「国語」教育、皇民化教育、簡易教育を受けた人たちである。これらの調査結果の一部は成城学園『教育研究所研究年報』第17集(1994)と宮城学院女子大学『人文社会科学論叢』第4号（1995）に発表した。
　筆者は、シンガポール、マレーシア、ミャンマー（旧ビルマ）、中国、韓国でも同様な聞き取り調査を行ったが、聞き取り調査は「南洋群島」が一番やりやすかった。それは、島のどこを歩いても日本時代に教育を受けた年配者が椰子の木陰で休んでいたり、村の集会所に集まっていたからである。また、ホテ

\*　宮城学院女子大学

ルの食堂や路上でも日本語で声をかけると気軽に応じてもらえ調査が可能であった。日本人に対する島民の反発心がほとんど感じられなく、聞き取り調査は比較的容易であった。調査したときのメモによってその印象深かった人を紹介してみたい。

### ① John Tamag Yoron 　（男性：1926.1.1 ヤップ島生まれ）

　タマグさんは、ヤップ島の文化センターの管理職を退職後、遠く人里離れた海岸近くの椰子林の中で1人住まい。ヤップのホテルで名前と住所を教えてもらい、地図で道案内をされていたものの、いざその方角をめざして歩き始めると道路名も集落もない。1時間近くも熱帯林の中をさまよった。ようやく海岸近くにたどり着き人家らしいものをみつけ、近くにふんどしひとつまとい全身赤銅色の古老を見つけた。近寄って名前を確認したあと、突然の訪問の意図を伝えると、快く聞き取りに応じてもらえた。

　タマグさんの両親はヤップ生まれ、ご本人もヤップ生まれでヤップ育ち、したがってヤップ語を第一言語とし、日本語は7歳の時に入学したマキ公学校本科（ヤップ島）で習った3年間だけである。聞き取りは日本語で行ったが、戦後50年間近く使うことがなかったためか、こちらの質問が理解できていないのか最初はきわめて反応が鈍かった。しかし、公学校時代について、「校長先生の名前を覚えていますか」「日本人の先生を覚えていますか」の問いに、「校長先生は大橋先生」「1年は深谷先生」「2年は西村先生」「3年は大橋校長先生」「助教員はヤップ人のテイド先生」「校医は吉田先生」と、自ら日本時代にタイムスリップさせ、以下のように次々と思い出して下さった。

　マキ公学校は各学年1クラス制で児童数はそれぞれ60名くらい、教職員は上記の5名、始業は、通学に2時間くらいかかる児童がいたため9時、終業は3時であった。各自弁当持参。始業前に「日の丸」を上げて「君が代」を斉唱し、国語（日本語）、算術、唱歌、図工、歴史、地理、体操のほかに畑仕事もあった。1年のときは学校で島のことばを使ってもよかったが、2年からは「島語使用禁止」となった。1年ではカタカナ、2年で平かなが読めるようになり、3年で漢字を少し習った。ヤップ人も「天皇の子供」と教えられ、また「我々は立派な日本人になります」と言わされた。天照大御神のこと、老人・先生を大事にすることも教えられた。級長は先生が決め、週番は離島出身者（離島出身者は入学年齢が高かった）がやった。

7月1日の「海軍記念日」に運動会があり、リレー、綱引き、相撲、うさぎ跳び、パン食い競争などがあった。公学校を卒業した後は村に帰って農業・漁業をした。「隣組」（互助組織）があって共同作業をした。「大東亜戦争」の時には日本の兵隊が村に入って来た。日本軍を助けて農作業（タピオカ・サツマイモ栽培）、防空壕掘り、道路建設などの仕事をした。

　タマグさんの聞き取りで印象深いことは、日本語との接触は公学校本科の3年間のみ、公学校修了後は村に帰っているので5年間くらいは日本語を使う機会はなかった。太平洋戦争が始まって上陸した日本軍への戦争協力により日本語を3年間ほど使う機会はあったが戦後50年間はほとんど使用していない。従って、日本語はほとんど失われていた。それは最初対面したときにこちらの日本語に対して反応が非常に鈍かったことに現れている。にもかかわらず公学校時代の話題に移ると、徐々に失われた日本語（聞いて理解する能力・話す能力）が蘇生し、日本語でかなり詳細に表現できた。それだけ公学校教育の内容が徹底しており、インフォーマントに強烈なインパクトを与えていたと思われる。

② **Ignacio Susaina (男性：1925.7.30　モートロック島生まれ)**

　92年9月のある日の昼下がり、ポナペ島の村を歩いていると、小高い丘の上の集会所らしき建物（柱と屋根・床だけで壁はない）で昼休みをしていると思われる1人の年配者を見つけた。近寄って日本語で「こんにちは」と話し掛けてみた。年配者は一瞬驚いた様子であったが、すぐ「日本人ですか」と返事が返った。日本統治時代の話を聞かせてくださいと頼んだら、快く話し相手になってもらえた。

　スサイナさんは9歳の時ポナペの公学校本科(3年)と補習科（2年）を終え、5年間日本語を学習したという。日本語はきわめて流暢であった。1年の時の校長先生はカワベ（川辺？）先生、補習科の時はマーシャルから移ってきた女性の矢村校長先生であった。1年の時はカタカナ、2年はカタカナとひらかな、3年生から漢字、補習科も同様であった。授業の前に校庭に並んで「君が代」斉唱、「国旗掲揚」があり、「使ったらものをもとの所へ返すこと」「目上の人をたっとび命令を守ること」「人の物を盗らないこと」など6つくらいの「学校のきまり」の朗読、ラジオ体操があった。公学校本科の生徒数は1学年約30名、そのうち補習科に行ったのは10数名。本科1年の時は「話し方」、「綴り方」の時間があった。「手工」の時間にはカゴを作ったり、椰子の殻で灰皿作

りをした。勉強は8時から3時半。午後の1時間は草取り、掃除などの作業があった。

家庭ではポナペ語を使用し、学校でも1年の時はポナペ語を話しても特に注意を受けなかったが、2年生からポナペ語を使ったらベランダに立たされたり、砥石を持って立ち番、あるいは便所掃除などの罰があった。スサイナさんは国語の「書き方」の時間に「じてんしゃ（自転車）」と書くべきところを「じでんしゃ」と書いたために、担任の先生は「なに？じでんしゃか」と言って、本を取り上げ教室の窓の外に捨てた。それとスサイナさんは「立番」の罰則を受けた。ご本人は「ああいう厳しいためで覚えたんです。頑張って頑張ってなにからなにまで覚えた」という。14歳で補習科を修了した後は南洋貿易の事務所で月給24円のボーイとして雇われ、自転車で手紙配達などをした。公学校修了生徒が南洋貿易で働けるのは最高の就職であった。そのあと南洋庁の財務課、倉庫係のボーイとして働き、戦争が始まると、日本軍の魚探指令部で毎日毎日魚と塩を運ぶ仕事をした。米軍の爆撃が始まると全部の家庭が防空壕を一つずつ掘った。日本兵から、君が代、軍艦マーチ、天長節の歌から替え歌、浪花節なども教えてもらった。

スサイナさんは当時習った教科書の一部「日本海の大海戦」をまだ覚えているという（「第九」課という課数も覚えていた：筆者は帰国後それが正確であることを確認）。それは、補習科教科書『国語読本』巻三（昭和12年南洋庁発行）に「今から三十年あまり前、ロシアが東洋の平和をみだしたので、日本は、ロシアと大戦争を始めました。……」で始まる6頁にわたる日露戦争・日本海海戦の話である。半世紀経ってもこの教材をすらすらと最後まで暗誦されたのにまったくもって驚かされた（帰国後、集録テープを再生し、教材と照合してみたらほぼ一致していた）。さらに「掛け算九九」の記憶も健在であった（筆者との「3・9」「8・7」などの掛け算問答は完璧であった）。戦後、米軍関係の機関、ミクロネシア連邦政府の倉庫係、その後は民間会社勤め、さらにアメリカ系の商店で働いた。そのアメリカ系の商店で働いている時、「掛け算九九」を使っていたら、小型電子計算機を使っていたアメリカ人はみな驚いたという。

戦後日本語を使う機会が出てきたのは、1960年代後半になって、日本の商社が進出しだし、その社員たちと接触しだしてからであった。スサイナさんの聞き取りで特筆すべきことは、日本語学習が5年間であったこと、公学校修了後も日本人・日本兵との接触が多かったこと、戦後20年間の空白の後日本人と

の接触があったことなどが作用して、今なお日本語でコミュニケーションできるほどの日本語能力が保持されていたことであった。

③　Selebestere Evansherista（男性：1911.9.6 ヤップ島生まれ）
　サイパンで聞き取り調査していた時、日帰りでテニアン島に飛んだ。広島・長崎に原子爆弾を落とした爆撃機が飛び立った島を一度訪れてみたいということで、特別誰に会うという当てがあったわけではないが、島を歩いているとき偶然に会ったのがセレベステレさんであった。
　スペイン統治時代のフィリピンで生れた父とグアム生まれのお母さんを両親にもつセレベステレさんはヤップで生れた。お父さんはスペイン語が話せ、お母さんはチャモロ語が話せ、家庭ではチャモロ語を話していた。セレベステレさんは8歳のときにヤップの公学校に入り、5年間（本科3年と補習科2年）日本語を学んだ。5年終ってパラオ・アンガウルの日本人経営の採鉱所で10年間働いた。平仮名、カタカナは読め（漢字は少々）、日本語で十分対話ができた。公学校時代の先生は久保田校長先生、金井先生、山崎先生、小林先生であったという。
　「日本の歌をなにか覚えていますか」と尋ねたら、「轟く筒音、飛び来る弾丸、荒波洗うデッキの上に、闇を貫く中佐の叫び、杉野はいずこ、杉野は居ずや」と突然軍歌「広瀬中佐」の歌を歌いだした。掛け算九九もすらすらと言えた。日本時代の残滓は意識にまで及んでいた。セレベステレさんは、戦後、英語を話す「ずうずうしい」チャモロにだまされてテニアンに連れて来られ、それ以後まだ1回もヤップに帰っていないという。だまされた怨念、望郷の念とともに、戦後のアメリカ式教育を受けた考え方・価値観の異なる世代とのギャップ、さらに日本・日本時代への回帰願望を、涙声になり、声を震わせて次のように訴えた。

　　日本（時代）はアメリカ（時代）と違います。ずうずうしいことが、今たくさんあります。僕等の（日本人の）先生は、一つもうそ（を言ったり）、悪い話をしなかったんです。真面目なこと（を話して下さいました）。僕は日本が欲しいんです。先生がおっしゃったこと、ひとつも間違いない。だから今まで日本（が教えたこと）頭にあります。しかし僕は、まだ若ければ日本へ帰りたい、日本へ。（先生が）仰しゃったことは、今でも心にある。頭に

もある。だが時代が変わってからこんなんになったんです。日本（時代）はそうではなかったんです。人に迷惑かからないように、本当教えました。今の、アメリカ（式）の学校を卒業したものはみんな生意気で、ずうずうしい、話も合わない。考えも合わないんです。今のこの若い連中ね、小生意気です。だから、もとの本籍へ戻りたいんです。日本を忘れない。僕は完全にまだ学問になっていませんです。たった5年です。しかし、日本のように12年間勉強すれば、どんな立派な日本語を使えるかも分かりませんです。たった5年です。もっと勉強したかったです。

セレベステレさんにとっては、公学校教育が人生観・世界観、そして人生すべてを決定づけた。日本が去った後も、公学校で学んだ日本の価値観・皇民意識にこだわり続け、そのため戦後はアメリカ式の価値観・制度から疎外された。セレベステレさんは南洋の小さな島に見捨てられた「南洋皇民」である。日本の統治目的が何であったのか、その歴史的意味を戦後教えられることも学ぶこともないまま、ひたすら「日本」を信じ、懐かしみ、生き抜いてきた人はこの「南洋群島」には多い。

「南洋群島」は、戦後、アメリカの統治によってアメリカの制度、文化、価値観が支配し、教育はアメリカ式となった。したがって、他の旧日本植民地・占領地のように自らが主人となって主体的に自らの国家・社会を築き、奪われた歴史・文化を取り戻したり、日本統治の残滓を自らの手で払拭していない。戦後の教育もそのように機能しなかった。そのため、特に日本統治経験者には、言語、社会慣習、意識などに日本統治の残滓が残っており、皮肉なことにそれらが日本統治史/植民地教育史研究のフィールドワークに貴重な資料源となっている。

# 植民地教育に対する
# パラオ人の見解
―― フィールドノートより ――

## 岡山陽子*

　パラオ、正式名称パラオ共和国は北緯3度から8度、東経132度から135度に浮かぶ島々からなる国である。(p.7, History of Palau) 日本との時差はない。筆者は、あるテレビ番組でパラオ女性が「戦争中日本の兵隊さんはかわいそうだったねえ」というのを聞いて耳を疑った。占領された人々が占領国に対して、同情を抱くなどということがあり得るのだろうか。もし本当だとしたら、それはなぜか。筆者は、その理由を知りたく、昨年3月より、数回にわたりパラオ訪問をして現地の人へのインタビューを重ねてきた。まだ、結論には至っていない。今回は、今までのインタビュー記録も用いながら、筆者がパラオへの旅で考えたことをまとめてみたい。なお、文中の氏名はすべて仮名である。

　グアムから2時間足らずで、パラオの首都、コロール郊外にある空港に到着する。目下、新空港ビルを建設中だが、今のところ管制塔はない。窓の外で係員が飛行機を誘導している。やがて、タラップが接続され、両手に荷物を抱えて木製の踏み板をがたがたと降りる。潮の香りがほのかにする湿気を含んだ生暖かい風に包まれる。満天の星が輝いている。空港の建物の方へ歩いていく。ア・バイ（筆者注：パラオの伝統的建物で男性の集会などに使われていた。パラオ独特の絵文字が入り口などに描かれている）を模した入り口から、オレンジ色の光が鈍く輝く室内に入る。電気が暗い。冷房はかなり利いていて、室内は寒い。空港職員が無愛想にパスポートを受け取り、パソコンに何か打ち込む。パスポートを返しながら、「ネクスト」と叫ぶ。こちらは、荷物の受け取りに向かう。インタビュー用のMD、テープ類や、インタビューに応じてくださる

---

＊　専修大学、東海大学、明星大学、テンプル大学博士課程

方々の好物の沢庵、ラッキョウ、羊羹、ごませんべいなどを詰めたスーツケースが2個とパソコンを入れたバッグなど、山のような荷物なので、まずカートを確保する。できるだけマシなカートを探す。錆は仕方ないにしても、荷物を置く台が壊れていては運べない。飛行機から降りた日本人は、筆者以外、ほとんどがダイバーのようだ。筆者のスーツケースは軽い方だ、とピックアップスタッフに言われる。小型バスに乗り、ホテルに向かう。

　これが、いつも、パラオに到着するときの様子だ。今までに5回訪問したが、ほとんど変わらなかった。パラオには、雨期と乾期はあるが、四季はない。パラオ大使館のホームページの年間平均気温によれば、27度前後プラスマイナス0.5度の範囲での変化であり、1年を通して気温が一定している。また、同ホームページによれば、「カロリン諸島の西端に位置し、南北およそ640kmに渡り200以上の島々から成るが、人が住んでいるのはそのうちの9島だけ。あとは全て無人島でパラオの代名詞『ロックアイランド』と呼ばれる景勝地となっている。またこれらの島々はパラオの最北端にあるカヤンゲル島と南西諸島を除き、火山島と珊瑚礁から形成されている」と述べられている。全体の面積は、489平方キロメートルで、屋久島とほぼ同じだと、日本の外務省のホームページには書かれている。人口は、2000年度の国勢調査によれば、19,129人となっている。(p.7, Republic of Palau, 2000 Statistical Yearbook)

　パラオは、1914年から、日本の第二次世界大戦の敗北で国連の信託統治領となるまで、日本に占領されていた。それまでは、ドイツに、そして、その前には、スペインに占領されていた。1997年にパラオで初めて刊行された高校生用のパラオ史の教科書を開くと、1994年10月1日午後1時をもって、パラオが国連信託領ではなくなり、150年に亘る外国支配を経て、独立国家となったことが書かれている。(p.356)

　パラオが日本に占領されていた時には、当然のごとく日本語で教育が行われていた。『南洋群島教育史』の序に「我が南洋群島に於ける教育は、赤道の下、皇國海の生命線を守るべき第二の國民を育成し、又、新附島民を撫育教導して眞箇の皇民と化する點に於て特異且重大なる意義を藏し、其の成果は、皇國群島統治の成果と共に永く光を傳ふべきものである」とあり、当時、「島民（筆者注：この言葉は、当時、そう呼ばれて差別を感じた言葉として語ってくれたパラオ人が多く、差別語と思われるが、当時の状況を述べる際には、その様子を伝えるためにも必要な言葉として考えられるのでそのまま使用してい

る)」が、日本人のために南方で礎となるべく教育を施されていたことがはっきりと浮かび上がってくる。そして、「元來安逸で遊惰な島民を、教育の力で眞面目で働ける人間に改造して居る」(p.113) とのことだ。当時の日本人は、「島民に教育を施している」つもりで、このような文章を書いていたのだろうが、この「安逸」や「遊惰」という言葉は、まさに、日本人の側から見た価値観であり、南洋群島の人々の価値観ではどうだったのだろうか。

　パラオを最初に訪問した際、日本の占領時代に幼児期をパラオで過ごした方をインタビューし、当時の写真を見せていただいた。コシミノのみつけた上半身裸の女性が写っており、ショックだった。まさに、幼い頃に、漫画、絵本などで見ていた、「南洋の土人」というイメージそのままだったからである。自分の中にある偏見を突きつけられた気がした。現在でも、ベイビイ・シャワーという最初の子供が生まれた際の行事では、女性は、コシミノだけつけて、独特のポーズを取って祝う習慣が残っている。ただ、最近の女性は、胸を隠したがるので、バンダナスの葉で編んだ乳バンド（筆者注：パラオ語で、ブラジャーのこと）をつけるのだ、と、シニア・シチズン・センターで、バンダナスで籠などを編んでいたナニさんが教えてくださった。「そうだろうなあ」と筆者は思ったが、ナニさんは、胸を隠すなどとんでもない、という風だった。戦前、パラオに派遣された教員たちが、「未開の島民」を善意で「指導」し「皇民化」して、日本人の「教育水準」に近づけようとしたのは、当時の日本人にとって、当然のことだったのかもしれない。しかし、それは、現時点から見れば、明らかに、パラオ人に対して配慮が足りなかった。パラオ人から見て、どうするべきだったのか、という視点が欠けていたと思う。

　第3回目のパラオ訪問時にインタビューに応じてくださったムレイさんは88歳だった。日本語を聞くのは分かるが話すことは忘れた、ということで、ノラさんがパラオ語と英語の通訳をしてくださった。ノラさんは、戦後、英語で教育を受けた世代である。インタビュー前に筆者が、「昔の辛いことをお聞きするのは申し訳ないのですが、過去の事実として書いて、将来の世代に伝えたい」と申し上げたら、ムレイさんの両目から涙がぽたぽたと流れ落ちた。しかし、ムレイさんのお話を伺って分かったのは、今までの研究論文と同様（福田、宮脇、Shusterなど）、日本時代はとても良い時代だと思われていることだ。ただし、手放しでほめているわけではなく、様々な罰が、有無を言わさずに日本人によってパラオ人に課されてひどかったということは、おっしゃっていた。例

えば、「生徒が遅れてくると、罰として、外に立たせて1時間も太陽を直接見させた」そうだ。また、ムレイさんは、遠くから通ってきている生徒に対しても全く配慮が無かったとも言われた。「起床時間は、変わらないのだから、通学時間がかかれば遅刻しても仕方がない」という考え方を話してくれたムレイさん。そして、その考えはノラさんにもあるようで興味深い。筆者は、学校の時間が決まっていれば、学校に間に合うように早く家を出るべきだと考えていたが、2人の話を聞いて、「時」について考えさせられた。当時、パラオ人は、どういう「時の概念」を持っていたのだろうか。

また、1年生で、まだ日本語が良く話せなかったときに、教室でパラオ語を話すと、手の指の間を縫うように鉛筆をはさんで先生が上からぎゅーっと握ったことがあったという。時には、生徒の手が腫れあがり、帰宅後、親がさすったりしたそうだ。そんなときの親の気持ちはどうだったのだろうか。自分たちの母語のパラオ語を話して罰を受ける。こんな悲しいことがあるだろうか。しかも、この教師はパラオ人だった。1年生はまだ日本語が分からない、ということで、パラオ人の先生だったそうだ。「このパラオ人の先生は、日本人に教わっていた先生で、厳しくしなくてはいけなかった」とのことだ。そして、「罰は、2年生、3年生になるに従って厳しくなった。でも、生徒の方もだんだん、どのような態度を取れば良いか分かってきたので、それほど、罰を受けなくなった」そうである。パラオの子供たちも、なかなか要領が良かった（？）ようだ。太陽を見る罰も、生徒たちがだんだん要領を得てきて、目を閉じて太陽を見ていたそうだ。

ムレイさんのインタビューをはじめ、パラオの方たちとのインタビュー全体を振り返ってみると、パラオ人の誇りを強く感じた。最初、筆者は、日本が占領して日本語による教育を実践し、パラオの言語・文化を奪い大変申し訳ない、という気持ちと、占領された「可哀想な人々」というイメージがあった。しかし、「可哀想な」というのは、パラオ人に対して、大変失礼な表現だと、今では思っている。日本が日本の国策のためにパラオ人を教育しようとしたのは、言語道断で反省するべき点であるが、パラオ人は、当時の日本人が考えていたよりもずっと逞しく賢い人々だったのではないだろうか。

ムレイさんによると、「日本時代、パラオ人は何でも早く吸収することが分かっていたので、日本人は、パラオ人を抑えておく必要があった。で、お酒を飲むと、日本人を打ちのめしたかもしれない。だから、飲ませなかった。パラ

オ人は何でも日本人より早くできたので、日本人はパラオ人のことを、猿のようだと言っていた」そうだ。パラオ人は走るのも泳ぐのも日本人より速かったとのことだ。また、別のパラオ人とのインタビューで、日本人がパラオ人に3年しか教育を施さなかったのは、パラオ人が賢くて利口になると日本人が困るからだとパラオ人同士で話していた、とも聞いた。パラオ人を日本人の使用人にしておくために高等教育を授けなかった、と理解されているという。そして、戦後、アメリカが来てからは、望めば充分な教育を受けることができた。しかも、自立するための教育だったので、看護婦や医者にもなることができたそうだ。しかし、ムレイさんは、アメリカの教育より日本の教育の方が良い、とおっしゃる。「子供たちは、アメリカの教育を受けたので態度が悪い。目上の人に口答えをしたりする」からだ。

　また、男子生徒へのひどい罰の一つとして、排泄物を畑にまく、というものがあったそうだ。パラオではそのような習慣はなく、排泄物を触るのはとんでもないことだったし、臭いが手や服についたりしたので、生徒が最も嫌った、また、侮辱を感じた罰のひとつだそうだ。で、筆者が日本では、当時、排泄物を肥料に使っていた、と話したところ、ぽつんと、日本語で、「やっぱり日本の人は、いいことを教えてくれる」と言われた。

　今年もまた、パラオに出かけて、インタビューを重ねる予定である。いろいろな話を伺うほどに、自分の中にある偏見が見えてくるし、自分自身の生き方を問われるようにも思える。そして、日本の教育を受けた方々が、日本時代を肯定されるのは、もしかしたら、自分たちの努力を認め、自分の人生の肯定につながるという点もあるからなのだろうか。

　それにしても、当時の日本人は、パラオの人々にとって、どのような「存在」だったのだろう。そのようなことをも考えながら、インタビューに臨んでいきたいと思う。


[参考文献]
旧植民地教育史資料集1、「南洋群島教育會、『南洋群島教育史』昭和13年10月発行、東京：廣業館」、1982年、東京：青史社。

多仁安代、「大東亜共栄圏と日本語」、2000年、東京：勁草書房。

福田須美子、「旧南洋群島における皇民化教育の実態調査（1）――サイパン・パラオにおける聞き取り調査」、成城学園教育研究所研究年報、第17集、1994年、東京：成城学園教育研究所。

宮脇弘幸、「旧南洋群島における皇民化教育の実態調査（2）――マジュロ・ポナペ・トラックにおける聞き取り調査」、成城学園教育研究所研究年報、第17集、1994年、東京：成城学園教育研究所。

Division of Planning and Statistics. (2000). Republic of Palau, 2000 Statistical yearbook, Koror, Republic of Palau: Ministry of Administration.

Rechebei, E.D., & McPhetres, S.F. (1997). History of Palau, Heritage of an emerging nation (M.N. Emesiochl, Guidance & support). Koror, Republic of Palau: Bureau of Curriculum & Instruction, Ministry of Education.

Shuster, D.S. (1982). Islands of change in Palau: Church, school, and elected government, 1891-1981. Unpublished doctoral dissertation, University of Hawaii, Hawaii.

http://www.mofa.go.jp/mofaj/area/palau/data.html　外務省ホームページ、大洋州パラオ

http://www.palau.or.jp　在日パラオ大使館ホームページ

# サハリン奉安殿探訪記

## 佐野通夫*

　「奇妙な時間（とき）が流れる島サハリン」[1]。アイヌの土地として当然アイヌ諸民族が住み、ロシアの流刑地とされたことでロシア人が住み、日露戦争による日本の軍事占領と北緯50度以南の日本帰属、そして日本の敗戦によるソ連への帰属と、ロシアへの国名変更を見た島。日本の支配下の間に、この地に移り住んだはずの日本人はいなくなり、代わりに朝鮮人が身代わりとして置き去りにされた島。

　そのサハリンに日本植民地時代の奉安殿が残っていると聞いて、志村欣一さん（山梨学院大学）と私は稚内から船に乗りました。宗谷岬からサハリン島までは50キロ弱。まさに日本から一番近い隣国です。稚内の市内では店の名、道路案内看板等にもキリル文字（ロシア語で使うアルファベット）が付されていました。

　船は稚内港からコルサコフ（日本帰属期の大泊）まで東日本海フェリーが5時間半の航路を5月から9月に32往復運行しています。船はアインス宗谷、2628トン、旅客定員223名。2等往復で3万円です。船内のアナウンスは日英露。ビデオ放映は「もののけ姫」でした。私たちが出かけたのは8月8日（水）稚内を出発、11日（土）帰着のサハリン滞在3泊4日というあわただしい日程でしたが、この時の船内にはかつてサハリンに暮らした人々の「里帰り」の一団の他、中学生の一団でにぎわっていました。ちなみに船内自動販売機のサッポロ黒ラベル350ミリ缶が100円であることに普段私たちの飲むビールの税金を実感。

　旅程を旅行社から渡された「現地日程および費用」で紹介したいと思います（時刻は現地時間。サハリンと日本は2時間の時差があります）。

---

＊　四国学院大学

240　旅の記録

| 日付 | 時刻 | 発着都市名 | 交通機関 | 現地手配 | 単価 | 量 | 費用(円) |
|---|---|---|---|---|---|---|---|
| 8月8日(水) | 9：00 | 港着 | | 乗船手続き時刻です。 | | | — |
| | 10：00 | 稚内発 | 船 | | | | — |
| | 17：30 | コルサコフ着 | | ＊送迎：港―ホテル<br>　（ユジノサハリンスク） | 9800 | 1 | 9800 |
| | | | | ＊ホテル「ユーラシア」<br>　　ツイン朝食付 | 22800 | 1 | 22800 |
| | | | | 1泊 | | | — |
| 8月9日(木) | 9：00 | －20：00 | | ＊9日、10日　日本語ガイド | 20200 | 2 | 40400 |
| | | | | ＊9日、10日　車 | 28800 | 2 | 57600 |
| | | | | （日中ユジノサハリンスク） | | | — |
| | 14：00 | ユジノサハリンスク発 | | （ウグレゴルスク方面へ） | | | |
| | | | | ＊SHAKHTERSKの<br>　サナトリウム泊（ツイン） | 13000 | 1 | 13000 |
| 8月10日(金) | 9：00 | －20：00 | | （日本語ガイドと車） | | | |
| | 14：00 | ウグレゴルスク発 | | （ユジノサハリンスクへ） | | | |
| | | | | ＊ホテル「ユーラシア」<br>　　ツイン朝食付 | 22800 | 1 | 22800 |
| 8月11日(土) | | コルサコフへ | | ＊送迎：ホテル―港 | 9800 | 1 | 9800 |
| | 10：00 | コルサコフ発 | 船 | | | | |
| | 13：30 | 稚内着 | | | | | |
| | | | | | 現地費用合計 | | 176200 |

　わざわざ旅行社の日程表を書き写したのは、私はこれまで海外手配旅行の経験がないので、海外手配旅行とはそのようなものなのかもしれないのですが、日本語ガイドと車ということで2日間に9万8000円が請求されています。事前の日本の旅行社との確認でも「ガイドと運転手」ということでした。ところが現地に現れたのはヴァジムさんという1人だけ。私たちは2人を雇うということで支払いをしているはずだがと、現地手配機関のインツーリスト・サハリンの担当者を呼び出して交渉したのですが、英語での交渉ではらちがあきません。このヴァジム氏が運転もするし通訳もするのだから、問題はないではないかというのが先方の態度です。私たちの支払った10万円近い金額のうち、どれだけがヴァジムさんには渡ったことでしょう。どうも車も彼が持ち込んでの

請負仕事のようです。確かにヴァジムさんは私たちの調査の目的も理解し、献身的に働いてくれるのですが。

ちなみに『地球の歩き方』によると、ロシアのビザは旅行会社を通じてロシア滞在中の宿泊、交通手段をすべて予約し、代金支払い後に受け取るバウチャーなしには取得することができません。このような不自由な旅行は私の経験では朝鮮民主主義人民共和国くらいです（私はビザを単位に数えて26ほどの国や地域を訪れたことがあるのですが）。費用も北朝鮮旅行くらいにかかりました。上の現地費用は2人分ですので、この半分とその現地手配手数料として4000円、先ほどの稚内－コルサコフ往復の3万円、ビザ申請で1万円（代行手数料5000円込み）。高松から稚内までの往復が悲しいことに13万円。稚内で1泊。4泊5日で30万円の旅です。ただし、ガイドと車の10万円、コルサコフからユジノサハリンスク往復の2万円という今回は1人あたり6万円になった部分は同行者が増えれば当然少し割安になります。同行者にロシア語のできる人がいれば、ガイド部分も不要になります。また宿泊費も海外手配と国内手配では価格が違うようです。後に述べるようにサハリン大学からの招請の形にしてもらうことでビザを取得すれば、今回よりは安く行ける可能性はあります。現地での食事等は安かったです。100米ドルをルーブルに換えて、4日でずいぶん残っていました。なにぶんにもロシア語を勉強し始めたのがサハリン行きを決めた4月から、ロシア旅行の経験もなかったのでロシア旅行の達人と行けば、もっといろいろなノウハウが分かったのかもしれません。

8日はコルサコフに上陸し、ユジノサハリンスク（日本時代の豊原）に入ったのが晩の7時頃、韓国DAEWOOのバス、HYUNDAIのマイクロバス、部屋の冷蔵庫はLGなど、韓国製品も多数入っています（車の多数は日本車でした。右側通行で右ハンドルなので、乗っていて少し怖い気がしました）。夕食後街を歩くと、花屋さんの一隅がありました。花屋さんのほとんどの人は朝鮮人で、若い人は朝鮮語とロシア語、年のいった方は朝鮮語と日本語とロシア語を使います（各人の国籍が明確でないので、朝鮮半島出身者の総称として「朝鮮人」を使います）。

9日はまずサハリン大学を訪問。国際部のコルスノフ教授に面会。教授は翌日私たちがユジノサハリンスクに戻ったとき、わざわざ出てきてくださり、資料をいただくとともに、食事をともにしてくださいました。

次には現在郷土誌博物館として使われている日本の城の形をかたどった奇妙

なかつての樺太庁博物館を訪れたのですが、残念ながらまだ開館時間前。庭にある旧日本軍の大砲などを眺めた後、かつての拓銀の建物を使った現在の美術館、その隣の図書館、そして公文書館を見学しました。公文書館では日本時代の神社の一覧などが展示してありました。

12時過ぎにユジノサハリンスクを出発。ドーリンスク（日本時代の落合）に日本時代の王子製紙の工場を見ながら北上。6時過ぎにウゴレゴルスク（日本時代の恵須取）を過ぎ、6時15分サナトリウム到着。労働者を描いた大きな壁画がソビエト時代を彷彿とさせます。

このサナトリウムには私たちの他に、「里帰り」の日本人のグループがいました。案内しているのはこの地に残された朝鮮人です。確かにかつて「同じ学校」で学んだ人々なのですが、それからの56年は違った歩みを強制され、そしていま出会うとき、どのような思いをいだいているのでしょう。李恢成の『サハリンへの旅』（講談社文庫）を思い出してしまう私の方が感傷的でしょうか。しかし、かつての日本人学校が、特にその奉安殿が現在どうなっているかという話を聞くことができました。太平第一では横倒しになっている。太平第二、落合第一にもあるはずだということです。ちなみにこの夜はガイドのヴァジム氏の仲立ちで、隣の部屋に来ていた3人のロシア人グループとも交歓。さてそのときは何語で話したのだろう。酒は万国共通の通訳です。

10日朝には日本人グループの案内の全聖漢さんからも奉安殿の話を伺いました。全さん自身も現在残されている奉安殿を調べているとのことです。恵須取では第三に形が残っている。太平第一には土台が。塔路第一にも倒して形が残っている。小沼にも残っている、との話でした。

いよいよ出発して奉安殿調査です。あいにくと天気は雨。8月半ばだというのに寒く、上着がいります。

シャフチョルスク（塔路）に向かいますが、日本時代と現在を対比した地図もなく、案内のヴァジム氏が近隣の家に尋ねてくれます。すると日本の学校のことなら、あそこのおじいさんが知っているはずだという声があり、訪ねてみると朝鮮人の金仁哲さん、69歳でした。日本語で塔路第一校の倒された奉安殿に案内してくださいました。第二校にも案内してくださったのですが、残念ながらそこには奉安殿跡はありません。

続いて太平に。学校跡はあるのですが、ソ連時代にやってきたロシア人にしか会うことができなかったので、学校の詳細は分かりません。この学校跡は坂

の上にあったのですが、戻るとき脱輪してしまいました。私たち3人ではどうにもなりません。するとヴァジム氏がどこかへでかけ、車と村人数人と一緒に戻ってきました。皆の力で私たちの車も路上に戻りました。ヴァジム氏に謝礼等はいらないのかと尋ねると、ロシアでは特に冬など車に何かあったときには、助け合わなければ生きていけない。当然のことだという答えにロシア人の人情を感じました。

恵須取では立派に立ったままの（内部はゴミ置き場になっていましたが）奉安殿がありました。ここにいた人に「グジェ　モレ？（海はどこですか）」と尋ねたのが、「グジェ　トワリエット？（お手洗いはどこですか）」「メニュ　パジャルスタ（メニューをお願いします）」以外では唯一の私のロシア語会話でした。

1時過ぎに恵須取を出発、イリインスク（久春内）を通って、7時過ぎユジノサハリンスクに帰着。途中落合でも奉安殿を探すのですが、場所の手がかりが見つからず、断念。連日300キロの道のりを6時間かけて乗り心地のよいといえないワゴンで往復。移動がほとんどの日程でした。ヴァジムさんも本当に御苦労様。

11日は8時に出発。コルサコフまでの道。左折信号のあるところでは、日本で青信号の後、右折信号が出るのと異なり、赤信号の後、左折信号が出て、青信号となります。ちなみにコルサコフへの送迎もヴァジム氏の仕事でした。

忙しい日程で本屋ものぞけなければ、土産物を買う場所もなく、残念に思っていたところ、コルサコフの港には到着時にはなかった土産物の台が出ていました。港には1960年代の映画「僕はモスクワを歩く」の主題曲がかかっていて、現在のロシアにおけるソ連の時代を考えたりもしました。

さて、慌ただしい第1回調査でしたが、早ければ2003年に第2回を計画したいと思います。全さんはじめ、現地で調べている人とも連絡を十分にとり、また公文書館などもゆっくり調査する時間をとり、事前に日本国内で日本統治期の地図等、調べられるものを調べて、サハリン領有から100年に当たる2005年までに領有期の教育の姿、特に朝鮮人と日本人の「共学」、そしてソ連期以降の変化について明らかにしていくことができればと願っています。

[注]
(1)　田中水絵著、凱風社、1999年

恵須取の奉安殿
と筆者

コルサコフの朝鮮人花屋さんと

塔路第一校の奉安殿

郷土誌博物館
（かつての樺太庁博物館）

方法論の広場（研究動向）

# 日本植民地下朝鮮における体育・スポーツの歴史研究

西尾達雄*

## はじめに

　近年わが国でも朝鮮近代体育史、とりわけ植民地期の体育・スポーツに目を向けられるようになってきたが、その成果は遅々たるものである。そこで、まずこれまでこの分野で何が明らかにされてきたかを韓国における研究状況から述べてみたい。

## 1．韓国の近代体育史研究と民族主義

　これまで植民地体育・スポーツ史研究の多くは、韓国の体育史研究者によって切り開かれてきた。その先鞭をつけ韓国体育史研究の土台を築いたのは故羅絢成氏である。羅絢成は、1958年に『韓国運動競技史』（文泉社）、翌年『韓国体育史（上）』（榮文社）を著し、近代以後のスポーツ史・体育史の概観を示した。その後近代、前近代の体育史に関する論文を発表し、1963年にこれらをまとめて『韓国体育史』（文泉社）として発表した。63年の同著は、当時の韓国体育史の最高水準を示すもので、1980年代に入るまでこれを越える著書は登場しなかった。羅絢成は、韓国の近代体育を社会との関わり、とりわけ日本の侵略との関わりで自立的な近代体育史を叙述しようとした。そこでは、近代学校体育制度の成立過程について、官公立学校制度を中心に詳しく叙述しており、基本的な韓国近代体育の構造を提示するものであった。しかし、日本の侵略に対して抵抗を示した私立学校における教育とその内容についての検討を課題として残していた。

---

＊　鳥取大学

また、この時期までの羅絢成の著書では、李朝時代末期の甲午改革以前と以後に分けて前近代と近代を論述していた。この区分は、1981年に同氏が発表した『韓国体育史研究』で修正し、開港以後(1876年）を近代としている。それによれば、甲午改革以前に近代化運動が始まっており、近代的な学校が設立され、国民衛生や近代体育やスポーツが導入され始めていることを指摘している。(1981　教学研究社　119～120頁)

　このような成果にもかかわらず羅絢成は、近代体育の自立的近代化あるいは民族主義的歴史展開を重視するあまり、日本の侵略政策の中で生まれた学校体育制度に関する法令の制定を自国の近代的発展の成果として位置づけるという点がみられた。この点について明確な批判を示したのが李學來の学位論文『韓国近代体育史研究—民族主義的性格を中心にして—』（1985　東国大学校大学院）であった。同著は、1989年単行本として発刊されたが、その内容は、羅絢成の韓国体育史と同様に、近代体育を社会構造の中での一つの現象と理解する立場から、民族主義的体育思想、民族主義的体育の展開、日本帝国主義の弾圧とそれに対する抵抗運動、祖国解放後の独自的体育政策の方向などを明らかにしようとしたものである。特に、学校体育のみならず、社会における体育運動の民族主義的伝統を学校や地域の運動会の果たした役割から鮮明にした作業や植民地下の体育・スポーツ活動における民族主義的抵抗運動を鮮明にした点では羅絢成を凌ぐものであった。

　李學來の羅絢成に対する批判の一例を挙げると、羅絢成が植民地下1914年の『学校体操教授要目』制定について「急進的」ではあるが、「混沌状態から解決の曙光を見出した」ものと評価したのに対して、これが学校体育の日本人化、すなわち植民地的学校体育の定着を図る中で実現した「植民地的発展」であると評価した点である。しかし、このような評価にも問題が残されていた。つまり、李學來も植民地下の体育政策を当初から日本人と朝鮮人を区別せず実施されているように論述しているが、果たして武断政治期において法的にも実態としても日本人と朝鮮人の体育が区別されずに実施されていたのか、朝鮮教育令の基本方針との矛盾はなかったのかなどである。

　このような問題をもちながらも同著は、日本統治下の学校体育と社会体育における自主性の侵奪と抵抗の過程を明らかにするとともに、皇民化政策の中での学校体育の軍事化と民族体育団体の解散・体育活動の統制に至る事実を明らかにしており、現在韓国体育史における植民地体育史研究の到達点を示すもの

ということができる。

　羅絢成が示した自立的近代化における韓国体育史の成立と発展という基本的構造は、1980年代以降李學來の他に幾人かの研究者によってより深められてきている。

　まず第一に、李仁淑氏の学位論文を挙げることができる。同氏の修士論文『「独立新聞」論説に現れた体育・衛生思想研究』（1983　梨花女子大学校大学院）は、「独立新聞」を資料として、独立協会が朝鮮近代社会自立化構想の過程で体育及び衛生をどのように認識し実践しようとしたかを明らかにしたものである。独立協会という政治団体を取り上げてその体育思想を考察した初めてのものである。修士論文としては極めて精度の高い論文と評価されている。また、同氏の博士論文『大韓帝国期の社会体育展開過程とその歴史的意義に関する研究』（1993　梨花女子大学校大学院）は、大韓帝国期に韓国社会体育の起点を求め、この時期の社会体育が「近代化」という世界史的課題と「国権回復」という民族的課題を同時に解決しなければならない「民族の大業」であったとし、具体的には、社会体育の主体勢力を旧軍人による兵式体操の普及とキリスト教系及び民族系指導者によるスポーツの普及として捉え、大韓帝国期の社会体育の根幹となった学校体育における近代化を富国強兵と愛国思想の実現のための民族の切実な時代的要求と侵略者日本帝国主義の相反する利害関係の中で、その普及と啓蒙が活発に起こっている点にみている。

　従来開化思想と民族団結の場として述べられていた「体育団体の結成」を社会組織を通した体育・スポーツの普及と民族主義的意義を重視して、「社会体育団体の結成と普及」として述べ、これに「学会」における体育啓蒙活動を加え、当時の主要な愛国啓蒙学会に言及している。筆者も「学会」における体育思想と活動について言及してきたが、近代朝鮮における体育の近代化を中心的に担った階層がどのようにこれを理解し普及しようとしていたかをみるのに重要なものといえよう。李仁淑は、当時の愛国啓蒙学会を社会進化論的時代観をもつものとして理解し、20世紀の優勝劣敗の生存競争の中で教育啓蒙を通して国権回復をめざし、文明開化と富国を啓蒙しようとした団体であったとしている。そして、その教育目標として重視したのが富強と尚武的気象をもつ民族の養成であり、そのために緊急の課題として体育を積極奨励したとしている。こうした学会の活動は、朝鮮近代における「社会体育」の確立の初期的役割の主導的位置を占めたとしている。

次に、近代学校体育の展開様相を検討した郭亨基の博士論文『近代学校体育の展開様相と体育史的意味』（1989　ソウル大学校大学院）を上げることができる。これは日韓併合までの学校体育の成立過程を胎動期（1876～1884）、受容期（1885～1904）、定立期（1905～1910）に分けて考察したものである。胎動期では、羅絢成が課題として残した近代学校体育の成立過程における制度的確立以前の近代的学校の設立と体育との関わりを検討したこと、受容期では、キリスト教系私立学校の体育を取り上げたこと、定立期では、学会における体育思想を考察した点がこれまでの韓国体育史に新たな事実と問題提起をしたものである。

このような成果を踏まえて出されたのが、李學來らの『韓国体育史』（1994　知識産業社）で、その第三編「開港以後の近代体育」が近代に当たる部分である。第一章「開化期の新文化と体育」を担当した郭亨基は、上述した併合前までの体育史的変遷に加えて、ここでは、近代体育の体育史的意義を検討して、体育概念、体育認識、体育教育課程論、政治・社会的影響、体育文化の創出などに言及している。この中で近代的体育概念の分析に関わって、近代化の指標を「実用性と大衆性」に求め、教育の近代化を「誰もがみんな必要と能力に応じて」教育を受けることができる状態を志向するようになったことにあるとし、このような認識を土台として体育活動の近代化が図られていくとしている。この点は、韓国における近代体育の「近代」を明確にした作業の一つといえよう。今後資料を発掘してその内容を深めることを提起している。

## 2．植民地期の体育史研究

羅絢成・李學來らは、韓国近代体育史研究の流れの中で植民地体育の実態を捉えようとしたのであるが、こうした研究成果を踏まえて1980年末から1990年代にかけて植民地時代に焦点を当てた研究が現れている。

鄭三鉉の博士論文『日帝武断統治期の韓国体育史の研究』（1990　漢陽大学校大学院）では、「日本の植民地統治期間は、たとえ政治、経済、社会、文化などの各領域で大きな変革がもたらされたとしても、これは、どこまでも日本の利益のみのための他律的な変革にすぎなかったし、結果的にこのような諸変革は韓国近代化の基本方向を歪曲させ、韓国の主体性を喪失させた」という基本的な認識の下で、「弾圧の最も甚だしかった」1910～1919年までのいわゆる

武断統治期における総督府による韓国近代体育を民族主義的立場から考察したものである。同論文で新たに明らかにされた点は、1911年の朝鮮教育令によって「抗日運動の温床とした私立学校に対する統制を強化して、兵式体操を除外した遊戯、普通体操、器械体操に体育教科内容を変更させた」という事実認識で、羅絢成や李學來などの見解で明確になっていなかった「兵式体操の除外」という事実を明確にしたことである。このことは、植民地初期の体育政策が反日的な性格をもった兵式体操を行わせない方針であったことを明らかにするものである。この事実は、拙稿「朝鮮における1914年『学校体操教授要目』制定期の体育政策について」（1992　日本の教育史学　第35集）でも確認している。しかし、鄭三鉉は、1914年の学校体操教授要目の教練教材が朝鮮人子弟に対しては秩序訓練を中心とした教材であったにもかかわらず、これと従来の兵式体操の区別を明確にしていないなど、教材分析に問題性を残している。

　同じく植民地下の体育・スポーツについて、いわゆる文化政治下を中心に研究した金龍根の博士論文『日帝下韓国体育史研究』（1989　漢陽大学校大学院）は、1919年代から1931年までの社会体育、スポーツ政策の欺瞞性とその中で展開した民族主義的体育運動が単に日帝に対する抵抗運動として展開しただけではなく、脱植民地史観に立脚した体育文化を形成するのに果たした役割を考察しようとしたものである。この論文では、すでに李學來らが明らかにした民族主義体育思想家や体育団体、あるいは女性体育・スポーツに関する成果を押さえながら、次のような点で新たな成果を上げているといえよう。

　つまり、スポーツ政策をスポーツの政治的利用という視点から捉え、親日団体を通した民族改良主義や思想善導にスポーツを利用したことに言及したこと、また、「文化政治」という懐柔策の中でスポーツ活動が許容されるが、一般民衆がスポーツ活動に参加できる条件を時空間的条件として捉え、経済的条件や場所・施設の不十分な中で実際に参加できる条件は限られており、一般民衆が参加できたのは陸上競技など施設・設備という条件に拘束されないものが多かったこと、その一方でスポーツ活動の中心になった学生スポーツが植民地支配への抵抗意識を強める中で少数選手による勝利至上主義に陥り、民族主義的体育運動を正しく発展できなかったことを明らかにしながら、民族全体の健康と体力増進のための体育への展望を考察していることなどである。

　その他に、李成鎮の『植民地時代の師範学校体育に関する考察』（1985　湖西大学論文集4）、文東奎・趙漢武らの『国民学校体育科教育課程の変遷の研

究-1911年~1987年を中心として』(1988 仁川教育大学論文集22 教育編)、趙漢武の『国民学校体育教育課程の発端史的研究-開化期(1895年)から日帝侵略期(1945年)まで』(1988 仁川教育大学論文集22 教育編)などが発表されており、羅絢成や李學來あるいは上述の論文と同様の見解を示している。

このように90年代前半までの韓国における近代体育史研究及び植民地期の体育史研究は、近代体育における自立的近代化、民族主義的抵抗とその伝統を明らかにしようとしたものといえよう。

このような研究は、わが国に根強く存在してきた朝鮮近代史に対する「他律性史観」を告発する意義をもつのみならず、近代体育の発展過程を踏まえた将来の韓国体育を展望する意義をもつものといえよう。

## 3．近代化論と植民地期との連続性

90年代後半にはいると、このような韓国体育史研究を再検討しようという傾向が現れ、わが国では韓国人留学生によって植民地における近代化の再評価や解放後の韓国スポーツとの連続性を掲げる論文が発表されている。

日本体育学会で発表した柳根直の「日本植民地統治下韓国における初等学校体育制度に関する歴史的考察」(1997 体育史研究14号)は、植民地下の学校体育は、植民地政策と共に近代化過程にあったとし、韓国における近代学校体育は、植民地時代に成立したとするものである。同論文は、植民地下学校体育制度を従来のように学校種別ごとに論ずるのではなく、初等学校に焦点を絞り、その教科課程、衛生・保健、教科書、教員養成、施設・用具に分けて、近代化論という視点から考察する必要性を指摘したものである。同論文では、その具体的内容については、触れていないが、同氏の博士論文『日本植民地統治下韓国における近代初等学校体育の成立過程に関する歴史的研究』(1997 筑波大学)において教科書や施設・用具に関する内容を具体的に示している。

その中で同氏は、従来の韓国体育史研究は、民族主義史観による抵抗論と帝国主義による体育侵略と捉えるものであるとし、このような研究では、「日本統治下での学校体育の全体的な歩み、また韓国における近代学校体育の成立過程を究明するにあたっては十分ではない」としている。それは、「解放以後の韓国の学校体育が植民地時代の学校体育を異民族の体育として規定し、それと

の断絶性を強く強調していたにも拘わらず、実際においては植民地時代の体育を根幹にした内容が数多くみられるとともに、植民地体育の負の遺産とされる体育の考え方や方法が未だに残されているからである」としている。「それ故、植民地支配を支えた学校体育とはいえ、それはそのすべてを悪として批判すべきものではない」という。そして、日本植民地下の初等学校体育制度は、「朝鮮人児童・生徒の日本臣民化」という日本の植民地教育方針の一環としてもたらされたものであることを見逃してはならないとしながらも、「日本植民地統治期の初等学校体育制度が、前時代の体育制度と区別され、かつ解放以後の韓国の初等学校体育制度にも引き継がれる『一定の進歩性』を持つと同時に、近代韓国の歴史主体としての国民の形成とは裏腹に、臣民形成の手段としての『非民主制』をあわせて持つ、相対的な性質を帯びるものとして捉えざるを得ない」と結論づけている。また、同論文では、いわゆる「文化政治」期の学校体育制度を発展として捉え、その根拠を「内地延長主義」政策にあるとし、この方針によって日本人と「同一の内容」になったとし、近代体育が確立されたとしている。そしてこれ以降は、「内鮮一体」政策によって差別を撤廃し、「内地と同一の制度」を敷くことが法令上定められたとしている。

孫煥氏の博士論文『戦前の在日朝鮮人留学生のスポーツ活動に関する歴史的研究』(1999　筑波大学)は、これまで体系的に明らかにされてこなかった戦前在日朝鮮人留学生のスポーツ活動を留学生の実態(出身、身分、数、学校)、留学生団体の性格(組織、事業、活動、予算、体育論、スポーツ活動)、日本留学帰国者のスポーツ活動及びスポーツ観と彼らが本国のスポーツ活動に与えた影響から実証的に明らかにしたものである。草創期(1895-1903)から植民地期全般にわたり検討したもので、これまでの韓国近代スポーツ史で指摘されていた留学生の役割をより詳細に体系的に検討し、今日の韓国スポーツ界への関わりを明らかにしようとしたものである。

特に、統合期(1908-1930)における留学生が富国強兵を意図する国民体育論を展開する一方で、エリート体育から民衆体育への転換を説き、米国社会体育の紹介、体育施設建設の提言などを積極的に行ったこと、運動会の組織化、日本の競技会への参加、本国への遠征試合などを実施したこと、民族意識の高揚への貢献だけでなく本国へのスポーツの普及、発展に寄与するものであったことを解明している。また、日本留学帰国者の韓国近代スポーツの形成に果たした役割(1895-1948)について言及し、留学生たちが韓国スポーツの理論化、

普及と発展に貢献し、韓国の解放後も、「朝鮮体育同志会」(1945) や韓国オリンピック委員会 (KOC) の結成など韓国スポーツの基盤づくりに一定の役割を果たしたとしている。その一方で、解放後、日本留学帰国者と国内体育家との間で生じた権力闘争が韓国スポーツに及ぼしたネガティブな影響を究明することが課題として残されているとしている。

しかし、韓国では、このような「従来」型の研究成果への「見直し」のみに偏っているわけではないようである。金載祐氏の博士論文『日帝下韓国YMCA体育の展開過程に関する研究』(2001　漢陽大学) は、韓国YMCAが朝鮮近代体育・スポーツの形成に果たした影響と役割を日本の侵略と植民地政策との関わりで検討した点で、民族主義と自立的近代化研究の流れの中に位置づけることが出来る。韓国のYMCAは、韓国併合前に皇城基督教教会として創設され自治的活動を展開していたが、日本の植民地支配の中で日本のYMCAとの併合という関係をもつことになる。しかし、その中で財政的な独立による自立的自治的な活動を行い、自強的・民族主義的な体育運動を展開していくことを明らかにしている。戦時体制下において「内鮮一体」化政策の一端を担わせられるが、YMCAが韓国近代体育成立に及ぼした理論的・実践的役割を正当に評価しなければならないとしている。

## 4．わが国における研究と課題

わが国における植民地期朝鮮の体育史研究は、管見の限り上記の留学生を除いて、最近まで金誠氏と筆者以外に見ることはできない。

金誠氏は、修士論文『朝鮮神宮競技大会の創設と展開 (1925-1943) ——日本の植民地政策にみるスポーツの一断面——』(2001　日本体育大学) 以来、日本の植民地主義がスポーツ文化に及ぼした影響を追求している。

筆者は、これまで朝鮮近代体育の成立過程を学校体育を中心に検討し、日本の侵略と植民地支配が朝鮮の近代体育にどのような影響を与えたかを明らかにしてきた。これらを整理して博士論文『日本植民地朝鮮における学校体育政策に関する研究』(2001　奈良女子大学) を提出した。このようにわが国の植民地体育史研究は、まだまだ外枠を探る段階であるといえよう。今後、韓国での動向を踏まえ、植民地、近代化、現代スポーツなどとの関わりを深めていく必要があるだろう。

# 植民地研究と「言語問題」に関する備忘録

## 三ッ井 崇*

### はじめに

「言語」に関わる問題は、今日では、植民地支配を語るうえで欠かせないテーマとなっている。とくに、近年の社会言語学、言語社会学研究の隆盛は、植民地（教育）支配研究にとっても無視できない状況であることは言うまでもない。

しかし、そのような状況で、では「言語問題」とは何か、という問いを立てたとき、何か具体的で統一的なイメージを想起することができるかというと、むしろ、さまざまの研究関心に沿って多様なイメージが引き起こされるのではないだろうかと筆者は考えている。

本稿は、このような前提から、少し「言語問題」の多様性について確認してみることにより、今後の植民地（教育）支配と「言語問題」に関する研究の展開にいささかなりとも資するところがあればと考えている。ただし、筆者の専門は朝鮮近代史であるため、以下で紹介される事例も地域・時代ともに限定されることをあらかじめ断っておく。

なお、以下、原則として人名の敬称は略すが他意はない。

### 1．支配言語と被支配言語

植民地（教育）支配と「言語問題」に関する研究として想起されるのは、筆者も参加した、日本植民地教育史研究会第3回春の研究集会シンポジウム「言

---

＊ 日本学術振興会特別研究員、神田外語大学・横浜国立大学非常勤講師

語と植民地支配」(2000年3月25日)であったと思われる。本章では、このシンポジウムの内容を手がかりに、植民地支配と「言語問題」の関係性について探っていくが、まずは、シンポジウムの意図について、小沢有作によるシンポジウムのまとめ[1]から探ることにしたい。


(1) 日本語強制の問題

　小沢のまとめによれば、本テーマを掲げるうえで次のような二つの問題状況が念頭に置かれていたという。やや長いが引用すると、

　　ひとつは、近年、言語学の側から、日本による植民地支配と日本語の強制にかんする研究成果が立て続けに公表されているが、これらを教育学の側として、どのように受けとめ、発展させるかという問題である。たとえば、日本語教科書を分析し、日本語教授法を教室の実際の場面において調べ、植民地の児童生徒にどのような言語葛藤を引き起こしたかを追跡することなどである。日本語を強制する側の思想と体制の研究は進んでいるが、他方、日本語を強制された側の言語体験と葛藤についての解明は、ほとんど手がつけられていないのが実情であろう。両側からのアプローチを必要とする。

　　もうひとつは、植民地の人びとや子らの話す社会語としての民族語にたいして、植民地国家がそれとは異質な本国の言語を国家語として強制した実態と意味の究明である。これは植民地国家による植民地民衆にたいする言語暴力にほかならない。また、すぐれて言語領域に現われた植民地国家イデオロギーを示すにほかならない。したがって、言語問題においても、言語領域から国家論に迫まるという観点を欠かせないのである。そのさい、植民地国家による言語暴力の暴力性を証明する決め手が、国家語を強制された側の言語体験と証言にあることは言うをまたない。

　　このようにして考えると、「言語と植民地支配」というテーマにアプローチする欠かせぬ方法として、日本語を強制された側の言語体験を詳らかにすることが浮かんでくる。その視点から「日本語と植民地支配」を照射しなおすと、今までに見えなかった問題が見えてくるにちがいない[2]。

ここで念頭に置かれている「言語問題」とは、植民地・占領地における日本語強制の実態である。それも、これまで研究の比較的充実している日本語教育政策、「国語」観の問題だけではなく、教育される側の言語体験と言語葛藤という視点を打ち出している。これは注目すべき視点である。しかも、「両側からのアプローチを必要とする」ことを訴えており、このアプローチが貫徹されれば、「日本語と植民地支配」に関する植民地国家の構造はかなり解明されるに違いない。

(2) 被支配言語に関する分析をめぐって

さて、このシンポジウムは、上で述べたような意図と一部のパネラーの意図との間で齟齬をきたし、シンポジウムが拡散してしまったという経緯があった。詳しくは、小沢による言及に譲るが、シンポジウム翌日の自由論題では、筆者も含めた報告者たちが、言語にかかわる報告をおこなった[3]。しかし、このうちの多くの報告者の意図は、先に挙げた日本語強制の問題ではなく、支配者側の被支配言語に対する接し方という点にあった[4]。

朝鮮語の問題に即して言えば、従来この点に関しては、「朝鮮語抹殺」ということばで説明され、そのイメージが長い間共有されてきた。しかし、このことばでは説明がつかない事実関係というものがいくつか存在し、ある時期においてはそれらの事実が、支配構造を解明するうえで大きな意味を持っていたことが明らかにされはじめたのである[5]。

筆者の朝鮮語規範化問題に対する研究に即して、その支配構造の一端をのぞいてみよう[6]。

朝鮮時代（李朝）末期には、甲午改革（1894年）とともに、朝鮮語綴字法の整理が国家的課題として認識されるようになった。とくに、大韓帝国期の1907年に、学部（文部行政を掌る役所）内に国文研究所が設置されたことは、その認識を強くあらわす事例であろう。

しかし、ほどなくして、朝鮮は日本の植民地に転落してしまう。1910年の韓国併合後、約10年間にわたる「武断政治」と呼ばれる支配体制のもとでは、朝鮮人による言論活動は、「新聞紙法」・「保安法」[7]（以上1907年）「出版法」（1909年）などによって厳しく規制されており、朝鮮人の組織的活動は不可能な状態にあった。そのため、朝鮮語研究も進展せず、併合前から存在していた

朝鮮語綴字法の整理という課題は、朝鮮総督府によって「継承」されることになった。これが、総督府の朝鮮語規範化政策のはじまりである。

　総督府が朝鮮語の規範化に取り組んだのは、その主管が学務局であったことからもわかるとおり、朝鮮人児童／生徒に対する朝鮮語教育の手段―朝鮮語教科書編纂―としてであった。そして、その嚆矢が「普通学校用諺文綴字法」（1912年）の制定である。しかし、その内容は現場の教師から批判を受けるほどであり、また、朝鮮語教育の範囲外ではほとんど顧みられなかったこともあり、総督府制定の綴字法規定（以下、総督府綴字法）の威信は低かった。

　総督府が、このような綴字法の改正を試みたのは、3・1独立運動（1919年）後の教育制度改正と教科書改訂作業に付随してのことであり（「普通学校用諺文綴字法大要」（1921年））、いわゆる「文化政治」期のことであった。しかし、この改正綴字法も学務局自らが認めるとおり、多くの内容的課題を残していた。

　「文化政治」期には、朝鮮人による言論・集会活動への規制が緩められたこともあり、こうした総督府の朝鮮語規範化政策の一方で、朝鮮人による朝鮮語規範化運動が本格化しはじめた。1921年の朝鮮語研究会の創立や、啓明倶楽部を母体とした朴勝彬の言論活動がその典型である。また、この朝鮮語規範化運動は、その担い手の多くに現職教員を含んでおり、その影響力は教育現場にまで浸透した。さらに、新聞・雑誌等の「朝鮮語で書く」メディアの成長と、同時期に開始された総督府による日本人官吏への朝鮮語奨励策の展開などにより、朝鮮語綴字法問題が官民両辺において一層クローズアップされることになったのである。

　こうした状況下、改正したはずの総督府綴字法は、ふたたび批判の的となる。肝心の朝鮮語教育の場に置いて支持されないばかりか、朝鮮人知識人の厳しい批判の対象となった総督府綴字法は、社会における「朝鮮語で書く」場の拡大にともない、さらなる威信の向上が要求された。総督府にとって、朝鮮語綴字法の統一という問題は、もはや朝鮮語教育の手段としての側面だけでなく、綴字法整理という行為それ自体が目的化したのである。そして、その対処法は、社会において大幅な支持を取り付けていた朝鮮語研究会系の人士の手を借りて、大幅な改正に踏み切るというものであった。それが、1930年における「諺文綴字法」への改正であった。

　この改正は、総督府側にとっては、総督府綴字法の威信の向上を意味した。教員の多くは、自らがこれまで支持してきた民間研究者（朝鮮語研究会）の案

が大幅に採用されていることを理由に、準拠の必要性を訴えていく。教育現場への普及は、朝鮮語研究会にとっても、自身の案の威信を結果として高めていく契機となり、1931年に朝鮮語学会と改称、組織改編後に、自らの案の修正作業を進めていく際の原動力ともなった。しかし、こうした状況は、朝鮮語規範化運動のあり方を再編することにもなった。それまで、総督府綴字法と朝鮮語研究会案の双方に対抗してきた朴勝彬を支持するグループが、1931年に朝鮮語学研究会を創立、朝鮮人どうしでの対立を激化させるもう一方の存在として機能していくことになるのである。

しかし、1930年代以降の社会情勢は、大陸膨脹と戦時体制へのプロセスを歩んでいくものであった。1930年代中半以降、民間の文字普及運動は弾圧され、38年以降の「皇民化政策」期には、教育課程における朝鮮語の「随意科目」化（1938年）、廃止（1941年）が進行していくだけでなく、民間新聞の強制廃刊（1941年）など、「朝鮮語で書く」機会そのものが縮小、消滅させられていくのである。つまり、朝鮮語の規範化という行為そのものが、当局側にはほとんど意味を持たなくなったのであり、それに並行して、朝鮮人の運動団体も消滅していくことになる。1942年の朝鮮語学会事件は、その代表的事例であった。

ある時代には、朝鮮語に対する対応を朝鮮人の側から監視され、またそれを利用する形で朝鮮人側を「協力」体制に引き込もうとし、またある時期には、強い弾圧の姿勢を見せたのであった。歴史には時期的変容が必ず生じ、決して全体を一言で語りつくすことは不可能である。また、以上の過程は、ともすれば「日帝支配万能」論に陥りがちな「抹殺」論のイメージとはずいぶん異なるものであった。むき出しの暴力ではないにせよ、そこに歴然とした「支配─被支配」の関係が読み取れるのである。もちろん、こうした事実の展開過程と平行して日本語強制の深化という事態があるのであり、「言語と植民地支配」の全体像は、支配言語と被支配言語との両側面へのアプローチなくしては語りえないということが理解いただけるであろう。

## 2. 「言語問題」とは？

さて、前章で筆者が、支配言語、被支配言語にかかわる例として引用、紹介した事例は、実は、同じ「言語問題」ではあっても、微妙にずれていることが

わかるだろう。支配言語に関する小沢の問題意識は、教育される側の「言語体験」というものであった。ここでいう「言語体験」が、具体的にどのようなものを指すのか、先のシンポジウムではこのテーマそのものが扱われなかったために明確ではないが、「言語体験」という表現から想定されるものとしては、日常の言語使用とその社会生活面ないし個人の内面への影響といった問題が想定される。しかし、それも話しことばの世界を問題にするのか、それとも書きことばの世界を問題にするのかとではアプローチの仕方が異なってくるように思われる。一方、筆者が、被支配言語に関わる問題として取り上げたテーマは、書きことば形成過程をめぐる問題に限定されたものであり、必ずしも一対一対応で議論が成立するような例の紹介ではなかったことに気が付いていただけたであろうか。

　近年、社会言語学の側から、イ・ヨンスク、安田敏朗らによる日本の植民地領有の背景として存在した知識人の言語にかかわる言説を追った研究が目立っている。こうしたテーマもまた一つの「言語問題」であるだろう。しかし、知識人の言説は、実際の言語をめぐるさまざまな動き（政策・制度、運動、生活など）と必ずしも一致していたとは言えない。ここで、実証的にこうした過程を具体的に追おうとする研究も出てくるだろうし、また、イデオロギーと実態との距離という視点も必要になってくるだろう。さらに言えば、政策・制度、運動、生活その他のどこに注目するかにより、「言語問題」像はことなって見えてくるのではないのではないだろうか。まさに視点の問題である

　視点の立て方によっては、領域横断的な配慮もまた必要である。筆者と同じく朝鮮語について注目している山田寛人[8]は、近年、「朝鮮語教育史」という研究領域を立ち上げ、その研究対象として、朝鮮語教育制度、朝鮮語学習書、朝鮮語奨励試験、日本人の朝鮮語観の4つを挙げた[9]。教育史、言語学、思想史にまつわる領域にまで広がりがあることがわかる。このような広がりは、支配言語を扱うにせよ、被支配者言語を扱うにせよ、場合によっては必要になってくる。

　もう一つ重要な点は、言語をめぐるある事象が、どのような担い手によって担われるかという問題が出てくる。ナショナリズムの問題にせよ、政策／運動の問題にせよ、歴史上双方の持つ意味は異なってくるだろう。さらに問題なのは、その異なる意味を持つ事象が、その意味の差異を背景に、実際の場では密接に関係しあいながらたち現われるということである。これはよく考えると

「言語問題」に限ったことではなく、他の問題関心、研究対象においても言えることである。

## むすびにかえて

　紙幅と筆者の能力の限界から、やや抽象的になってしまった。取り上げる例もいささか偏りがあり、我田引水に流れたきらいがないでもない。上で述べてきたことは、きわめて当たり前のことである。しかし、「言語問題」の流行の一方で、それが当たり前になっていないのではないかという危惧が筆者のどこかにある。繰り返すとおり、上で示した事例や枠組みは、筆者の知りうる限りの範囲内の知識から導き出したものであり、「言語問題」にはもっと多様な問題が存在しているかもしれない。また、文献も筆者の能力の限界から、あえて引用・参照で使用したものを提示するにとどめた。むしろ、これらについての補足・修正が今後積極的におこなわれていくことが非常に望まれる。議論の起爆剤にでもなれば望外の喜びである。

　「言語問題」は一枚岩ではない。したがって、「言語と植民地支配」をめぐる評価も、多様な視点と問題関心の総合のもとにおこなわなければならない。その総合化を企図する形で、再度「言語と植民地支配」をめぐるシンポジウムが開催されれば、とささやかな望みを抱くのは筆者の独善であろうか。


[注]
(1) 編集委員会（小沢有作）「植民地国家の教育構造の解明へ」『植民地教育史研究年報』第3号、2000年。
(2) 同上論文、66～67頁。
(3) 冨田哲、三ッ井崇、上田崇仁、山田寛人によるそれぞれの報告。
(4) 注(3)の報告者のうち、冨田、三ッ井、山田の各報告がそうであった。
(5) 「朝鮮語抹殺」論に対する批判は、三ッ井崇「植民地期の朝鮮語問題をどう考えるかについての一試論―朝鮮総督府「諺文綴字法」を事例として―」（『植民地教育史研究年報』第3号、2000年）、「朝鮮語「近代化」論をめぐって」（『社会言語学』Ⅰ、2001年）を参照のこと。
(6) 以下の事例紹介は、三ッ井崇「植民地支配下朝鮮における言語支配の構造―朝鮮語

規範化問題を中心に―」『国際日本学シンポジウム　新しい日本学の構築Ⅲ　報告書』(お茶の水女子大学大学院人間文化研究科、2001年) による。
(7) 日本の「保護国」下に制定された法律だが、植民地下においても効力を持った。
(8) 先の研究集会の時の成果として、山田寛人「日本人による朝鮮語学習の経路と動機―『月刊雑誌朝鮮語』(1926-29年)掲載の「合格者諸君の苦心談」の分析をもとに―」(『植民地教育史研究年報』第3号、2000年) がある。
(9) 山田寛人「朝鮮語教育史研究の動向」『広島東洋史学報』第4号、1999年。

# 英語公用語論
―― 植民地に対する「国語」教育イデオロギーと
戦時下外国語教育との関連から ――

## 下司睦子＊

### はじめに

　故小渕首相の有識者懇親会「21世紀日本の構想」により提出された最終報告書において、「国際共通語」となった英語を国民の「実用語」として、将来的には第2公用語とすることも視野に入れることが日本の戦略課題であると主張し、各界・各方面において大きな論争を巻き起こしたのは今から2年前のことである。多くの人々の記憶には、その主張は、依然混乱・流動化する日本国内の政治や社会状況のなかで生み出されたものであって、もうすでに「歴史の一段面」程度の認知としてしか残っていないのかもしれない。

　しかし、我々植民地教育史研究に携わるものにとっては、この英語公用語論が何故この20世紀から21世紀への時代の過渡期において、あるいはまた、東南アジアの人たちに「国語」・日本語による植民地教育を強制したトラウマが癒されないまま経過した戦後半世紀あまりを経た世紀の過渡期に再現されたのか、その意義と時代背景との関連性について考察することは重要なことである。というのは、「21世紀日本の構想」などによる英語公用語論がもつ言語・言語教育イデオロギーには、かつての帝国日本がその支配下にあった東南アジアの人たちの「個」の破壊と「公」の注入を行った「国語」・日本語教育を中心とした植民地教育に通じる危うさと欺瞞性が内包されているのではないかと考え

＊　高知県立高知工業高等学校

るからである。そういった歴史事実を認識する植民地教育史研究者は、この英語公用語論に警戒せざるを得ない。

　日本語モノリンガリズム——単一言語支配——であると広く一般に信じられている日本社会の言語地勢状況を前提条件として認めながら、英語を日本の第2公用語とすべきであると強く主張する彼らの論拠はどこにあり、その議論はどのように構成されているのか[1]。この英語公用語論を提唱する中心的な論者の1人が船橋洋一であり、彼の議論には次の5つのことが含まれている。

1）英語を第2公用語にすることにより日本人の英語運用能力を第2言語体得水準に引き上げ、英語の母語話者と「第2言語」人といった両者の世界を言語とともに共有できるという限りにおいて、英語教育のあり方は、日本の国際社会での生き方や世界とのかかわり方において欠くことのできない共存と信頼のテーマである。
2）英語を第2公用語とし、官僚をはじめとした国民全体がその運用能力を身につけることで、わが国は変化する国際社会のなかで「個（individuals）の確立と公（public）の創出」を果たし、世界・アジアにおける十分な対外発言能力を獲得することが可能になる。
3）国際社会におけるlingua francaとして機能している「世界標準」であるところの英語運用能力を獲得することは、日本の国家としての情報や国家意思の「発信」、「透明性」、「説明責任」を果たす上で不可欠である。
4）戦前の言語政策における苦い経験から脱却し、（日本語・英語を中心とした）新たな言語政策をつくり上げることで、来るべき多民族・多言語社会に向けての国民的覚悟を示す必要がある。
5）多様な英語（Englishes）を使って、「他の観点の内在化」を可能たらしめ、相互体験と共同作業を学び合う「窓」とするべきである[2]。（船橋洋一：「英語公用語論の思想」：2000）

　当初船橋らが主張したこの「英語第2公用語論」は各分野、諸方面において、大きな論議を巻き起こした。しかしそれと同時に、バブル崩壊後向うべき方向性を見出せず迷走を続ける日本社会において、ある種の社会的強迫観念をも創り出してしまった。それは具体的には、「個の確立と公の創出」という言説のもとに、「共存」、「信頼」という普遍的価値を英語に添加し、それによってア

ジアを含めた世界への情報「発信」を図り、国際的「透明性」、「説明責任」を果たし得ると提唱する。それが「世界水準」であり、我々がそれを希求しなければ、国際社会において取り残されるだろうと警鐘する。しかしそれは問題のすり替えであろう。彼らは、日本の植民地統治においてかつて「他の観点の内在化」、つまり、「日本の国体観念＝皇民意識」を被統治民族に「内在化」させた皇民化教育、同化教育の歴史を忘れて、戦後半世紀を経た今日、今度は国内に向けこれを強制しようとするものであり、看過できるものではない。

　本稿では、外（植民地・占領地）での皇民化教育下における国語（日本語）学習強制の一方、内においては英語の敵性語化を含む外国語（英語）教育政策の転換を日本帝国主義が指向しなければならなかった歴史的事実を分析・検証することにより、現代の「英語公用語論」に内在する欺瞞性または危うさを批判的に分析・考察する。その本題に入る前に、日本帝国が植民地統治方法について範例として参考にした欧米列強の「個」の埋没化、「他の観点の内在化」の歴史事例を検証する。それによって、日本の植民地・占領地に対する「個」の埋没化、「他の観点の内在化」の共通性、さらに英語公用語論の「個の確立・他の観点の内在化」との関連性を探りたい。

　第1章においては、過去から現在に到るまで、欧米列強がその保護領・植民地において、人々の自我同一性を内包しうる言語の社会浸透力を最大限に用いることで、被植民者の「個」を植民者の規定する「公」の中に吸収し埋没させ、「他の観点の内在化」をその中で強制したことを検証したい。本稿では特に、戦前日本がその同化主義的言語教育政策の指針としたフランス帝国の植民地言語教育政策に、言語帝国主義理論を援用しながら、言及する。

　第2章では、日本帝国主義下の国語（日本語）教育・植民地教育において、アジア人民の「個」（民族同一性または自我）を帝国政治体制が求める「公」（国体＝皇国世界観）の中に吸収しつつ埋没させ、亜日本人、帝国臣民としての「他（日本人）の観点の内在化」を強制する一方で、国内においては、国語（日本語）教育イデオロギー故に、国内外国語（英語）教育政策が、戦前その時々の政治状況に左右されたことを再検討し、「標準」や「水準」という規定された指標の曖昧さを限られた範囲であるがみていきたい。

## 1.植民地・占領地における言語教育政策とその実態

"language plays a central role in how we understand ourselves and the world and thus all questions of language control and standardization have major implications for social relations and the distribution of power." (Pennycook: 1994)

　言語が内包する社会への浸透性と、言語がその使用者の中に成立せしめる自我同一性ゆえに、常に、言語に関連する諸問題は政治性を孕むものとなる。またそれ故に、言語自体、常に権力に統制され創造されつづける対象であったことは周知の事実である。Pennycookの上の言葉が示すように、実質的に、言語統制がどのような形態を取ろうと、言語は、社会において権力国家にとっての遠心力となり、また時には求心力となることで、逆説的にあらゆる社会内部における権力関係の再編をも可能にする道具となる。この、言語が潜在的に持つ社会における権力浸透能力または社会階層の再統制能力は、歴史上、帝国主義が新たにその勢力下に置いた海外植民地・占領地において、繰り返し使用されることとなる。そして、帝国の言語は、国内においては国家語、国語または公用語としての地位を確立することによって他の方言を周縁化する[3]。一方国外、すなわち帝国の植民地各地においては、それらは帝国言語であるという政治性を内包しつつ他言語を差別・排除する。

　本章では、その歴史的な事例として、帝国日本の中央集権的言語観、そして同化主義的言語教育観に多大な影響を与えたフランス帝国本国内における言語教育政策及びそのイデオロギーを、その植民地におけるそれらとを簡略にではあるが比較分析し、次章でみる日本帝国の言語政策を分析考察するための比較材料・前提としたい。

〈フランス国内における言語・言語教育イデオロギー〉
　ラテン語をその言語社会ヒエラルキーの最上位に配置しつつ、緩やかな多言語・多民族社会を保っていたフランスにおいて、その地域間・社会階級間に存在する多言語状態は、1539年にはヴィレ・コトレの勅令、続く翌年リヨンの勅令発布によって、排除されるべきダイグロッシア（階層的多言語存在）、社会悪であると最初に規定された。具体的には、あらゆる社会場面、及び全ての

公文書におけるフランスの母語（langaige maternel françois）たるフランス語（＝フレシアン語）使用を義務付けることにより、それまで流通使用価値及びその付加価値をもっていた国際語としてのラテン語や他方言が、それらの言語がフランス語の普遍化にとって障害であるという名目で否定された。この一連のフランス語の母語化過程を通して、「生成され意識化された現実によって仮定的な伝統と歴史を説明する方法を用いてその正当性を主張するイデオロギー（＝帝国主義）」が創り出されたといえるのである（田中克彦「言語と民族は切り離し得るという、言語帝国主義を支える言語理論」：2000）。

〈フランス植民地における言語・言語教育イデオロギー〉
 18世紀後半、フランス革命後の帝国フランスは、経済的・社会的・宗教的動機により、その植民地帝国主義のさらなる膨張を志向した。後になって l'association（協同主義）へと変更を余儀なくされるが、当初の海外植民地統治の目的は、最終的には本国の延長として海外に France Outre-Mer（海外領土）を形成し、本国との統合をめざすことであり、植民地社会制度の完全なフランスへの l'assimilation（同化主義）を旨とした。
 そして、植民地の完全なる「文明化」に至る為のフランスへの同化は、「フランス革命理念の普遍的思考は、フランス語の教授によって初めて完成される」として、その植民地教育の中において、フランス語使用を強要したことはよく知られている。
 例としては、フランス領西アフリカにおける植民地・保護領における公教育は、教育制度の整備、その普及率等もあわせ、極めて限定的な社会選抜的傾向の強いものとなることが多かった[4]。仏領インドシナなどの公教育制度の既に整った地域においては、公教育制度を社会治安維持装置として位置付け、植民地経営上「高くつく」全体教育を行った。また、その植民地教育体系の中で、フランス文化について常に多くの労力を割く愚民化教育を施行する一方、アルジェリアや仏領インドシナ等、いわゆる高い識字率を誇った地域においては地域語推進を唱えつつも、断続的に行われた現地にある既成民間教育（コーラン教育、儒教教育等）に対する徹底的な政治的介入や弾圧・大言語抹殺（アラブ語、中国語等）を行った。ここにこそ、フランス帝国内においてその言語帝国主義創成期において断行された公教育の中央集権化と、それに伴う他言語の抹殺という歴史的コンテクストの再現が、各植民地・保護領教育においてみられ

るのである。

　これらの政策の達成度は、例えば、仏領インドシナ人民が、1925年次期総督ヴァレンヌに対する嘆願書の中において明らかである[5]。その中では、教育におけるさらなる地域語使用を依願する一方で、「高貴さ、明晰さ、正確さを持ち合わせる言語であるフランス語は西洋文化普及のための理想的な道具であるので、さらなるフランス語使用の拡充を要請する」と主張している。ここにこそ、「集団の中に自発的同意を呼び起こすことで、その支配の正当性を確立する支柱となる」(糟谷：2000) 帝国植民地主義のヘゲモニー権力の浸透作用が機能していることを、ひいては言語帝国主義（「言語を根拠として分断される、言語共同体間の不平等な権力や資源の分配を確立し、正当化し、再構成するために行使されるイデオロギー、構造、及び手段としての言語差別主義 (Phillipson：1992)」）が醸成・拡大していることを、我々は見逃してはならない。帝国からの強制という段階を経て、被支配民が、帝国が持ちこんだ制度や文化、言語の価値を「自発的に」認め、その存続を彼ら自身が要望するというこの局面において初めて、帝国植民地主義のヘゲモニー権力の現地被植民地社会に対する完全な浸透と、言語帝国主義の完成による帝国支配の次の段階、つまりは新帝国植民地主義への飛躍をみるのである。

　植民地（言語）教育の結果が現地に残したものは、民族間や社会の中に存在する、かつてよりもその格差が拡大した富や資源の分配の不平等、社会共同体における決定的なダメージの存在という負の遺産である[6]。そのような植民地（言語）教育の中で希求されたものは、結果的には、忠実な「亜」フランス人精神をもつ選ばれた被植民地人の育成、または人民全体の中での内在化であり、フランス帝国主義が規定する「公」のなかへの内なる「個」の埋没であった。

## 2. 日本国内における外国語教育（英語教育）確立とその変遷

　自らの言語を社会階層・権力構造の再編に用いたことは、所謂「遅れて来た帝国主義国家」であるところの日本帝国主義においても例外ではなかった。森有礼の日本語廃止論としての「英語登用論」、国内学会での言文一致、国字改良問題にみられる国語（＝日本語）問題における国内言論会の不一致等にみられるように、国内における「国語としての」日本語編制も不完全で不充分な段階から、台湾を初めとする諸地域をその勢力下においたことから、植民地の言

語政策及び教育政策は当初より急進的なものにならざるをえなかった。また日本国内においても、国語編制に際し「国語＝国体＝国家」という三位一体の法則を国語イデオロギーに当てはめた上田万年、植民地政策としての言語政策・言語教育政策に本来の「統治政策としての言語（教育）政策」という意図を付加し、言語による植民地臣民の「同化主義」を唱えた、上田の教え子、保科孝一の登壇を待たねばならなかった。

　唯一これら言語編制においての共通項は、いずれの場合においても国語（＝日本語）は他の諸言語に対し、絶対的な高位にあるという前提条件である。国家、国体の体現である国語の不可侵性は、これにより守られ、日本語（国語）を求心力または遠心力の核として他言語を円周上におき、進化論的言語の重層構造を形成しながら、日本帝国主義の覇権をアジアに拡張していったのである。その統治下の言語（教育）政策において、他言語を排除またはその地位を矮小化しながら自らの権益を最大限に拡張しようとした日本帝国主義は、翻って国内においては、その国家と日本精神の体現としての「国語」教育との関連で、一体どのように「外国語」教育を統制したのだろうか。この章では、日本国内における外国語教育の変遷（特にここでは英語教育の変遷）について概観し検証したい。

〈明治初期における外国語教育〉

　明治期の公教育における外国語教育は、1870年の国内最初の男子中学校創設に始まった。男子諸学校では、少なくとも主に週6時限、英語を教授語とし授業履修を課したか、その中には教科書も原本または翻訳本で英語の教科書が使用され、算術や歴史、地理などほぼ全ての教科が英語教員により英語で教授されたところもあった（Koike & Tanaka:1995）。その他、男子中学校においては、最終2年間にフランス語、ドイツ語などの第2外国語学習を課せられた。また大学においては、当時日本人教員による講義も含めて、全ての講義はヨーロッパ言語（主に英語）を教授語として母語（日本語）を媒体言語としない直接教授法により行なわれ、学内紀要、年報等で使用される言語もこの例に漏れなかった（医学関連はドイツ語、それ以外は英語）。東京・京都帝国大学、早稲田、慶応、同志社、東京外国語（後、大学）などそれは、外国語（英語）教育及び西欧・アジア研究を促進した。

　しかし、この「学制」下における中等・高等教育は、明治維新以後の日本社

会の再編制において、国内日本語（国語）教育の取り残し、といった深刻な問題を併発することになった。事実、1880—90年を境に、ナショナリズムと「国体＝国語＝国家」という国語イデオロギーの台頭は、国内における外国語教育の過熱ぶりは、福沢諭吉ほどの英語論者においても「好ましくない」と言わしめるほどであった。1879年にはこの「学制」が一旦廃止された上で、新しく「教育令」が公布される。1881年には中学校教則大綱が制定され、1883年には、文部省は東京帝国大学における教授語は英語ではなく日本語で行うべしとした。同様な国語イデオロギーによってお雇い外国人教員は日本人教員に置きかえられた。1895年の日清戦争後の国力充実とともに、「国語」教育体制も拡大されてゆく。1899年には男子教育・普通学校に遅れて「高等女学校令」「実業学校令」も正式に公布されたが、これら教育課程においては、外国語教育は『自由に思想の表象する能を得しめる』国語教育に対し、「普通の」英語または仏語を『了解し且之を運用するの能力を得しめる』という二次的な位置しか与えられなかった。

〈国語ナショナリズムの狭間で〉

大正期に入り、日本帝国主義が膨張の一途をたどり始めるとともに、他の帝国主義列強との緊張関係が顕著になってくる。1924年には米国で日本人移民排斥法案が可決された。その国際情勢での緊張の高まりの中、外国文化・外国語排斥の社会的気運が台頭してきた。1927年には、漢文科廃止論と呼応するように、藤村作論文「英語化廃止（処分）の急務」が雑誌『現代』に掲載され、多くの言語学者・社会学者を巻き込んだ大きな論争となる。

その中で藤村は、『現時我が普通国民として立つには、社会の英語等外国語を、読み、話し、書く必要の存在は認め難い』ため、特に高等諸学校の予備教育としての中学校においては『国民普通の学校として見れば、外国語科を置く必要はない』とした。代わりに、『真に学術の研究に適する能力と事情とに恵まれたものの入るべき』学府である大学にすすんで入ろうとするものの為の『予備教育の一環としての』中学校におけるまたは高等学校における英語科の存続は、これを許した。つまりは、『我が文化の阻害される』中等・高等学校における英語教育を廃し、社会選別化の道具としての最低限の地位のみ認めるべきである、としたのである。

その英語教育に対する逆風に対し、全国中等学校長会においては文部省の学

科課程改正諮問案に対し、英語教授時数を週6時間から週3時間に減じて答申する。英米文化・言語に対する社会的ヒステリーは一時的なものとして収束され、この答申も実際の規則の中には反映されなかったが、後の外国語教育不況の予兆であったとも言えるかもしれない。

　1931年には、進行する中国侵出とともに増加した『実際生活に有用なるものたらしむるの趣旨により』、支那語（中国語）が英語・ドイツ語・フランス語とともに、中学教育における外国語の中に加えられた。太平洋戦争に突入後、1942年には文部省は実業校と女学校における英語を随意科目とするとともに、週3時間以内とする通牒を発表することで、両教育課程において、英語はほぼ廃止教科となる。また、陸軍においては英語が受験科目より外される[7]。

　1943年には「中学校令」「高等女学校令」「実業学校」を廃止したうえで、「中等学校令」を制定、高等普通教育と高等実業教育の一本化が行なわれる。修業年限は4年となり、何冊かの英語教科書が文部省によって「不許可」となる一方で、新しく教科書は国定を基本とした（大学教育においては準国定教科書）。英語教授時限数については、外国語が1、2年においてのみ必修、3年以上においては選択履修の週4時間となった。外国語教育は、『国民精神を滋養し皇国の使命を自覚せしめ』ることを本旨となす修身や国語の存在という前提条件のもと、『外国語の理解力及び発表力を養い外国の事情に関する正しき認識を得しめ国民的自覚に資するをもって要旨となす』（中等学校令：第8条）と規定された。教授法も簡略な音声言語習得を目指すoral methodに、教授内容も政府・軍の統制・制約下、日本文化・軍国主義礼賛のものへと矮小化された（資料1）。これらと時を前後して、外国語特に英語は「敵性語」というレッテルを付加されながら、日本国内におけるメディア媒体を始めとして、公共の場でのあらゆる使用を制限されることになった。

　1945年以前の日本国内において、国語の絶対化イデオロギーと外国語相対化の視座は、共存することはなかった。国内外国語教育に対する統制は、別の意味で「世界標準」（＝日本標準）となることを視野に置き、「東亜の共通語」となることを目指していた日本語とそれを阻む外国語との対立であり、「他の観点の内在化」を外地において強制する日本帝国主義の自国内言語（教育）政策における必然的な帰結でもあった。国内において、「国語＝国体＝国家」思想体系を完成させるためには、唯一不可侵の国語（日本語）を、国外植民地においても――多民族・多言語であるかどうかの如何に関らず日本語を法

制化することすらなく——既成事実としての唯一の国語としながら、被植民者にとっては外国語である日本語を共通公用語にしようとした。その国内から国外植民地へ輸出された言語（教育）イデオロギーは、海外植民地における皇民化教育の高まりとともに、今度は日本本国に逆輸入され、強化され深く浸透していった。この言語（教育）イデオロギーの歪みが、ある種最も顕著に表出しているのが、日本国内における国語教育からの外国語教育——ここでは特に英語教育——への統制だったのである。

## 結びにかえて

　世紀を超えて加速する英語及び英語文化の世界市場独占状況に伴い、多くの地域で文化的・社会的多様性が脅威に曝されているといわれている。一方で、典型的な英語言語帝国主義「統治下」におかれていると揶揄されつつも、なお社会地勢的条件により、ある種の「言語社会的孤立」の風土を保っている日本という島国において、「英語公用語論」が経済界からの要望を受ける形で出現したことは、バブル崩壊後の歴史的必然であったかもしれない。そこに介在するのは確かに、田中克彦・三浦信孝両氏が指摘するように[8]、森有礼の「英語登用論」に始まり志賀直哉の「フランス語公用語論」に到るまで見られた「母語ペシミズム」ではなく、1980年代の「日本語の国際化」論争を経て出現した、自らの母語である日本語に対する積極的思考の表示としての「母語ダイナミズム」であるのかもしれない。

　しかし、我々植民地言語教育研究に多少なりとも関わる者にとって、大いに注意を払わなければならないのは、この「英語公用語論」台頭の背後にある言説の曖昧さであり、危うさである。戦前戦後をとおして外部との対話能力の育成を言語教育政策においておざなりにしてしまったと考えながらも、また再度、英語という一外国語の言語に普遍的な価値を付与することがもつ危険性を、英語公用語論者達は等閑視するのであろうか。つまり、「個（individuals）の確立と公（public）の創出」を主張しつつ、その「個」と「公」といった両者の緊張関係やその関係がもちうる危うさを十分に考察することなしにおざなりにしているにもかかわらず、英語公用語化が日本の21世紀の国際戦略と主張することに躊躇しないという危うさである。

　1章において考察した、明治創世期における日本帝国が言語教育イデオロギ

一の基盤のひとつとしたフランスにおいては、同化言語教育イデオロギーが形を変えて海外植民地から逆輸入されることはなく、国内言語教育にどのような形であれその影響が「返って」くることはなかった。一方日本帝国の言語教育政策においては、海外植民地に輸出されたイデオロギーが、アジアまたは植民地の幾つかにおける言語教育イデオロギー体質の変化に伴い——例えば、台湾・朝鮮における皇民化教育の先鋭化——、国内の言語教育イデオロギーに、つまりは不可侵であるはずの国語と常にその下位に留められた外国語教育の両者に作用し、反作用した。大戦後、多くの植民地を失いながらも、滅びざる帝国主義フランスは変わらずフランス語を「標準」として世界に発信し続けているのに対して、他方21世紀における日本は、かつての「東亞の共通語」たる日本語での発信をあきらめ、それを「英語」というまた別の帝国言語でそれを仕切りなおそうというのである。つまり、「権力の集合的想像体」である「標準」という価値が付加された言語に国民が向っていかなければならない、といった脅迫観念を国民に植付けうる危険性をもつこの現在の英語公用語論は、戦前帝国主義時代のコンテクストにおけるプロトタイプの変形、その単なる再現にすぎないのではなかろうかと疑わざるをえない。

　今回の「英語公用語論」で繰り返し試みられたのは、つまるところ、自らが直視すべき過去を遮断して、逼迫する日本経済のたてなおしを行うことに貢献しようとすることであった。つまり、本来日本の外国語教育問題という国内的教育課題の改革を、英語という道具を「世界標準」として獲得することこそが日本の取るべき言語社会・言語経済学上の——仮に言語の「世界標準」というものが存在し得るならば——国際戦略となりうる、ということに差し替えたのである。

　そもそも、日本人の対外的対話能力の伸張と、英語の第2公用語化による英語能力の伸張——あくまでこれも可能性の問題——とは同じ次元で論じられる問題ではなく、どう表面的な「公式」（＝制度教育方針等）すげ替えたところで、一方が他方にとってかわることは決してできないように思われる。国内国語教育界、英語教育界からの指摘の通り、現場教育におけるさらなる教育体系・教育内容の検討や改善こそ[9]、我々が注意を払うべきことがらである。英語公用語論が提唱される一方で、新学習指導要領においては、「ゆとり教育重視」という名目で外国語教育の機会及び教育内容が更に顕著な削減を見せている。船橋らは、彼らが日本の外国語教育政策の失敗例として嘆く、学習者が公

教育体系の中で「外国語に親しむ」という到達点に至ることすら叶わなくなってきている日本国内の外国語教育事情をこそ、強く警告すべきではなかろうか。

[日本語文献]

イ・ヨンスク（1996）　『「国語」という思想―近代日本の言語認識―』岩波書店

井上　薫（1997）　日本統治下末期の朝鮮における日本語普及・強制政策―徴兵制導入に到るまでの日本語常用・全解運動への動員.『北海道大学教育学部紀要』.第73号

大野晋・森本哲郎・鈴木孝雄（2001）　　『日本・日本語・日本人』新潮社

F.クルマス（1987）　『言語と国家――言語計画ならびに言語政策の研究』山下公子訳、岩波書店

西垣通・J.ルイス（2001）　　『インターネットで日本語はどうなるか』岩波書店

　　　　　　　　　　　　　大学英語教育学会（JACET）関西支部「海外の外国語教育研究会」（1999）

　　　　　　　　　　　　　『東アジアの外国語教育（資料）日本の教育診断』3月

田中克彦（1998）　国語と国家語『思想』10月号

　　　　（2000）　「公用語とは何か」『言語』8月号

竹中憲一（1994）　「満洲」における中国語教育（1）～（5）早稲田大学法学会.『人文論集』32号

出来成訓（1994）　『日本英語教育史考』東京法令出版

出来成訓・高梨健吉・大村喜吉（1980）　　『英語教育史資料1～4巻』東京法令出版

船橋洋一（2000）　『あえて英語公用語論』文春新書

　　　　（2000）　「英語公用語論の思想」『言語』Vol.29, No.8

藤村　作（1940）　『国語問題と英語科問題』白水社

古沢常雄（1994）　「フランス第3共和政期の植民地教育政策研究（Ⅰ）フランス領西アフリカを中心に」法政大学文学部紀要.39号（1995）「フランス第3共和政期の植民地教育政策研究（Ⅱ）フランス領赤道アフリカを中心に」法政大学文学部紀要.41号.

J.C.マックノートン（1991）　「太平洋戦争中（1941～42年）の言語教育」高見澤孟訳、『日本語教育研究』第35号

三浦信孝・糟谷啓介編（2000）　『言語帝国主義とは何か』藤原書店

宮脇弘幸（1990）　「南方占領地における日本語普及と日本語教育―日本軍占領下フィリピンとインドネシアの場合（1942～1945）」成城文芸 130号.3

(1995) 旧南洋群島における日本化教育の構造と実態及び残存状況」、
『宮城学院女子大学人文社会科学論業』、4号
安田敏郎(1997) 『帝国日本の言語編制』世織書房
(2001) 近代日本における「国語国字問題」の構図『ことばと社会―多言語社会研究―』5号、三元社

[英語文献]
De Francis, J. (1977). Colonialism and Language Policy in Vietnam. La Haye.
M. Ike (1995). 'A historical review of English in Japan'. World Englishes. Vol. 14.
Kachru,BJ.(1986). The alchemy of English : the spread,functions and models of non-native Englishes Oxford:Pergamon Press.
I. Koike & H.Tanaka (1995). 'English in foreign language education policy in Japan: Towards the twenty-first century'. World Englihes. Vol.17
M. Koscielecki (1999). 'The Role of English in Japan: Past and Present'. Paper presented in AILA. 1999
R. Kubota. (1998). 'Ideologies of English in Japan'. World Englishes. Vol. 17.
Truong Bun Lam (2000). Colonialism Experienced. Vietnamese Writings on Colonialism, 1900-1931.
The University of Michigan Press.
H. Miyawaki (1996). 'Linguistic Imperialism: Japanese language policy in Asia until 1945.PROCEEDINGS of the International Multi-disciplinary Conference "Knowledge & Discourse 96" (eds, Colin Barron and Nigel Bruce), the English Centre, University of Hong Kong, April 1999.(http://ec.hku.hk/kd96proc/authors/papers/miyawaki.htm) A.
Pennycook (1994). The cultural politics of English as an International language. London. Longman.
R. Phillipson (1992). Linguistic Imperialism. Oxford. Oxford University Press.

[注]
(1) イヨンスクや桂桂一、姜尚中が主張するように、日本国内にはアイヌ語を母語とするアイヌ先住民、オキナークチを母語とする沖縄人の他、朝鮮語を話す在日韓国人(朝鮮人)、ポルトガル語を話す日系ブラジル2世、中国諸語を話す中国帰還者等、それぞれがすでに各地域において言語共同体を形成している。日本社会はモノリン

ガルであるというのは、実際には、説得力に欠けると言えよう。
(2) Kachru(1986)が主張する（当初の英語勢力拡大の理由はともかくとして）我々が今認知すべき言語学的コンテクストにおいては中立性を獲得している各地域に根ざした英語諸語。「Englishes」
(3) ある言語に付される、「国家語」、「国語」または「公用語」といった言語行政上の標識を、厳密に規定することは容易ではない。しかし、ここで田中克彦（1998）による極めて明解な方向付けを紹介すると、

 ① 「国家語（state language）」とは、国内における多言語状況を認めた上で、ある言語（この言語は土着の言語である必要はない）に言語社会的業務機能を付与する「国家業務語」である

 ② 「国語（national language）」は一方、近代国家において国民を情緒・感情的に統合するための象徴的存在であり、本来、日常的な言語である必要のない「文化政策上の概念」である

 また、「公用語」は『世界民族問題事典』によれば、より国語より実務的・機能的側面をもち、

 ③ 「公用語（official language）」は憲法、それに準ずる法律によって指定される、官公庁で使用されるように定められた言語。動機としては行政主体の便宜に発したものと、住民の権利を保障するためのものがある。

(4) 公教育制度の拡充は、極めて消極的であり、その教育の目的は極めて限定的なものであった。後者の仏領インドシナに比較しても、制度上の簡素化、人質学校（Ecole des Otages）または部族長の息子達の学校（Ecole des fils de chefs et des interpretes）の設置等にみられる限定化は明らかである（詳細はK. Altbach & G. Kelly参照）。また、就学年齢相当の子供のうち、実際に就学していた子供の率は高くてダホメの7.8％である（古沢（1994）参照）。
(5) Truong Bun Lam（2000）参照。
(6) アルジェリアにおいては、1962年の独立段階において、コーランを中心としたアラブ語による宗教公教育への否定、政治的弾圧とともに、フランス植民地政府によって行なわれた空洞化したフランス語を中心とした公教育、20世紀となり長期化した内戦・抵抗運動の結果、非識字率は95％以上に上った。
(7) これは、排日政策の傍ら、米国軍部において対日軍事戦略として敵国語理解〈日本語学習教育〉が推進された米国内外国語教育政策の流れと相反する（J.C.マックノートン：1991参照）。

(8) 三浦・糟谷編（2000）『言語帝国主義とは何か』参照。
(9) 「英語帝国主義」の顕著な例として、第二次大戦後の日本国内の英語教育偏向が指摘されることは、珍しくない。実際、多くの日本国内の英語教科書研究が批判するように［大学英語教育学会（JACET）（1999）『東アジアの外国語教育（資料）・日本の教育診断』］、欧米以外の英語圏への言及は顕著に少なく、国際理解を主張しながら、「世界のなかの、アジアの中の」日本に関する記述はまだまだ適当ではない。

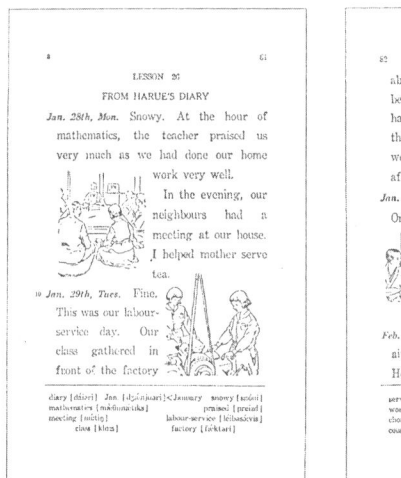

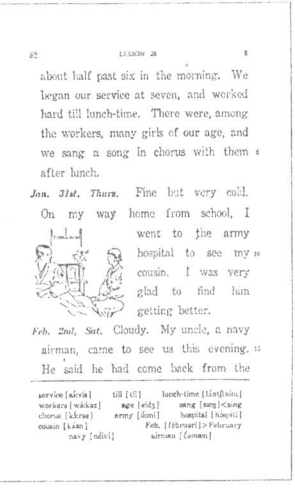

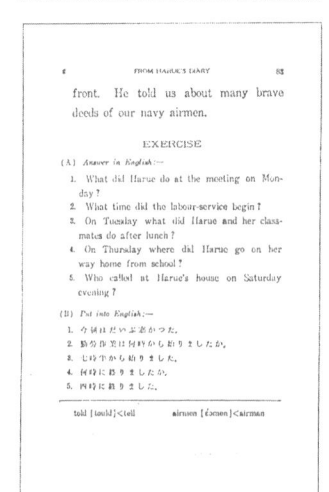

『英語2　高等女学校用』（昭和19年）

資料1
出来成訓、高梨健吉、大村喜吉編
　　　「英語教育史資料1～4巻」より

『英語二　中学校用』（昭和19年）

BOOK TWO

LESSON 1
THE NEW SCHOOL YEAR
(1)

We are now in April.
The sun shines brightly in the sky, and the birds are singing merrily in the trees. The cherry-trees are now in full bloom.

brightly [bráitli]　singing [síŋiŋ]　merrily [mérili]
cherry-trees [tʃéritri:z]

2　　　LESSON 1

Full of hope and joy, all of us attended the opening ceremony yesterday. Our principal told us that we should think of our soldiers and sailors at the front and do our best to fulfil our duty as middle-school boys.
(2)
Mr. Sakuma, our class teacher, said to us, "I hope that you will work as hard as you did last year and become better, wiser and stronger." 
He showed us our new time-table.
We have four English lessons a week.
Mr. Sakuma will teach us English.

joy [dʒɔi]　attended [əténdid]　ceremony [sérimoni]
principal [prínsəpəl]　told [tould]<tell
should [ʃud]<shall　front [frʌnt]　fulfil [fulfíl]
duty [djú:ti]　become [bikʌ́m]　letter [létə]<good
wiser [wáizə]　showed [ʃoud]　time-table [táimtèibl]

THE NEW SCHOOL YEAR　　3

We have military training three times a week. Captain Osawa is to drill us this year. He came home from the front only a few months ago.
My parents always say that all Japanese boys are to become brave and strong soldiers in future. So I will try to do my best to train myself through military training.

EXERCISE
(A) Answer in English:—
1. In what season are we now?
2. What kind of trees are in full bloom in April?
3. When did your new school year begin?
4. Who is your class teacher this year?
5. What does he teach you?

military [mílitəri]　training [tréiniŋ]　captain [kǽptin]
drill [dril]　few [fju:]　always [ɔ́:lwəz]
future [fjú:tʃə]　myself [maisélf]　through [θru:]

書評

# 小森陽一著『ポストコロニアル』

## 弘谷多喜夫*

### ①要約

〈はじめに〉で本書の題名が「ポストコロニアリズム」あるいは「ポストコロニアル・スタディーズ」でなく「ポストコロニアル」なのかを次のように説明する。「植民地支配者であった『大日本帝国』の延長にある『日本国』に帰属するものとして、いま、ここの状況をどう語る」のか、という「実践」としての「植民地主義とその遺制を批判していく覚悟」を示していると。ところで、「ポストコロニアリズム」とは、過去20年間の植民地研究に少なからぬ影響を与えてきた理論で、基本テキストはサイードの『オリエンタリズム』である。コロニアルのポストの状況を指すのが語義だが敷衍して「植民地化された時点から現在までにおける帝国主義のプロセスにさらされた文化」(内田)をいう。サイードの「オリエンタリズム」とは「西洋と東洋の厳格な二項対立によって西洋と対比的に東洋には後進性などの性質を割り当て、逆に西洋はそれによって自らのアイデンティティを形成する。西洋人によって表象され、ついには救済されるべきものとしてたちあらわれた東洋への視線は、やがて西洋の植民地主義と結びつき支配の様式としての側面をあらわにする。それが現代のパレスチナ問題まで一貫して機能している」(杉田) というものである。この理論が基本となって「ポストコロニアル・スタディーズ」という、英語圏で1970年後半から、ヨーロッパの東洋への侵略と征服以後の批判的分析が行なわれた。これらの研究では、二項対立という理論枠は、植民地支配において世界を文明と野蛮、中心と周縁等々に二分割する一連の二項対立主義的な対概念が、真と偽、善と悪といった超越的な二項を頂点とするヒエラルヒーの中で封印されて

* 熊本県立大学

いる、という言説システムを、植民地主義的言説として定式化し、その植民地主義的言説（二項対立主義的言説）の一貫性を植民地（領有）時代とそれ以後に見出し、植民地時代の傷痕を明らかにするものであった。フーコー、ラカン、ホミ・バーバ、スピヴァックらに触れた後、今後の理論の方向として「相反する矛盾した力が一つの事象や行為に同時に作用している状態を見出しつづけることによって、二項対立主義の帝国主義的言説＝植民地主義的言説を「攪乱すること」をあげる。かくて、著者は、「大日本帝国」と「日本国」の連続性を二項対立主義的言説（植民地主義言説）の一貫性によって説明すると同時に、それらを相反する矛盾した力が作用している状態として読み直すことで、「将来の方向性を見出しうる裁定をする」という計画を立てる。ここで相反する矛盾した力として設定するのが「植民地的無意識」と「植民地主義的意識」である。

〈Ⅰ．開国前後の植民地的無意識〉での要点は、幕末から日清戦争までの「文明」・「近代」化について、欧米列強を模倣することに内在化する〈自己植民地化〉（造語）を隠蔽するために「文明開化」というスローガンを掲げるという構造を植民地的無意識とし、同時に「文明」を証明するために「野蛮」（アイヌあるいは朝鮮）を「発見」するという植民地主義的意識を指摘する。この後段については、福澤諭吉の『文明論之概略』もあげて、新たに「未開」を植民地化することで「文明」から「未開」と見なされるかもしれないという不安に蓋をし意識しないようにするという、植民地的無意識と植民地主義的意識を指摘する。

次にいこう。「『大日本帝国憲法』自体、欧米列強の論理による自己植民地化の証左」なのに（隠蔽するために）「『文明』の名によって対等になるのだと強弁し、ナショナリズムを煽るという自己矛盾、その矛盾を隠すために植民地主義的侵略の野望に大増税を押しつけるというもう一つの矛盾」を指摘する。

日本の「近代」化に内在する（せざるを得なかった）自己植民地化を隠そうとするためにナショナリズムや植民地主義的意識が強く出てくるという論理である。この隠そうとする意識の底にあるものを植民地的無意識というのであろう。

〈Ⅱ．植民地的無意識への対抗言説〉

漱石の言説（小説）を植民地的無意識と植民地主義的意識の相互補完関係を表象したものとして読むことによって、二項対立主義の帝国主義的＝植民地主

義的言説の支配空間を「攪乱」していたものと指摘する。例えば『門』について「宗助（主人公）における過去の忘却（「ロンドンの漱石が別な部分で自己植民地化＝『大英帝国』の擬態と模倣が国家を危うくする可能性を内在させていることを意識していた」のと違って、それらを隠そうとする植民地的無意識）こそが、お米の発した伊藤博文の暗殺（植民地主義的意識・侵略の結末）の理由に対して答えることのできない（予見できない）宗助の意識のあり方を規定していた（植民地的無意識と植民地主義的意識の相互補完関係）と読み直すのである。

〈Ⅲ．敗戦後の植民地的無意識〉では、まず「天皇制を存続させるということは、とりもなおさずヒロヒトの戦争責任を全面的に免罪することであり『近代天皇制』の植民地支配の責任をも曖昧にした。日本国民が旧植民地の脱植民地化の過程に対して植民地支配の加害者としてかかわる契機を隠蔽した」とし、「明治維新以後の植民地的無意識と植民地主義的意識の結合が断ち切れなかった」と指摘する。戦争責任ということに内在する植民地支配の加害者としての引け目（かかわろうとする気持ち）をおおい隠した、ということであろう。

また、敗戦後、「焼け跡」の「野蛮」から「文明」としてのアメリカへの模倣（または、からの援助）により急速にアメリカを鏡として経済復興し、再び「半開」の位置を確保した日本は、現在と未来の「野蛮」である「独裁主義」としての「共産主義」国及び「開発型独裁政権」国に対峙あるいは「経済的に再進出する」ことで自らの「文明」度を測定する鏡にするという「三極構造」が成立するとして、新植民地的無意識と新植民地主義的意識を指摘する。「民主主義」を模倣するあるいは経済的援助を受けることに内在する引け目をおおい隠すため、「民主主義」のスローガンを掲げるとともに、「共産主義」を敵視し、あるいは、経済的に旧植民地に進出するということをいっているのであろう。戦後にも、「文明」対「野蛮」、「民主主義」対「独裁主義」といった二項対立主義言説が機能しており、これらを植民地的無意識と植民地主義的意識の結合したものとして読み直したということであろう。

このようにして「大日本帝国」という近代日本の誕生にも「日本国」という現代日本の誕生のいずれにも二項対立主義言説が支配的に機能していたと指摘することで、両者の植民地主義としての連続性と一貫性、あるいは植民地主義の傷痕を証明するとともに、この二項対立主義言説を「攪乱」して新たに読み直すためのものが植民地的無意識という概念であった、といえよう。

以上、キーワードである、植民地的無意識と植民地主義的意識の矛盾について言われていることを、そのまま引用しながら整理してみた（そうすることがまず必要だと思われたので）。私なりにわかりやすく説明すれば、西洋に対する植民地的無意識、周縁に対する植民地主義的意識のアンヴィバレントな結びつきこそ、今、ここの日本と自分の状況を語りうる言説ではないか、ということになる。

②批評

　わかりづらかったし、何回も読み直してはその意味するところを考え込まされたのは、全体のキーワードである「植民地的無意識」の語である。具体的なイメージが浮かばないのである。無意識というのは、普通は意識に上らないで行動を起こさせている本性（「本能」）のことであろう。
　一般の読者が常識的に理解できる語として著者が歴史研究に用いたものとして、文脈に即して意味がわかればいい訳だが、どうも最後まではっきりしなかった。
　「文明」からの「視線」に対する不安、引け目をおおい隠そうとして植民地主義的意識がでてくる、あるいは、〈自己植民地化〉を隠蔽しようとして植民地主義的意識がでてくる（これは理解できる）という場合の何を指しているのか。無意識を無自覚とも置き換えてみた。無自覚というのはそのことがどんなことかわかっていないという意味である。しかし、おおい隠そうとすることは意識であり、隠すものが何かも意識されていなければできないことである。以下、私の解釈と批判である。
　不安（という意識）をどんなことか意識（自覚）できない無意識（無自覚）、あるいは自己植民地化（という現象）を意識（自覚）できない無意識（無自覚）とでもいうのが一番意味に近かろう。
　そして、この意識（不安という）下、あるいは現象（自己植民地化という）下にある無意識を植民地的と呼ぶべきものだということであろう。
　しかし、〈植民地的〉と呼ぶものは、例えば〈性的〉というようなものと違って私たちの属性ではない。植民地という近代の現実を反映したものである。とすればその現実に対する意識からつくられてきたものというべきである。これに対して〈性的〉のようなものはもともと属性としてもっているものだから

意識から説明しなくてよいのである。つまり、「無意識」を「意識」によってしか説明できないという堂堂めぐりなのである。具体的には、他からの植民地主義を打ち消すための、あるいは自らの植民地主義を自覚できない＜意識＞なのである。これがわかりづらさの正体である。こうして何とか言わんとすることを理解するとしても、それが言説・「正典」の分析であればともかく、「文明」・「近代」化という出来事、「大日本帝国憲法」発布という出来事、あるいは「日本国憲法」という出来事、つまり歴史の出来事を分析するものとして使うことは行き過ぎだと思う。歴史を構想する手法として読んでいて面白いのは事実であるが……。歴史は解釈よりは事実である、というのが私の立場である。

　上のことと関連するが、相矛盾する力という書き出しにもかかわらず、文中では全て矛盾ではなく結合であり、相互補完である。それがキーワードにかかわる説明である以上、哲学の同僚の批判を持ち出さないまでも社会科学的な厳密さは必要だと思う。

## ③学んだこと

　ある歴史の出来事や政策を説明するために政策者なりの言説を分析するという私たちが行っている方法と違って、今、ここの「世界」なり「自分」なりを説明することとどう繋がっているのかという視点で歴史のある言説を読み解くということは、先のある政策の意図なり意味を説明するための言説のとり上げ方と違って言説は直接、今、ここの状況を語るものとして繋がりうるのである。確かに、歴史の状況が違う出来事や政策、あるいは政治・経済制度の連続面を指摘することはむずかしいが、文化・言説を対象として植民地主義なりの一貫性を指摘することはより可能である。言説と言説の連続性を説明できる思考形式が提示される。それが二項対立主義なのである。その意味でこれは制度史でもない、思想史でもない、個人史でもない言説によって構成される歴史なのである。植民地教育史研究に新しい分野を示唆してくれていると思う。それは私が、「歴史は物語だ」などという非科学的なものと同じでないことを理解できるからである。ただ、このことは別だが、次のことは指摘しておきたい。私は自分の居場所を明らかにすることは勿論否定しない。空々しい客観性や普遍性・法則性らしさをよそおうとするより主体や個別性から出発して客観性や普遍性を切り拓こうとする営為を否定しない。

しかし、「われわれ」と「やつら」の二項対立主義を乗り越えることは、もちろん「やつら」の側から「われわれの方が偉いのだ」という言説を立ち上げることでもなく、「われわれ」の側で「やつら」を語る資格があるのかという言説を立ち上げることでもなく（それらは不毛の対立型の議論になっていくからである）、言説に対する批判は、事実を明らかにすることで反証していくのが歴史研究の本筋だということは、忘れないようにしたいと思う。


[引用論文]
内田じゅん　「アメリカにおける西洋植民地研究」、2001（日本植民地研究会編『日本植民地研究第13号）
杉田英明　「『オリエンタリズム』と私たち」、1993（平凡社ライブラリー『オリエンタリズム』下）

稲葉継雄著
# 『旧韓国〜朝鮮の日本人教員』

## 山田寛人

　本書は、旧韓国〜朝鮮の日本人教員の人事や教育活動を、その出身県と出身校から接近するという方法で、把握しようとした研究である。なお、著者は『旧韓国の教育と日本人』（九州大学出版会、1999年）の第十章「旧韓国公立普通学校の日本人教員——教員人事を中心として——」および第十一章「旧韓国公立普通学校の日本人教員——教育活動を中心として——」において、旧韓国期の日本人教員の人事や教育活動の全体的傾向をあつかっている。

　本書は、「第Ⅰ部　西日本各県編」（第1章〜第6章）および「第Ⅱ部　高等師範学校編」（第7章〜第10章）の二部構成となっており、各章のタイトルは以下のとおりである。

第1章　旧韓国〜朝鮮教育界の山口県人
第2章　旧韓国〜朝鮮の教育と福岡県人
第3章　旧韓国教育界の佐賀県人
第4章　旧韓国と熊本県人
第5章　旧韓国〜朝鮮教育界の鹿児島県人
第6章　沖縄師範学校と「外地」の教育
第7章　東京高等師範学校と旧韓国〜朝鮮の教育
第8章　広島高等師範学校と旧韓国〜朝鮮の教育
第9章　東京女子高等師範学校と旧韓国〜朝鮮の教育
第10章　奈良女子高等師範学校と植民地朝鮮の教育

　全体をつうじて、普通学校（朝鮮人の初等教育機関）・小学校（日本人の初等教育機関）、高等普通学校・中学校、女子高等普通学校・高等女学校、師範学校、実業学校・専門学校などの学校別に、複数の資料を組み合わせて整理し

た日本人教員個々人の経歴を示すという方法により、教員人事の実態を明らかにしている。教員人事の意図を明示した資料がほとんどない現状において、こうした方法によって得られた分析結果は非常に貴重なものと言える。以下においては、1．この分析結果について、2．研究方法や内容などの面で疑問に感じた点について、3．本書の意義について、述べる。

## 1．分析結果について

　日本人教員人事全体の特徴のひとつとして、普通学校と小学校間、高等普通学校と中学校間、女子高等普通学校と高等女学校間の人事異動が盛んに行われたことが指摘されている。つまり、日本人生徒を対象とする学校と、朝鮮人生徒を対象とする学校の間を同じ日本人教員が行き来していたということである。これは、教員となった者に対する人事異動の特徴である。それに対して、以前、拙稿において在朝鮮の師範学校を卒業した者の動向を調査したことがあるが、そこでも同様の特徴があった。師範学校第一部（小学校教員養成課程）を卒業して普通学校に赴任したり、第二部（普通学校教員養成課程）を卒業して小学校に赴任する例が少なくなかったのである[1]。本書では、これについて「「内鮮一体」のひとつの現われとして、異種学校間の人事異動が盛んに行われた」（72頁）と考察している。興味深い考察ではあるが、「内鮮一体」というスローガンと教員人事とが結びついていたことの根拠となる資料が示されていなかった点はやや気になった。

　次に、そのような人事異動が盛んであったにもかかわらず、小学校の訓導から普通学校の校長に昇任する事例は多かったのに普通学校の訓導から小学校の校長に昇任する事例が少なかったことを根拠として、「日本人学校と朝鮮人学校の間に上下関係があった」（28頁）としている。多くの事例にもとづいたこの指摘には説得力がある。ただ、たとえば、日本人教員の中にもこの上下関係の意識があったのかどうか等、別の角度からも説明されていれば、さらに説得力が増したのではないだろうか。

　最後に、同一県出身者、同一師範学校出身者の人脈による人事に関するものである。同一県出身者や同一師範学校出身者が、校長ポストを引継いでいる事例や、同一学校内の教員数全体の中で高い割合を占めていた事例が、各章で紹介されている。多くの事例が示されているので、そうした人事が行われていたという実態がよくわかる。とくに、熊本県における人的つながりの強さは相当

なものだったようである。このように当時は、現在以上に同郷意識等が強く存在していたと思われるが、それが実際の教育活動の上でどのような効果を発揮したのか、あるいは人事を行った側はどのような効果を期待していたのかなどに関する考察が、熊本県以外の県の事例分析においてはあまり詳細でなかったのが残念だった。

## 2．疑問に感じた点

　第一に、県別に検討する意味についてである。「各県なりの特色を見出そうと腐心したつもりである。」（序i）とされているとおり、各県ごとの特徴が各章末にまとめられている。しかしながら、それらの特徴が、日本人教員の人事や教育活動を分析するにあたって、どのような意味をもつのかという点については、やや疑問に感じた。たとえば、同一学校への集中現象や、同県人によるポストの引継ぎなどの現象は、各県独自の特徴というよりも、1．で述べたように日本人教員人事全体の特徴のひとつとして数えられるものではないだろうか。

　また、山口県独自の特徴として山口県人や「1905年5月に「専ら清韓貿易に対する有要なる人材を育成する」ことを目的として開設され」た山口高等商業学校出身者による朝鮮における商業教育への関与があげられているが（48頁）、本書でとりあげられていない長崎県にも同じく1905年に「清・韓方面に活躍すべき人材の造就を主眼とし」て開設された長崎高等商業学校があり、同校においても山口高等商業学校と同じく第二外国語（必修選択科目）として朝鮮語が課せられていたこと等を考えあわせると、山口県のみの特徴でなかった可能性も否定できない。

　そして、福岡県をあつかった第2章では、「朝鮮人を名実ともに日本人たらしめる同化教育に「尽忠報国の誠」をもって臨む姿勢は、当時の日本人教員に共通であったが、それは福岡県人において、より強固であったように思われる。」（72頁）としているが、「より強固」とする理由はどこにあるのか。たとえば山口県人の「「半島同胞同化の大業に微力を捧げ尽くす事は特に防長人に課せられた努めであり誇ではなからうか」という「防長人」意識（49頁）と比較してどのようなちがいや特徴をもつものなのか。わかりにくい点である。

　第二に、第4章と第6章が、やや突出した存在となっている点である。第4章は、熊本県人と閔妃事件との関連や熊本県派遣朝鮮語留学生の活動を主な分析

対象としており、留学生の多くが日語学校の教員になったという記述以外は、書名にある「日本人教員」との関連がうすい。また、第6章は沖縄師範学校の出身者のうち「外地」で教員となった者をあつかってはいるが、朝鮮で教員になった者の割合が非常に低かったこともありそれに関する記述が極端に少なく（164～167頁）、書名にある「旧韓国～朝鮮の」との関連がうすい。

　第三に、高等師範学校以外の師範学校をあつかっていない点である。高等師範学校の卒業生の多くは、本書でも述べられているように、主に中等以上の学校で教えていた。しかし、第Ⅲ部では、初等教育機関の人事も重要な課題のひとつとなっている。そして初等教育機関の方が量的にも多く存在していた。したがって、初等教育機関の教員養成を主にてがけていたその他の師範学校がまったくあつかわれていないのは、第Ⅰ部との関連から考えてもアンバランスな印象を受ける。とくに、朝鮮にあった京城師範学校や京城女子師範学校などの卒業生の勢力は相当なものだったはずである。もちろん、「内地」の師範学校についても検討する必要があっただろう。

## 3．本書の意義

　朝鮮教育史の分野では、政策史や制度史的ないわばマクロな観点から行われる研究が多かったが、本書はそうした研究で見逃されてきた日本人教員個々人の経歴というミクロな観点から行われた研究と言える。

　日本人教員の人事や教育活動は、旧韓国の学部や朝鮮総督府の学務局による政策に大きく左右されていたことはまちがいない。しかしながら、実際の人事や教育活動には、同郷人意識など、個人的なつながりや感情などが影響をおよぼしたこともまた否定できない。資料の上にあまりあらわれてこない、こうした要素は、教育史の全体的把握という流れの中で軽視されてきたのではないか。そうしたなかで、教員個人の経歴をさまざまな資料をとおしてまとめあげるという方法により、ミクロな観点から人事や教育活動の全体像を提示した本書の意義はたいへん大きいと言える。

[注]
（1）拙稿「普通学校の日本人教員に対する朝鮮語教育」『歴史学研究』748、2001年、21頁

# 図書紹介

槻木瑞生他

# 「大東亜戦争」期における日本植民地・占領地教育の総合的研究[※]

佐藤由美[*]

　本書は槻木瑞生を研究代表とする科研費（平成10・11・12年度）の研究成果報告書である。研究論文、文献目録、日本国外天皇写真配布学校一覧の3部で構成され、その目次は以下のとおりである。

第1部
満洲における朝鮮族と普通学校 －満鉄附属地を中心として－　　　　　槻木瑞生
「拓殖」教育考 －拓殖訓練所を中心に－　　　　　　　　　　　　　　渡部宗助
植民地朝鮮における教育行政官僚の思想 －渡邊豊日子と塩原時三郎を中心に－
　　　　　　　　　　　　　　　　　　　　　　　　　　　　　　　　佐藤広美
近代沖縄教育実態史の一側面 －1890年代後半における小学校教員の実践談－
　　　　　　　　　　　　　　　　　　　　　　　　　　　　　　　　藤沢健一
太平洋戦争期における朝鮮の教育内容研究の現状と課題　　　　　　　　磯田一雄
植民地教育認識再考 －日本教育問題としての植民地教育問題－　　　　小沢有作
日本統治下台湾の戦争動員（皇民化運動）期を生きた世代と教育の意義
　　　　　　　　　　　　　　　　　　　　　　　　　　　　　　　　弘谷多喜夫
日中戦争時期における少数民族と教育 －日本の回教工作をめぐって－　新保敦子
1930年代上海租界地の教育 －共同租界工部局の年度報告書を中心に－　王智新
汪兆銘政権下の教育 －『教育建設』の論説記事から－　　　　　　　　佐藤尚子
南方占領地ビルマにおける日本語教育　　　　　　　　　　　　　　　　宮脇弘幸
東南アジアの日本人学校の戦争体験　　　　　　　　　　　　　　　　　小島勝
第2部 植民地・占領地教育史研究文献目録（1945－2000）

＊　青山学院大学非常勤

朝鮮植民地教育史研究文献目録　　　　　　　　　　　　佐野通夫
　台湾植民地教育史研究文献目録　　　　　　　　　　　　弘谷多喜夫
　満洲・満洲国教育史研究文献目録　　　　　　　　　君塚仁彦・大森直樹
　植民地教育関係研究論文目録（華北、蒙彊）　　　　　　　新保敦子
　南洋群島・南方占領地関係教育研究文献目録　　　　　　　宮脇弘幸
　インドネシア日本占領地教育関係文献目録　　　　　　　　服部美奈
　第3部
　日本国外天皇写真配布学校一覧　　　　　　　　　　　　　佐野通夫

　この研究のねらいは、日本の植民地・占領地が最も拡大した時期であると同時に、敗戦により終焉に至る「大東亜戦争」期（1941～1945）の植民地教育について、その複雑な過程を以下の4つの視点から明らかにすることにあった。
　　第一　日本国内の教育政策の展開と対外教育政策の展開の関連を時系列的に追って整理し解明する。
　　第二　植民地・占領地における教育の方式と実態の異同を明らかにする。
　　第三　在住日本人子弟の教育の実情を調べる。
　　第四　植民地・占領地における日本教育の終焉の姿を明らかにする。

　第1の課題に、拓殖訓練所における「拓殖」教育を通じて応えているのが渡部論文である。1933年、盛岡・三重・宮崎の官立高等農林学校に農業移民のための拓殖訓練所が開設された。敗戦により終焉を迎えるまでを対象に、この訓練所の設置の背景、文部省告示と各「訓練所規則」にみられる訓練所の性格、開所式の模様、入所者や職員、訓練の内容・方法、修了生のその後など、各訓練所における「拓殖」教育の実際が明らかにされている。
　佐藤広美論文は、植民地朝鮮における日本の対外教育政策の展開を朝鮮総督府の2人の学務局長、渡邊豊日子（在任期間1933.8～1936.5）と塩原時三郎（同1937.7～1941.3）の教育思想の違いから分析したものである。渡邊が「欧米文明の一翼としての指導者日本」という立場から「同化教育論」を主張したのに対し、塩原は「欧米文明を超える指導者日本」を根底に総力戦体制に向けて「皇国臣民教育論」を主張した。「内鮮融和」政策から「内鮮一体」政策へ、移行期の教育政策の一端をみることができる。
　第2の課題については7本の論文が収録されている。槻木論文は、西間島か

ら満鉄附属地に至る地域の朝鮮族が通う普通学校における教育の実態を具体的に取り上げている。普通学校とは植民地朝鮮における日本語の普及と「同化」を目指す初等教育機関であるが、日本と中国の影響下にある満洲の普通学校では、朝鮮族の教育要求や支配への抵抗とも絡み合って「一枚岩」では描けない植民地教育の複雑な諸相を見せていたことがわかる。

弘谷論文は、日本統治下の台湾において「戦争動員期（1937～1945）」を生きた「台湾人」にとっての日本教育の意義について分析を試みたものである。日本の教育政策の展開がどうであったかではなく、日本の教育を受けた台湾人の人間形成がどうであったかに注目している。対象としたのは2つの世代、辛亥革命（1911）と「満州事変」（1930）の間に青年期を過ごした「Ⅰ世代」と、「満州事変」と日本の敗戦（1945）の間に青年期を過ごした「Ⅱ世代」で、前者から呉新栄（1906－1967）、後者から蘇喜（1921－）を取り上げ、日本への親密感と反日感情が交錯する2人の人間形成の過程を追いながら、教育とは何かを問いかけている。

新保論文は、1930年代以降、陸軍参謀本部を中心として行なわれたイスラーム教徒に対する「回教工作」について日本国内の動きを論じている。亡命ムスリムの活動、イスラーム研究の進展、東京回教礼拝堂、さらには陸軍大将林銑十郎が会長をつとめる「回教工作」の中心機関であった日本回教協会が取り上げられている。日本のイスラームに対する関心は大陸政策、アジアへの侵略と一体のものであったため、訪日したイスラーム教徒の代表団に明治神宮の参拝や宮城遥拝を強制するなど、基本的な理解はなされていなかった。

宮脇論文は、1942年3月の日本占領軍支配の開始から敗戦までのビルマの教育について、その展開と特殊性、実態について考察したものである。日本軍が用いた支配方法は、ビルマ人が仏教信仰に厚いことに着目して僧侶を動員した「宣撫工作」と日本語学校を創設し日本語の普及に努めたことであった。日本語普及の実態については聞き取り調査が行なわれ、その結果が1.占領混乱期の教育環境及び日本語学習の動機、2.軍政下の学校生活、3.日本語教材・教授方法・内容、4.民族関係・生徒教師関係の4項目に整理されている。

その他にも、藤沢論文が「大東亜戦争」期の実態解明のために「欠かすことのできない迂回路」として、1890年代後半の沖縄社会における学校の有り様、教室の実態を『琉球教育』に掲載された現場教師からの報告をもとに検証している。また、王論文が1930年代における上海疎開地の教育を明らかにするた

めに、共同租界工部局学務委員会を取り上げ、その年度報告書（1935年度分まで）の内容を要約し、佐藤尚子論文が、1940年3月、「中国教育建設協会」発行の『教育建設』の論説・記事から、汪兆銘政権下の教育の実態が読み取れるものを抽出し、若干の解説を施すなど、史料の整備を行なっている。

　第3の課題に、東南アジアの日本人学校における在外子弟教育の実際を通じて応えているのが小島論文である。前半では国民学校への制度転換を日本人学校がどのように受け止めたのか、教育理念と教科目から考察し、例えばマニラの日本人学校の場合などは、フィリピンの歴史や地理を教えるなど「現地理解教育」も行なってはいたものの、その目的は「大東亜共栄圏」の建設という文脈であったことを明らかにしている。後半では日本人学校にふりかかった「戦禍」に校長がどう対応したのか、マニラ、シンガポール、バギオの日本人学校長による戦争体験の記録が綴られている。

　第4の課題については、個別の論文のなかに言及しているものがあるほか、当初は植民地・占領地における勅語や奉安殿の廃棄の問題などに接近することが計画されていたという。佐野通夫「日本国外天皇写真一覧」はその布石となる作業と見受けられた。

　この報告書には他にも、日本をはじめ中国、韓国、台湾などの戦後の植民地教育史研究を振り返りながら、その問題点や今後の課題について言及した磯田論文や小沢論文があり示唆的である。研究代表の槻木氏が「この研究はこれからも何らかの形で続けられるものである」と述べておられるが、4つの課題についても多方面からより一層の探究が望まれる。今後の研究の課題やヒントがたくさん詰まっている報告書なので一読をお勧めしたい。


※　研究課題番号10410075。平成10・11・12年度科学研究費補助金（基盤研究B‐1）。「研究成果報告書」平成13年3月、研究代表者・槻木瑞生。

宮脇弘幸編
『日本語教科書——日本の英領マラヤ・
シンガポール占領期(1941-45)』

樫村あい子[*]

　植民地・占領地における支配者、特に教育者の意識を探るには、現地発行の教科書を分析することが、有効かつ重要な研究方法である。いつの時代でも教科書は編纂時の社会を鏡のように映しだし、覇者の観念を国民意識に平常化させ、私たちに語りかけるからである。

　本書は「幻の教科書」といわれてきた、マラヤ・シンガポールで編纂・発行された、日本語教科書（以下教科書）、文法書及び日本語教材を収めた資料集である。「幻の教科書」と言われていた理由は、第一に、日本の敗戦後、軍の関係者たちがこれらの教科書を焼却したこと。第二に、マラヤ・シンガポールは戦後英軍に再進駐されたため、現地民たちも日本軍への協力者という疑いを持たれないように、これらの教科書を処分した。最後に、マラヤ・シンガポール占領期間中、戦局は敗戦に向けてめまぐるしく変わり、人材・資材不足のため、現地では統一普及された教科書を作成できなかった。各教育機関や学校で作成された教科書は絶対量が少なかったためである。以下、各巻の特徴を述べよう。

　本史料の構成は、全六巻からなり、編纂所別・使用場所（学校など）別・種類別にまとめられている。

　第一巻は、軍政監部国語学校が編纂、昭南軍政監部文教科が発行し、軍政監部国語学校で使用された三巻の教科書と作文練習教材、会話集が載っている。軍政監部国語学校は昭南特別市にあった、軍管轄の中心的な日本語学校であった。

　1942年11月から1944年1月まで開設され、総入学者は1304名を数えた。

---

[*]　一橋大学社会学部地球社会学科修士課程

基本的には成人対象の日本語学校であったが、小学生から熟年世代まで在籍し、人種的にも華僑・インド系・マレー人・ユーラシアン（現地民とヨーロッパ人の混血）など混在していた。ちなみに、昭南特別市の学校再開率は、43年3月時点で、たった15％であり、就職のために日本語を勉強しようとする者以外に戦前までの学校が閉鎖されたため、通ってきた者たちもいた。ここで使用されたのが収録されている教科書『国語読本』巻一〜三は、邦人学校の国定教科書を参考に、教師達により手作りされたものである。

第二巻は、馬来軍政監部文教科から発行された、成人用の教科書三巻とマラヤのペラ州政庁発行の『日本語読本』、及び日本語教員養成用の日本語教科書が収録されている。

成人用の教科書は、日本語学校以外の実践的養成所や社会教育のため使用されたようであるが、当時、マラヤ・シンガポールには、昭南船員養成所（43年11月設置）、馬来軍政監部郵政局練成所（44年4月設置）、馬来医科大学（43年4月開校）など、中等・高等専門教育機関が設置され、各機関で日本語教育がなされていた。しかし、その教育内容の詳細は、ほとんど分かっていない。これらの教科書がなんらかの手がかりを与えてくれよう。

第三巻には、昭南日本学園で使用された、『日本語読本　巻一』と『日本語読本　巻二』が収録されている。昭南日本学園は詩人の神保光太郎らの自発的な発意により開設された昭南島で初めての日本語学校であり、シンガポール陥落直後の42年5月から10月末まで運営された。そのため教育内容は神保の精神主義が色濃く出ており、日常会話を主として、日本式儀礼・生活習慣・日本精神・伝統文化なども学校行事のなかで教えた。日本語は、カタカナから入り、ひらがな、やさしい漢字まで教えている。その後、軍政機構整備に伴い閉園するが、軍の管轄となって、前出の馬来軍政監部国語学校へ引き継がれた。そして、44年2月から敗戦までは、昭南特別市教育科に移管され、「昭南特別市クインストリート日本語教習所」として、マラヤ・シンガポールの中心的日本語学校のひとつとして日本語教育を展開した。

また、第三巻には、目を引く史料として、昭南特別市教育科発行の『工業日本語読本　巻一』及び『同　巻二』がある。内容は、まさに工業用語や工場での会話を覚えるために編まれている。一見、工業に携わる学生や労働者向けの学習参考書のようであるが、根底には、著者である鳥居次好の歩兵基地としての、占領地の産業育成への熱意と、当時の日本政府のマラヤ・シンガポールに

対する政策が明示されている興味深い内容になっている。

　さて、第四巻には、前三巻とは変わり、文法書二冊が収録されている。発行年月・著者が不明な『日本語文法』と軍政監部国語学校・馬来上級師範学校で使用された『日本語ノ文法（草稿）』であるが、同じ文法書でも2冊の内容構成は全く異なっており、言語学的な研究材料として、比較・検討してみると面白いだろう。また、実際の日本語教育者達にも、教授法のヒントや新しい発見をもたらす参考となる2冊である。

　第五巻には、軍政監部馬来興亜訓練所が編纂した『国語教科書　下巻』をはじめ、軍政監部国語学校で「練成教育」のため使用された『日本ノ道』と、興亜訓練所の校友会誌『新馬来』、英文で書かれたペラ州の日本語教員養成所用の日本語文法教科書と、バラエティーに富んだ4冊が収録されている。馬来興亜訓練所はその設置目的を軍政監部職員と中堅官吏養成においていたため、授業内容は日本語も含め、精神教育に重点を置いて構成されていた。よって、教科書の内容も愛国主義・軍国主義・精神鍛錬面が強調されたナショナリズム色が濃いもので、日本のイデオロギー教育を鮮やかに反映している。入所者は、多くが軍政監部国語学校などの日本語学校を卒業した者が多かったため、日本語教育の内容はかなり高度なレベルの日本語を教え、使用している。

　最終巻の第六巻は、クアラルンプール宣伝班発行の教科書『正しい日本語 TADASHI NIPPON-GO(STANDARD NIPPON-GO)』が収録されている。この教科書はローマ字併記に加え、英語訳が付されている。日本語の速やかな普及のためには、敵性言語であった英語の使用もやむなしとされたよい例である。(42年10月6日　軍政監より「教育ニ関スル指示」が通達され、「…英語、和蘭語、中華国語ハ補助語トシテ当分使用スルモ…」とある) 他にも多民族国家における日本語普及の例として、同じく収録されている『PELTA BAHASA』は、マレー語・日本語の短文教材であり、『日語捷経』は編者が華人であり、個人や華僑系学校で使用された教科書で、日本語と中国語の漢字の音干渉を避ける表記法を採るなど、それぞれの民族、言語にそくした工夫が凝らされている。

　以上のように、本書は6巻に渡り、マラヤ・シンガポールで編纂・使用され現地民の手により保存されていた貴重な教科書・文法書が収録されている。これらの史料は、未だその作成経緯など詳細は解明されていない。マラヤ・シンガポールでの植民地・占領地教育の歴史的足跡を精査するための、重要な一次

史料である。また、言語学の研究対象としても意味あるものである。

　しかし、今後のより一層のマラヤ・シンガポールにおける日本語教育研究の進展のためにはクリアしなければならない課題が依然残されている。まず、収録された教科書を使用していた学校以外の、一般の初等教育学校での授業内容の解明と教材発掘の問題である。マラヤ・シンガポールでは一般学校では人員・物資不足のため教科書の配給はなかったと言われているが、どのような授業を行っていたのか。第二に、収録されている教科書・文法書を含め、発行された教科書の語学習得面での効率・利便性や、内容の生徒たちへの思想的影響はどうであったか。第三に、当時、多数設立された私塾の教科書・教材・授業内容の解明がほとんどされていないことである。

　以上のことは、現地での教育者関係者と被教育者へのインタヴューの急務を告げている。特に、被教育者の「思い」を知ることは、今、なお横たわる、日本とマラヤ・シンガポールの「歴史認識」の問題を再構築させる助けとなるだろう。戦時下、「学校」「教室」という「場」において行われた日本語教育は、両者間にどのような離齬を刻印し、何を共有させたのか知る媒体としても、「日本語教科書」は貴重なものである。

　本書は、いち史料としての価値だけでなく、日本語教育を通して、占領した側の支配責任をも問うているのではないだろうか。「大東亜共栄圏」という言説を、マラヤ・シンガポールの日本人が、日本語教育・日本語教科書のなかで、いかに具現化していったかを読み解くためにも、今回の本書の復刻は意義あることである。

　願わくば、植民地・占領地教育史研究者だけではなく、現職の日本語教育者、社会科教員の方たちにも本書のシリーズを活用していただきたい。

植民地教育史研究第11号（2002年2月25日）

# 植民地教育史研究

第11号　　　　2002年2月25日

発行　日本植民地教育史研究会　事務局　東京家政学院大学家政学部佐藤広美研究室
　　　　194-0292　東京都町田市相原町2600
　　　　TEL 042-782-0985（研究室）　FAX 042-782-9880（大学）
　　　　郵便振替 00130-9-363885　e-mail　hsato@kasei-gakuin.ac.jp

## 植民地教育史研究のさらなる発展をめざして

運営委員会代表　　宮脇　弘幸

　会員のみなさま，あけましておめでとうございます。
　本年も植民地教育史研究の意義を改めて認識し，また私たちの会の研究活動がさらに発展することを願っております。
　昨年を振り返ってみますと，私たちの研究会と日本の内外でさまざまなことが次々と起こりました。3月の「春の研究集会」直前の事務局長及び1名の運営委員の「辞任・退会」問題，4月には『新しい歴史教科書』の文部科学省検定合格問題，5月には「第5回日本植民地教育史研究国際シンポジューム」（9.18沈陽大会）問題，7月には「在日中国人教科書問題を考える会」（代表王智新）発信の「『新しい歴史教科書』に関する声明」が私たちの会の見解声明（4月23日付会員配布「『新しい歴史教科書をつくる会』の歴史教科書に対する『見解』」）とほぼ同一であった問題などでした（後述）。事務局・運営委員会はその問題一つ一つを慎重に検討し，対応してきました。幸い，運営委員の方々が協力し合い，新しい事務局体制をつくり，今日に至っております。
　悲しい出来事もありました。8月12日，私たちの会の設立に中心的に関わってこられた小沢有作先生の突然の逝去でした。事務局及び運営委員はお通夜と告別式に参列しました。また，12月8日に都立大学の小沢先生の教え子の方々が中心となって「小沢先生を偲ぶ会」が開かれました。
　このように昨年は私たちの会にとって試練の年でした。
　一方，会に新たな活動も始まりました。竹中憲一運営委員が企画・運営の労をとられた研究会は6月から隔月開催され，また「研究活動ニュース」も発行されております。研究会には毎回20名近くの方が熱心に参加され，貴重な研究発表と友好的な交流の場となっております。さらに，『年報4号』には多くの会員の投稿論文，エッセイ，書評などが載せられ，私たちの会員の積極的な研究活動がよく反映されております。
　次に，運営委員会が関わった以下の2点のことについて「その後の経過」としてみなさまに報告いたします。

①「第5回日本植民地教育史研究国際シンポジューム」（9.18沈陽大会）問題

　上記大会が，私たちの会と事前協議・了解なしに「第5回」を冠して開催されることについて，運営委員会として「不可解・不愉快である」という趣旨の文書を中国側関係者に送りました。その間の経緯はすでに会員のみなさまに文書でお知らせした通りです。
　運営委員会は，9月3日付けで，再度，上記主旨の文書を中国開催関係者に送りました。それに対し，宮脇代表と佐野運営委員がある学会で王智新元会員に会った際，王智新氏から中国側の非公式な見解が伝えられました。その要点は，「中国側関係者も大変憂慮している」「『第5回』はこれまで中国側が主体的に開催してきた経緯（一昨年学芸大で開催された国際大会は別）から，また国家プロジェクトの延長として実施している関係から『第5回』をドロすことはできないと最終判断した」でした。その他王智新氏の意見として，「中国側の開催方法は，全国組織の研究会組織・事務局がなく，従って『次回』は，誰かが所属の機関を中心に開催する方式である。日本の研究会・運営委員会・事務局が一貫して継承し開催するのとは異なる。中国側も全国研究者とネットワークを作り，研究会・事務局体制を作ればよいのだが…」が述べられました。
　運営委員会は，「中国側の見解に納得はできない。特に，第2回（宮崎大会）と第4回（一昨年学芸

- 1 -

植民地教育史研究第11号（2002年2月25日）

大学大会）は、明らかに日本側から招聘参加者への財政的助成があり、日本植民地教育史研究会は実質的な共催主体である。私たちに相談のない一方的な開催はやはり問題である」との判断から、王智新氏に「第5回を冠した国際大会開催は遺憾であった」との意見を伝えました。（2001.12.23メール送信）

②「在日中国人教科書問題を考える会」（代表　王智新）発信の「『新しい歴史教科書』に関する声明」（2001.7.14付）問題について

「新しい歴史教科書をつくる会」編纂の中学用歴史教科書に対して、運営委員会は「見解」（2001.4.23付）を発表し、会員のみなさまに送付しました。また、それを中国語・韓国語に翻訳して中国及び韓国の研究者へも送付しました。

この「歴史教科書問題」は、国内のさまざまな研究団体、教育界、市民団体はじめ、近隣アジア諸国からも厳しい反発を引き起こし、マスメディアも連日のように大きく取り上げていたことはご承知のことと思います。それらの動きの中で、在日外国人も「つくる会」の教科書を厳しく指弾していました。その活動のひとつが「在日中国人教科書問題を考える会」（代表王智新　現在は解散）が発表した「『新しい歴史教科書』に関する声明」（2001.7.14付）でした。私たち運営委員の数名にもこの声明が送られましたが、その内容・字句が私たちの「見解」と「瓜二つ」でした。

代表（宮脇）は、王智新氏に「『教科書問題』に在日中国人の人たちが積極的に発言されていることには大いに敬意を表するが、その『声明』が私たちの『見解』とほぼ同一であるが、どうしてか」とメールで問合せたところ(7.20)、「そうであれば遺憾である。声明を撤回するよう指示した。調査して回答する」との回答を受け取りました(7.26)。

長らく回答がなかったので再度回答を求めたところ、同会元代表王智新氏から回答が届きました（10.2）。その要点は以下のものでした。
・「ある種の類似性」が見られることは否めないが、「剽窃」「盗作」には該当しない、と判断する
・「見解」は複数のスタッフによって作成され、繰り返し修正が行なわれたのでどのようにして類似性が発生したのか突き止めることは困難である
・厳重にチェックすることを怠ったためにこのような事態を招来したことは残念である
・代表として責任を感じ、迷惑をかけたことを深くお詫びする

運営委員会は、これを受けて、以下のような話し合いを行ないました（11.18、12.16）。
私たちは、さまざまな運動団体・研究団体が、一緒になって政治的社会的問題に対して声明を発するといった場合、共通の認識をもつこと（つまり認識の共有）は当然のことと承知しているが、王代表の団体の声明は、「認識の共有」という枠をこえたものと考えざるを得ない。
私たちの見解は、会独自の視点にたって、日常的な研究成果を踏まえつつ、『新しい歴史教科書』を細部にわたって検討して見解を表明したものであり、この問題でこれまでいろいろな人々が自らの意見を表明した論文・著作と同じ性格のものであって、その見解と「瓜二つ」のもの（引用）が現れたことは、率直に言って驚きであった。私たちの研究活動と表現の尊重に対する配慮の欠如を感じざるを得ない。王代表からは引用を認めた率直な回答を期待していたが、しかし、回答の内容はそのようなものではない。回答にある謝罪の表明は、受け入れる。

以上の二点が、運営委員会が昨年の後半に対応してきた問題とその経緯です。
研究活動が組織体となるとさまざまな問題が生じますが、運営委員会は、公明で民主的に対処するよう心掛けております。
私たちは、会の原点である「アジアからの信を得る」という視点を失うことなく、今年も多面的な研究と会の発展の年であることを願っております。


## ３月の研究集会のお知らせ
日本植民地教育史研究会・春の研究集会

前回葉書でご案内申し上げた時と、開催場所が変更になっております。お間違えないようにお願い申し上げます。
　変更は、青山学院大学→早稲田大学です。

- 2 -

植民地教育史研究第11号（2002年2月25日）

参加費
　一般　　　　　　１０００円
　院生・留学生　　　５００円

３月３０日（土）　　　　　　　　　　　　　　　　於：早稲田大学７号館１階１０６号室
【総会】　　　　　　　　　　　　　　　　　　　　　　　　　　　　　　　　１３時から１４時

【シンポジウム：植民地教育支配と天皇制　　　　　　　　　　　　　　　　　１４時から１８時
　　　　　　　　―欧米帝国主義支配との違いに視点をおいて―】

　　司会と発題　　　　　　　　　　　　　　　　　　井上薫（釧路短期大学）
　　ベトナムにおけるフランスの植民地教育の性格　　古沢常雄（法政大学）
　　　―フランスの文明化使命とは何であったか―
　　教育権回収運動下の中国キリスト教学校　　　　　佐藤尚子（広島大学）
　　天皇制支配と朝鮮のミッションスクール　　　　　李省展（恵泉女学園大学）
　　指定討論者　　　　　　　　　　　　　　　　　　佐藤広美（東京家政学院大学）

　シンポジウムの趣旨
　　３月の研究集会のシンポジウムは、「植民地教育支配と天皇制―欧米帝国主義支配との違いに視点を
　おいて―」をテーマとして開催いたします。
　　日本帝国主義支配の特徴を欧米帝国主義のそれと比べて論じることは、例えば教育史学会第41回大会
　シンポジウムなどでも取り上げられてきました。今回の研究集会では、欧米帝国主義の支配の形をイン
　ドシナでの事例から考えるほか、あえて、欧米と支配国（日本）との両方からの影響を受けているミッ
　ションスクールを介在させてみたいと思います。
　　欧米の教育、文化侵略に宗教が位置付けられることも多く、ミッションスクールは文化帝国主義の尖
　兵としての役割があったと評価する立場が一方にあります。日本の占領地での教育も、欧米ミッション
　を通しての教育も「奴隷化教育」と評価される傾向にある中国の状況はこの立ち場なのでしょう。とこ
　ろで、宗教が被支配民（族）の力となり得ると考える立場からは、植民地支配・権力支配に対抗して一
　定の力を発揮する可能性もあります。日本の植民地教育支配においては、ミッションスクールが、ある
　状況下では民族主義の立場に立って天皇制に対して抵抗する力を持ちえたと評価する事例も朝鮮、台
　湾に見られます。それは欧米帝国主義の支配とどのような関係にあったからなのでしょうか。天皇制支
　配とは何が違っていたからなのでしょうか。「近代」を持ち込む支配国相互間の利害関係に在地の人々
　はどのような形で絡むのか。「問題」へのそれぞれの対応の違いが天皇制支配の特徴として返ってくる
　のではないでしょうか。
　　今回、そもそも欧米の植民地教育支配の特徴をどのようにとらえられるかについてフランスの事例か
　ら古沢常雄氏に提言していただき、ミッションスクール関係では、中国におけるミッションスクールに
　ついて佐藤尚子氏から、朝鮮におけるミッションとその本国の植民地政策との関連、天皇制支配との関
　連をミッション側の文書を含めて研究されておられる李省展（イ・ソンジョン）氏から提言していただ
　く予定です。指定討論者は天皇制を意識した立場から佐藤広美氏にお願いしています。多くの皆様の御
　参加をお待ちしております。

【懇親会】　早稲田大学会場近くレストラン　　　　　　　　　　　　総会終了後２時間程度
　　　　　　一般・会員　　　４５００円（酒代除く）
　　　　　　院生・留学生　　３５００円（酒代除く）

３月３１日（日）　　　　　　　　　　　　　　　　於：早稲田大学国際会議場３階会議室
【個別発表】　　　　　　　　　　　　　　　　　　　　　　　　　　　　　　　９時から１３時
　　　　　　　　　　　　　　　　　　　　　　　　　　司会：

　　ラジオを通じた「国語」教育―1945年までを通時的に　　　上田崇仁（県立広島女子大学）
　　学部編纂「日語読本」と「国語読本」の相関性　　　　　　李笑利（久留米大学大学院）

植民地教育史研究第11号（2002年2月25日）

戦時下日本におけるタイ語研究　　　　　　　　田中寛（大東文化大学）
　―〈植民地語学〉と日本語教育の関わり―
英語公用語に対する一考察　　　　　　　　　　下司睦子（高知県立中村高校）
　―戦時下英語教育と敵性語化に関して―
植民地教育に対するパラオ人の見解についての一考察　岡山陽子（専修大学・非）
日本統治下におけるこどもの学びと学校―明治期末―　弘谷多喜夫（熊本県立大学）

　　お一人持ち時間は40分です。
　　発表時間は30分。質疑10分。資料は各自ご用意ください。40部程度。


「植民地教科書復刻についての話し合い」

　　　　　　　　　　　　　　　　　　　　　日本植民地教科書大系編集委員会
　　　　　　　　　　　　　　　　　　　　　　　呼びかけ人　宮脇弘幸　佐野通夫　佐藤広美

　植民地教育史研究会の発足後、研究会とは別組織として一部の会員を中心に植民地・占領地の教科書を復刻することが決定され、朝鮮教科書については復刻準備がなされております。全体のまとめ役が小沢有作先生でしたが、小沢先生亡き後この計画をどのように継承するかについて話し合いたいと思います。
　下記の日程で開催を予定しておりますので、「教科書復刻」に当初から関わられていた会員、及び新たに関心のある方はどうぞお集まりください。

　　・日時　3月31日　1時30分～3時30分
　　・場所　早稲田大学国際会議場4階第6会議室
　　・議題　植民地教科書復刻について


―小沢有作先生の思い出―

## 現場からの発想―小沢教育学の継承のために―

　　　　　　　　　　　　　　　　　　　　　　　　　　　　　　　　　　　佐野　通夫

　日本植民地教育史研究会の設立の中心メンバーであった小沢有作さんは2001年8月、突然私たちを残して逝ってしまいました。小沢さんのご冥福をお祈りいたします。小沢さんの教育学理論は、私たちが研究会の中で検討していくべき重要な課題の一つにすべきですが、ここでは小沢さんが理論を組み立てていったときの「現場からの発想」を軸に小沢さんの教育学に学んでいきたいと思います。
　小沢さんは『ぼくをぼくたらしめたもの』という題で自分史を構成しています（耀辞舎、1992年）。人間は人間との関わりの中で、すなわち歴史の中で形成される。逆に歴史を考察するとはそのような人間の形成が見えてこなければならないというのが、小沢さんの歴史観、教育観だと思います。書かれた書物も好きで、ご自宅は本で埋まっていたものの、文字にならない人の声を、聞き書きという方法でとらえるのだとし、また「耳学問」を大事にしなければならないということを主張されました。研究とは目の前の人間の具体的課題に答えるものでなければならないということだと思います。
　小沢さんの活動を思いつくままにあげていっても、在日朝鮮人の民族教育擁護の活動を日朝協会、日本朝鮮研究所で行ないながら、日本人の朝鮮（人）差別のよって来るところを歴史的に明らかにして、『民族教育論』（明治図書、1967年）としてまとめました。その間、1963年には朝鮮民主主義人民共和国を訪問しています。1976年にはアフリカ・タンザニアに滞在してその教育事情、またニエレレの教育思想を紹介しています。八王子養護学校の実践報告会にも足を運んでいました。1990年の国際識字年には『かながわ識字国際フォーラム』の実行委員長をつとめました。アフリカ映画祭の実行委員長もつとめています。この『かながわ識字国際フォーラム』開会のあいさつを楠原彰さんが「弔辞」の中で紹介しています（『植民地教育史研究年報』第4号所収）。「識字学習者から話す、自分をくぐらせて語る、

植民地教育史研究第11号（2002年2月25日）

みんな平場で」というものです。
　小沢さんは書くものには細心の注意を払ってさまざまな立場の人を考えているのに、いろいろな研究会等では厳して相手を非難することもあり、その落差に驚くこともありました。そんなことで小沢さん自身が権威となっているのではないかと感じられる側面もありました。しかしそれはこの現場から学ぶという小沢さんにしてみれば譲れない原理を、特に「研究者」という立場の人間が犯していると感じられたときの怒りでした。
　このように人の言葉から学ぶことを求めた小沢さんですから、具体的な生きた人間の言葉を否定する「自由主義史観」「新しい歴史教科書をつくる会」は決して許すことのできない存在でした。その理解できないもの、許すことのできないものを、小沢さんは何故今の日本でこのようなものがおきてくるのかという背景において「理解」しようとし、格闘しました。まだまだ書き足りなかったと思いますが、最後の文章を私たちは『年報』に見ることができます。またこの文章の完成にいたる経緯も佐藤広美さんが報告しています。
　日本植民地教育史研究会の発足会で私は「旧植民地から植民地教育を考える－韓国とジンバブエの体験から－」と題して報告させていただきました。お前も韓国とジンバブエに暮らしたのだから、暮らした者として語れということが小沢さんの求めでした。小沢さんの「怒り」も引き継いで、小沢さんの教育学を発展させていきたいと思います。


## ついに『植民地教育の支配責任を問う』（年報第4号）刊行
### 総頁357！　力作満載

特集　歴史教科書問題と植民地教育
　　「新しい歴史教科書をつくる会」編中学歴史教科書批判声明　　　　　　　　　　運営委員会
　　アジアの孤児をつくる歴史教科書　　　　　　　　　　　　　　　　　　　　　　宮脇弘幸
　　植民地支配責任は語られなかった　　　　　　　　　　　　　　　　　　　　　　佐藤広美
　　歴史教科書問題に思う（エッセイ）
　　　　　　　　　楠原　彰、蔵原清人、中野　光、劉　麟玉、弘谷多喜夫、松浦　勉
　　歴史を問う、教科書を問う　　　　　　　　　　　　　　　　　　　　　　　　　佐野通夫
　　近年の教科書政策と歴史教科書問題　　　　　　　　　　　　　　　　　　　　　井上　薫

論文
　　仏領インドシナ、ヴェトナムにおける植民地言語教育とその政策　　　　　　　　下司睦子
　　日中戦争期の朝鮮、台湾における日本語教育事情　　　　　　　　　　　　　　　多仁安代
　　建国大学の理想と実相―皇道教育思想と言語観　　　　　　　　　　　　　　　　田中　寛

方法の広場（研究動向）、
　　「第4回植民地教育史研究国際シンポジウム東京大会」から　　　　　　　　　　 渡部宗助
　　日本近現代障害者問題史研究の立場から　　　　　　　　　　　　　　　　　　　清水　寛
　　韓国における日帝植民地時代教育史研究動向　　　　　　　　　　　　　　　　　鄭　在哲
　　台湾における日本統治期の教育史に関する研究動向について　　　　　　　　　　呉　文星

書評
　　竹中憲一『「満洲」における教育の基礎的研究』　　　　　　　　　　　　　　　槻木瑞生
　　佐藤由美『植民地教育政策の研究：朝鮮』　　　　　　　　　　　　　　　　　　廣川淑子
　　王ほか編『批判：植民地教育認識』　　　　　　　　　　　　　　　　　　　　　三ツ井崇
　　渡部・竹中編『教育における民族的相克』　　　　　　　　　　　　　　　　　　石川啓二
　　安川寿之輔『福沢諭吉のアジア認識』　　　　　　　　　　　　　　　　　　　　中島　純
　　長野県歴教協『満蒙開拓青少年義勇軍と信濃教育会』　　　　　　　　　　　　　一盛　真
　　呉成哲『植民地初等教育の形成』　　　　　　　　　　　　　　　　　　　　　　古川宣子
　　陳培豊『「同化」の同床異夢―日本統治下台湾の国語教育史再考』　　　　　　　 前田　均

編者自身の資料紹介

植民地教育史研究第11号（2002年2月25日）

磯田一雄ほか編『満洲日本人用教科書集成』　　　　　　　　金　美花

追悼小沢有作先生
　追悼文　　　　　　　　　　　　　宮脇弘幸・楠原彰・柿沼秀雄・佐藤広美
　遺稿・歴史教科書問題に寄せて　　　　　　　　　　　　　　小沢有作

　　　　　　　　　　　注文先
　　　　　　　　　　　166-0004　杉並区阿佐ヶ谷南1-14-5　皓星社　担当原島峰子
　　　　　　　　　　　電話　03-5306-2088　ＦＡＸ　03-5306-4125
　　　　　　　　　　　定価　2000円＋消費税
　　　　　　　　　　　会費4000円納入の方は、皓星社から送付されます。

■諸連絡（事務局から）■

1，会費納入のお願い

　この通信の入った封書の宛名下に、会員の皆さんの会費納入状況を記しました。
　「００会費未」は、2000年度会費（2000円）未納を、
　「０１会費未」は、今年度・2001年度会費（4000円）未納を、意味します。
　納入されている場合は、○印です。

　以下の振り込み先に納入をお願い申しあげます。

　郵便振替　00130-9-363885　日本植民地教育史研究会

2，会費４０００円について

　今年度から会費は、4000円となりました。『年報』（代金＋送料）の2000円分を含めたものです。会費4000円を支払って、最新の『年報』（第４号から）が送られることになります。4000円を支払われていない場合は『年報』が届きません。未納の方は、至急、支払いを済ませてください。
　『年報』第４号は、今年１月に刊行されました。

3，名簿について（メールアドレス管理）

　事務局では、会務の連絡の迅速化と経費節減のため、電子メールアドレスをお持ちの会員のみなさまには、メールにてご連絡を差し上げることをいたしてきましたが、今後、これを一層拡充することを計画いたしております。ぜひともご協力ください。つきましては、名簿への登載など、メールアドレス情報の管理という点から、いくつかの確認事項をこちらで用意いたしましたので、会員のみなさまには、これらの諸点に関して、下記のアドレスまでご連絡くださいますようお願い申し上げます。

１．メールアドレス（すでにお届け済みの方も、まだの方も）。
２．名簿への登載の可否。（「否」の場合、名簿へは登載いたしません）。
３．名簿登載用とは別に事務連絡を受けるアドレスをご希望の場合（こちらは名簿には登載いたしません）は、そのメールアドレス。
４．その他ご意見。

　送付先アドレス：mt12713988@yahoo.co.jp
　件名に、［植民地教育史：メールアドレスの件］とご記入ください。　　　（事務局：三ッ井崇）

4，返信用の葉書に、集会の参加状況を記入の上、３月２０日までに届くようご投函ください。

植民地教育史研究第12号（2002年6月4日）

# 植民地教育史研究

第12号　　　2002年6月4日

発行　日本植民地教育史研究会 事務局　東京家政学院大学家政学部佐藤広美研究室
　　　194-0292　東京都町田市相原町2600
　　　TEL 0427-82-0985（研究室）　FAX 0427-82-9880（大学）
　　　郵便振替　00130-9-363885　e-mail　hsato@kasei-gakuin.ac.jp

## 小沢先生を偲んで

広木　克行（長崎総合科学大学）

　小沢先生との永遠の別れは突然やってきました。都立大学を退職された後もそれまで以上に若々しく、元気に活躍しておられると伺っていただけに、夏の日のあの訃報は本当に突然やって来たというのが実感でした。先生に研究・教育者として生きる道を教えていただきながら失礼を重ねてきた者として、心から哀悼の意を表するとともに思い出をここに刻んで感謝の気持ちの一端を表したいと思います。

　小沢先生について私の心に深く刻まれた記憶は少し歴史を遡り、1960年代の終わりから70年代の終わりにかけての学部と大学院時代の思い出に重なるものです。79年から今日までは東京を離れて長崎の私立大学で仕事をし、大学における教育と運営の仕事の他に地域の教育運動と不登校問題にとり組みはじめたために、先生とお会いする機会がとても少なくなっていました。

　しかし私にとって、学生時代と院生の時代に小沢先生から受けた影響は根元的なものであり、非常に大きなものだったということができます。それは学問的な影響だけではなく自己認識と生き方に関わる影響だと表現できるものです。

　なかでも1968年の春、都立大学で開講された小沢ゼミの記憶は鮮明です。それは『民族教育論』をテキストにしたとても刺激的なゼミでした。若々しい小沢先生を囲んで受講生7〜8人位のそのゼミは、目黒キャンパスに建てられたばかりの新校舎のゼミ室で行われました。早速手に入れたテキストの前半はゼミがはじまる前に目を通しましたが、それを読んだときの衝撃は忘れることはできません。読み進めるたびに心につき刺さる問いの重さははじめての心理的体験でした。でもそれは決して不快な重さではなく、真実に向かって開かれて行く重さであったと表現できると思います。

　教育学を学びはじめ、「教育」や人権そして民族などについて考えているつもりになっていた私でしたが、テキストを読んでまず気づかされたことは、自分自身を歴史的な被教育者として対象化して捉える視点を持っていないということでした。自分の中にある拘わりや序列意識そして抜きがたい偏見などの一つひとつが、社会と学校を通して人間を通して形成される教育的な作用の結果に他ならないことを知らされたのです。その時、自己の対象化をくぐらぬ教育認識の浅薄さを思い知らされた感じがしました。それはテキストを読みながら一人赤面し、心臓の鼓動を感じ続ける体験といっても決して大げさではありませんでした。

　そのゼミの3回目か4回目だったと思いますが、小沢先生は受講生に「知っている国の名前を全部言ってみてください」と問いかけたことがありました。そして学生が挙げる国名を一つひとつ板書していかれました。その作業がおわり黒板に書かれた国の名前を見ながら、先生は「皆さんの地球は丸くないですね」と笑って言われました。そして「北側に偏ったゆがんだ地球のようですね」と言われた後、アフリカ、オセアニア、中南米の国々の名前をたくさん書き加えていかれました。

植民地教育史研究第12号（2002年6月4日）

　先生はその作業を通して当時の日本人大学生が持っている世界に関する認識の質を具体的な形で見せてくれました。つまり親欧脱亜や西高東低あるいは北半球中心の世界観が、それとは自覚されない形で受講生の意識を支配していることを示してくれたのだと思います。
　先生が受講生に対して話された多くの事柄の中でこの光景とともに思い出されるのは、それらの国の名前を知らなくても痛痒を感じずにいられることの意味について語ってくれたことです。すなわちそれは、どの国にもどの民族にも歴史を刻み文化を育んでいる人間の営みがあることへの無関心に他ならないこと、そしてその無関心の根底には経済的な利害や発展という視点にのみ立脚した世界観があることなどでした。先生はそのことをはにかみにも似た笑みを含んだ表情で繰り返し話してくれたのです。
　私がベトナムの教育について調べはじめたのはこのゼミがきっかけでした。もちろんベトナム反戦運動との関わりはありましたが、小沢先生との出会いがなければそれを調べて卒業論文にまで仕上げることはあり得ませんでした。図書館に行ってもベトナムに関する資料がほとんど見つからない中で、小沢先生はおそらく古書店などで買い集められたに違いない和文と英文の本を惜しげもなく何冊も貸してくださいました。レオ・フィゲールの『自由ベトナム訪問記』やボー・グエン・ザップの『人民戦争・人民の軍隊』もありましたし、『ホー・チミン選集』（英文、全4巻）もその中にありました。
　そして卒業論文を直接指導していただいたのですが、その中で小沢先生が常に私に求められたのは「真実に語らせる」ことと「自分の言葉で語る」ということでした。理論の言葉を使って表現したつもりになることを戒め、それを具体的な事実で伝えることの重要性を強調しながら何度も書き直しを要求されました。それは未熟な当時の私にとってとても厳しく感じられるものでしたが、44年を経た今日も教育者として一貫した小沢先生のその姿勢は私の仕事を励まし、戒めてくれるものになっています。そしてその姿勢は、19年のあのゼミで黒板に多くの国の名前を書き続けながら語ってくださった先生の姿に重ねて懐かしく思い出すことができます。心からの感謝の思いとともに……。
　小沢先生、本当にありがとうございました。

2002年5月記す

## 春の研究集会の報告

　去る3月30日、31日に早稲田大学にて、研究集会が行われました。1日目は、総会のあと、シンポジウム「植民地教育支配と天皇制－欧米帝国主義支配との違いに視点をおいて－」を行い、その後、懇親会を開きました。2日目は、個別研究発表で、5本の報告がありました。詳しい内容は、次号『年報』に掲載予定です。お楽しみに。9月末刊行予定です。
　ここでは、総会において承認された、昨年度活動報告と今年度方針を掲載します。あわせて、会計報告を載せます。
　また、上記シンポジウムについて、お二人からの感想を書いていただきましたので、それを載せます。感想はどちらもきびしい批判的な意見であり、感想だったように思います。シンポジウムの難しさを痛感してます。しかし、批判を糧に、今問われるべき課題に、より根源的にせまるテーマとその報告の視点・角度を明確にできるよう怠りなく、努力していきたいと考えています。

【0】議案
1，2001年度活動総括案
2，2002年度活動方針案
3，会計報告と予算案
4，運営委員会体制について
5，その他

植民地教育史研究第12号（2002年6月4日）
【Ⅰ】，２００１年度活動総括案
 １，第４回の研究集会を行った。
　　２００１年３月２４日（青学会館）
　　第５回の研究集会の準備を行った。2002年3月30・31日、早稲田大学にて開催。

 ２，通信１０号と１１号を出した。適宜、会員に事務連絡を葉書とメールにて送付した。

 ３，『植民地教育の支配責任を問う』年報第４号を刊行した。刊行は2002年１月。
　　『年報』第５号の投稿受付を行った。３本の投稿希望があった。

 ４，会員の名簿を作成し、発送した。

 ５，『新しい歴史教科書』批判の取り組みと運営委員会体制について。
　・「自由主義史観研究会」会員の入会などの対応をめぐり、集会（総会）直前に運営委員１名と事務局長が退会した事態について、運営委員会の基本的な態度表明を行った。
　・「第４回春の研究集会の報告と運営委員会の方針」（４月19日）
　・「アジアと共に歩む歴史教育―「新しい歴史教科書をつくる会」の歴史教科書に対する見解」（４月23日）
　　このふたつの文書は、中国語訳、韓国語訳にして、中国・韓国の研究者に送付した。
　・『年報』第４号に特集「歴史教科書問題と植民地教育」を組んだ。

　・事務局を担ってきた会員の退会（３月時点）により、２００１年８月まで、暫定的に宮脇弘幸代表が事務局長を兼ね、事務局に、佐藤広美、佐野通夫が入った。
　　２００１年９月から、以下の新体制を組んだ。
　　　代表　宮脇弘幸
　　　運営委員　磯田一雄、井上薫、佐藤広美、佐野通夫、竹中憲一、弘谷多喜夫、渡部宗助、
　　　年報編集、佐藤広美、竹中憲一、井上薫、小沢有作、
　　　研究部、竹中憲一、
　　　事務局、佐藤広美（事務局長）、佐野通夫、三ツ井崇

 ６，研究部会を定期的に開催した。
　　第１回　６月２日、小沢有作・佐藤広美報告「新しい歴史教科書批判」
　　第２回　７月７日、田中寛「建国大学の理想と実相」
　　第３回　９月22日、樋口雄一「植民地支配下の朝鮮人に対する徴兵令・教育」
　　第４回　11月10日、前田均「台湾民衆史としての植民地教育史をめざして」
　　第５回　１月12日、槻木瑞生「間島の朝鮮族と近代教育について」
　　第６回　５月18日、槻木瑞生「植民地教育史の方法について」
　　場所は、早稲田大学。常時２０名前後の参加者があった。
　　参加報告記を掲載する「日本植民地教育史研究会　研究活動ニュース」が第５号まで発行された。

 ７，その他、
　・「第５回日本植民地教育史研究国際シンポジウム」（９月18日、沈陽大会）について、これまで実質的な共催関係をとってきた同シンポジウムが、今回、事前協議なしに開催されたことへの「遺憾表明」（2001年９月３日、12月23日）を行った。
　・「在日中国人教科書問題を考える会」（代表王智新）発信の「『新しい歴史教科書』に関する

植民地教育史研究第12号（2002年6月4日）

　　　声明」について、同声明が、私たちの「見解」（4月23日付）と「瓜二つ」であったことへの事情照会（7月20日）と遺憾表明（12月16日）を行った。
・前研究会代表の小沢有作先生の葬儀（8月16・17日）に参列し、偲ぶ会（12月8日）に参加した。
・「植民地朝鮮の教科書複刻」事業（皓星社）に参加、協力を行った。
・会員への事務連絡について、メール通信を取り入れた。


【Ⅱ】、2002年度の活動方針案
　1，2003年3月に研究集会を開催する。場所は、四国学院大学を予定。

　2，『年報』第5号の編集と刊行を行う。
　　　『年報』第6号の投稿受付と編集を行う。

　3，「通信」を2回出す。適宜、連絡用の葉書を出す。その際、メール通信を併用する。

　4，研究部会を開催する。
　　　5月と秋に2回の、計3回程度。

　5，「植民地教科書体系朝鮮編」刊行（皓星社）の事業に協力する。また、他の地域の「体系」刊行の事業に協力する。

　6，運営委員会体制について
　　　代表、宮脇弘幸
　　　運営委員　井上薫、佐藤広美、佐野通夫、竹中憲一、田中寛、弘谷多喜夫、渡部宗助、
　　　年報編集、井上薫、岡山陽子、佐藤広美、田中寛、
　　　研究部、竹中憲一、三ツ井崇、
　　　事務局長、佐藤広美
　　　事務局員、岡山陽子、佐野通夫、三ツ井崇、


　7，その他
・植民地教育史研究国際シンポジウム（韓国）、12月開催予定
・「資料：アジアの視点で見る日本近代教育史・年表」（仮称）など、植民地教育史研究の出版刊行事業の可能性を追求する。
・研究会の「規約」作成について検討を行う。
・研究会への入会申し込みについては、現会員による推薦者の欄を設けて、申込用紙を作成する。

## 2001年度会計報告(2001年3月20日〜2002年3月29日)

| 収入 | | | |
|---|---|---:|---|
| | 前年度繰越金 | 33,866 | (2001年度会費前受け分 2000×1 = 2000 円を含む) |
| | 会費(2000年度分) | 18,000 | 2000×9 |
| | 会費(2001年度分) | 226,000 | 4000×56 + 2000×1 |
| | 会費(2002年度分) | 20,000 | 2000×2 + 4000×4 |
| | 第4回春の研究集会参加費 | 13,500 | 500×27 |
| | その他 | 10,000 | 会員よりの寄付 |
| | 計 (a) | 321,366 | |

| 支出 | | | |
|---|---|---:|---|
| | 通信費 | 89,520 | 切手、はがき |
| | 印刷費 | 1,840 | |
| | 編集費 | 24,200 | |
| | 人件費 | 15,000 | 声明文翻訳、会報発送作業等 |
| | 消耗品費 | 9,656 | |
| | 年報代 | 114,000 | 2000×57(第4号7冊分未執行代を含む) |
| | 計 (b) | 254,216 | |

| | 次年度への繰越金 (a) | 67,150 | |
|---|---|---:|---|

※ 2001年度会費納入率　57÷98＝0.5816…(約58.2%)

### 2002年度予算

| 収入 | | | |
|---|---|---:|---|
| | 前年度繰越金 | 67,150 | |
| | 会費(2002年度分) | 236,000 | 2000×2 + 4000×58(60人) |
| | 第5回春の研究集会参加費 | 22,500 | 500×15 + 1000×15(30人) |
| | 計 | 325,610 | |

| 支出 | | | |
|---|---|---:|---|
| | 通信費 | 80,000 | |
| | 印刷費 | 10,000 | |
| | 編集費 | 25,000 | |
| | 人件費 | 20,000 | |
| | 消耗品費 | 10,000 | |
| | 年報代 | 120,000 | 2,000×60 |
| | 第5回春の研究集会会場費 | 11,760 | 早稲田大学 |
| | その他 | 48,850 | |
| | 計 | 325,610 | |

※ 2002年度会費納入見込み　60÷95＝0.6315…(約63.2%)

植民地教育史研究第12号（2002年6月4日）

## 共通の教育実態（素材）からテーマを立ち上げてほしい
――シンポジウムに参加して――

佐藤　由美　（青山学院大学非常勤講師）

　シンポジウムのテーマは、「植民地教育支配と天皇制　－欧米帝国主義支配との違いに視点をおいて－」。初めに司会進行役の井上薫さんから、この企画について次のような説明があった。日本と欧米の植民地教育支配を比較する試みはこれまでにもあったが、今回は中間勢力である欧米のミッションスクールを介在させて、それぞれの地域にどのような状況や可能性があったのかを探究してゆきたい。報告をお願いした3名の先生方、古沢常雄さんには欧米植民地支配の特徴を、佐藤尚子さん、李省展さんには中国、朝鮮のミッションスクールについてそれぞれお話しいただき、最後に指定討論者の佐藤広美さんに日本との繋がりを補い、天皇制を意識した立場からシンポジウムのまとめをしていただく。たしかそんな主旨だったと記憶している。

　個別の報告はとても興味深く拝聴した。古沢先生はヴェトナムに対するフランスの植民地教育政策について、先行研究や史料の状況を御自身が研究を進めていく上での体験談をもとに紹介してくださった。佐藤先生と李先生の報告からは、中国社会と朝鮮社会におけるミッションスクールの位置とその教育の受け止め方の違いを学ぶことができた。中国のミッションスクールでは「奴隷化教育」が行なわれたとして教育権回収運動が起こり、朝鮮のミッションスクールでは「民族教育」が行なわれ、日本の支配に抵抗する独立運動の拠点になっていた。李先生の報告では、崇實学校に通う子どもたちの100%がクリスチャンの家庭であったというお話も印象的だった。かつてソウルの大学路にある教会を訪れたことがあるが、老若男女、子どもたちが集い、賑やかで庶民的な雰囲気であったことを思い出した。教会というと何となく厳かな場所という印象をもっていたので違和感があったのだが、朝鮮のキリスト教は庶民の生活のなかに溶け込んで、朝鮮の民衆とともに歩んだのかもしれない。同じミッションスクールでも時代背景や社会状況、国際関係、文化的風土などによって、受容の仕方、度合いがかなり異なることを具体的に知ることができた。

　次にシンポジウム全体の構成についていくつか感想を述べてみたい。
　まず、テーマが大き過ぎたためか、企画者の意図と報告内容の間に「ズレ」を感じた。古沢先生の報告は、欧米の植民地教育政策の特徴を捉えた代表的事例というわけではなかったし、そもそも欧米帝国主義支配の特徴といっても、宗主国と被支配国の関係の数だけ統治の形態があるのだから一括りにするのは困難なのではないだろうか。ミッションスクールとテーマとも距離があるように感じられた。特に中国の場合、植民地教育支配や天皇制と教育権回収運動をどのように結びつけて考えればよかったのだろうか。指定討論はテーマとは直結していたが3人の報告を踏まえたものにはなっておらず、「植民地教育支配と天皇制」について独自の考察が行なわれていたという印象を受けた。

　比較の対象も明確でなかったような気がする。ミッションスクールを介在させて欧米帝国主義（キリスト教）の植民地教育支配と天皇制による日本の植民地教育支配の何を比較すればよかったのだろう。フロアからの発言のなかに、「植民地の近代化を考える際のひとつの視点として、ミッションスクールは中国、または朝鮮に近代科学（例えば技術や実学）を持ち込んだのかどうか」という質問があったが、これなどは「比較のモノサシ」として、とても具体的だと思った。例えば、ミッションスクールが用意したカリキュラムや教科書、日本統治下の台湾や朝鮮のカリキュラムや教科書、さらには欧米諸国が植

民地向けに用意したカリキュラムや教科書、そのなかにどれだけ近代科学の要素があるかを丹念にみていけば、それぞれの教育支配の実態が浮き彫りになるのではないだろうか。また、単に欧米と日本を比較して違いを明らかにすることに意味があるのではなく、その関係性や重層構造に目を向けていく必要があるのではないかという発言もあって共感できた。

今回のシンポジウムでは、テーマとそれぞれの報告に距離があったうえに、報告の印象の方が強かったので、「天皇制」や「欧米帝国主義」が浮いてしまったような感じを持った。もともとイデオロギーを説明する言語は解釈に食い違いがあったり、実態がつかみづらかったりして困難がつきまとうものだと思う。今後さらに実りの多いシンポジウムを企画するにはどのようなテーマ設定をすればいいのだろうか。共通の資料（素材）や教育の実態からテーマを立ち上げることはできないだろうかなどとボンヤリ考えている。それにしても、感想を書くことになっていたこともあって、久しぶりに最初から最後まで集中して参加したシンポジウムだった。関係者の皆さま、有難うございました。

## 有機的な関係を考え、全体をつかむために
―研究集会に参加して―

李　政樹（広島大学大学院）

ほぼ1年ぶりの上京である。久しぶりの研究会への参加に期待を抱いて、会場である早稲田大学を訪れた。窮屈な夜行バスに乗って一晩中走ってきたせいか、疲れが完全にとれていない。その上、2度目の訪問であるにもかかわらず、道に迷ってしまい、会場を探すのに一苦労した。周りは学生のガイダンスなどですごい賑わいである。私もあのような時代があったなと思うと感無量である。広大とはまた一味違う雰囲気である。場所の確保が難しかったらしく、会場は意外にそれほど大きくないこじんまりとした教室であった。

予定時刻の13時を少し過ぎたところで総会が始まった。主な案件は、研究会の2001年活動総括と2002年活動方針、会計報告と予算案及び運営委員会体制などが協議された。

14時からは本日のメイン行事であるシンポジウムが行なわれた。テーマは「植民地教育支配と天皇制－欧米帝国主義との違いに視点をおいて－」である。自分の研究テーマは、「植民地期朝鮮」、とりわけ、「日本語教育」である。しかし、普段の研究領域が朝鮮半島と日本内地に限定されているなとつくづく感じていたので、これは大変興味深いテーマでもあった。

井上薫先生の司会でまず趣旨の説明から始まった。テーマは去年の運営委員会で方向が決まったようだ。これは教育史学会でも扱われたテーマでもあり、欧米との比較を通して新しいヒントを得ることが目的であるという。欧米のミッションスクールが文化帝国主義の尖兵としての役割を果たしたという評価に対し、台湾及び朝鮮のような日本の植民地教育の支配下においては、そのような側面があった一方、宗教が被支配者の力としても作用した事例もあったという。したがって、それが欧米帝国主義とどのように関係しており、どう違っていたのかを探ることにあるという。

発表テーマとパネラーの紹介の後、始めに古沢常雄先生から、「ヴェトナム（越南）におけるフランスの植民地教育政策－「文化的使命」をめぐって－」というタイトルで発表があった。先生は教育史が専門ではないと断った上で、フランスの事例の紹介と研究における文献・資料の不足による苦心談及び

植民地教育史研究第12号（2002年6月4日）

問題点などを述べられた。それは一部少数のエリート中心の教育であり、しかも明らかな不平等教育且つ奴隷化教育であったという。しかし、時間的制限がある上、多くの資料を用いて説明されたので、説明しきれないところも多く、予備知識を持ち合わせていない私としては正直わかりづらいところが多かった。

引き続き、佐藤尚子先生から、「教育権回収運動下の中国キリスト教学校」というタイトルでの発表があった。中国キリスト学校は、中国政府の関与がきわめて小さく欧米依存度が大きかったミッションスクールから、中国政府が「教育権」を回復した中国の私立学校へと移行したという特徴を持っているという。先生はキリスト学校の歴史を追いながら、中国との関係を「教育回復運動」に焦点を合わせて言及された。

特に興味があったのは、対象として朝鮮を扱っている李省展先生の発表「文明化とキリスト教化の相克―天皇制支配と植民地朝鮮のミッションスクール―」であった。先生はまず、「文明化」と「キリスト教化」とは分けて考えなければならないとした上で、「朝鮮ミッションスクールの特徴」を、現地語による教育、アメリカの学校をモデルにした学校教育、宗派による特徴、植民地支配におけるミッションスクールの役割などを挙げながら述べられた。また、極秘資料による宣教師と総督府との間の会合内容なども紹介された。

指定討論者である佐藤広美先生のコメントに先立ち、司会者の提案により、3先生の発表のなかで充分できなかったいくつかの質疑応答が行なわれたが、やはり時間などの制約により充分な討論は行なわれなかった。佐藤広美先生が3先生の発表を簡略にまとめ、「天皇制と植民地教育」、「同化―皇民化」についていくつかの問題提起を行なった。シンポは、全体的に見てそれぞれの発表内容は興味深く、示唆されるところが多かったが、討論においては時間などの制約がきつかったし、意見がすれ違う場面が度々あった。最後に当初目的としていたシンポの趣旨に合致する内容には成り得なかったという意見とそれに伴ういくつかの課題提議が行なわれた。自分にとってもシンポの内容は、文献などを読んで勉強しなければならない内容を、それぞれを専門とする先生方の、生の声で聞くことができてよかったと思う。しかし、個々の発表は大変有意義ではあったものの、その有機的な関係を考え、全体を見ようとしたとき、やはり自分の勉強不足・理解力不足などもあって、やや難しかったというのが正直な感想である。

■編集後記■
会費納入のお願い
　この通信の入った封書の宛名の下に、会員の皆さんの会費納入状況を記してあります。
「01会費未」は、昨年度2001年度（4000円）未納を、
「02会費未」は、今年度2002年度（4000円）未納を、意味します。
特に、
手書きで、2000年度会費（2000円）未納の方を、記しました。
よろしく振り込みの方、お願い申しあげます。
納入されている場合は、○印「02会費○」と記されております。
郵便振込　00130-9-363885　日本植民地教育史研究会

現在、『年報』第5号の編集作業を行っております。力作が次々と寄せられております。なんとしても、9月末（？）に予定されている教育史学会（於：中央大学）研究大会に、刊行を間に合わせたいものです。前号が、特集に歴史教科書問題を組み、さらに分厚い点でも好評だったようです。今号もまた、それぞれに個性的で誠実な研究成果を、世に問いたいと思っております。有事（戦争）法制案の審議の最中、現実の危機に真に応える研究成果を公表したいものです。
来年の春の研究集会（3月末）は、四国学院大学が開催予定地です。佐野通夫さんが張り切っております。温泉旅行もしようとの声もあがっております。楽しみです。（広）

# 編集後記

　研究会会員・読者のみなさまに、本誌の刊行が大幅に遅れたことをお詫びしなければなりません。また、執筆者の方々にも大変なご迷惑をおかけし、ご心配をいただきました。

　今後、このような遅れがないよう深く反省し、いくつかの改善点を運営委員会で話し合いました。

　これまでは、春の研究集会で発表していただいたシンポジウムと個別の報告を、5月末までに締め切って原稿を届けてもらうようにしましたが、それはかなり無理があるのではないかということになりました。

　そこで、刊行の時期を大幅にずらし、

①春の研究集会の開催に合わせて刊行する。研究集会の会場で、前回研究集会の記録を載せた『年報』をお渡しする。教育史学会などで行っている形式。

②企画・編集に関する検討を慎重かつ丁寧に行い、編集部の役割・責任の内容をより明確なものにしていく。

　等が話し合われました。次期の総会にて決定したいと思っております。

　本書のタイトル（文明化問題）にかかわって一言のべます。現在、「文明の衝突」あるいは「西洋文明対イスラム文明」という世界を単純化する文明史観（ブッシュ政権）が登場し、戦争の危機はいっそう深刻化しております。文明化をどのように解くか、は現在焦眉の課題でしょう。植民地・占領地への「文明的教育の押し付け」問題は、今日にまで尾を引く解明すべき課題ととらえることができるのではないでしょうか。その根本的な分析が求められている、と考えました。

　本誌が、その「文明化と民族支配・植民地教育支配」の解明に少しでも貢献できることを願っております。（佐藤広美）

　編集責任を年度途中から引き受けた。掲載には、旧植民地・占領地の研究者の目に触れて問題がないかどうかを意識した。冊子体で残るからである。

　「多様」な研究があることを認めつつも、研究会としてしっかりした方向性を確認する時期に来たように思う。一つは「アジアに信を得る」こと、もう一つは「史料に基づいた研究」の上に、史料批判とこれまでの研究の蓄積を踏まえた研究を行うことの二つである。かつて、支配―被支配関係のなかで被支配側に残してきた問題については無神経では済まされない。

　自分の住んでいる北海道東部地域で、戦時中に強制連行され犠牲となった人の遺族が比較的最近判明したため、2002年2月、地元市民団体の一員として大韓民国の大邱を訪れた。その午後、同じ大邱でかつて強制連行の地に招き追悼式を行った遺族二人に会としては約10年ぶりに再会した。彼等の口から出されたのは、"この間、いったいどんな進展があったのか"という詰問であった。そして聞かされたのは、夫を奪われ亡くなっていった母親の思い。どこでどんな状況でなくなったのかさえわからないまま50年以上を過ごした、遺家族の痛みを思い知った。もう一つ感じたのは、市民団体の一見「良心的」な調査も不十分なものでしかなかった事実。しかし、手がけた以上、引き受け続け、さらに明らかにすべきなのではということ。

　編集期間中、日朝首脳会談（9月17日）があり、その後、拉致被害者家族関連の報道がにわかに世間の一大関心事となった。日本側の遺家族の思いに大邱での思いが重なる。何十年経っても被害者の家族はその痛みを忘れることはなく、当然責任追及がなされる。ここで、立場を替えて相手側（他者）の痛みを想像してみよう。自分たちの課題として引き受けていくべきものがあるのではないか。（井上薫）

# 著者紹介

**井上　薫**
釧路短期大学。1962年生まれ。研究分野は、日帝下朝鮮における教育政策、日本語強制。

**古沢常雄**
法政大学教授。1942年横浜生まれ。東京教育大学大学院博士課程修了。フランス教育史専攻。日本生活教育連盟・フレネ教育研究会・フランス教育学会・日本教育学会・日本教師教育学会・教育史学会会員。「フランス第三共和政期の植民地教育政策研究（Ⅰ）（Ⅱ）フランス領赤道アフリカを中心に」『法政大学文学部紀要』1995-96年。

**佐藤尚子**
広島大学教育学研究科教授。
『米中教育交流史研究序説―中国ミッションスクールの研究―』（龍渓書舎、1990年）共編著『近代日本のアジア教育認識』全22巻（龍渓書舎、2002年）、共編著『日本比較教育史』（春風社、2002年）

**李省展**
恵泉女子学園大学。1952年、東京生まれ。朝鮮近代史、教育史、キリスト教史専攻。「宣教師と日帝下の朝鮮教育」（『朝鮮民族運動史研究』第9号　1993年）、「李昇薫の思想と行動」（『二〇世紀を生きた朝鮮人』大和書房　1999年）、「宣教関連資料からみた植民地朝鮮のキリスト教大学設立構想」（『恵泉女学園短期大学英文学科研究紀要』第31巻　1999年）、「ウィリアム・ベアードとピョンヤンのキリスト教教育」（『東京女子大学比較文化研究紀要』第63巻　2002年）など。

**佐藤広美**
東京家政学院大学。1954年北海道夕張市生まれ。
『総力戦体制と教育科学』（大月書店、1997年）。「同化と文明化――矢内原忠雄の植民地教育論」『差別と戦争』（明石書店、1999年）。「大東亜共栄圏と日本教育学（序説）」『植民地教育史研究年報　第2号』（皓星社、1999年）『興亜教育』全8巻（監修、緑蔭書房、

2000年）「大東亜教育論とは何か」『戦時下の宣伝と文化』（現代史料出版、2001年）。

**于逢春**
広島大学教育学研究科博士課程。1960年生まれ。清末から「満州国」までの中国東北地方における少数民族教育などを研究。「清末内蒙古の教育改革と貢王について」（『アジア教育史研究』10号、2001年3月）、「中国朝鮮族宗教団体による民族教育に関する一考察」（『国際教育』8号、2002年10月）、「『満州国』における朝鮮族教育制度の成立過程」（『教育制度研究』9号、2002年11月）、「『満州国』及び『蒙疆政権』のラマ教僧侶教育政策」（『日本の教育史学』45集、2002年10月）など。

**田中　寛**
大東文化大学外国語学部教授。日本語学、日本語教育学、アジア歴史思想。「建国大学の理念と実相」（『日本植民地教育史年報』4号、皓星社2002年）、「〈満洲国の私たち〉に描かれた事実」（『大東文化大学紀要』40号、2002年）、「公開された〈侵華日軍731部隊遺跡〉」（『中国研究月報』650号、中国研究所2002年）など。

**上田崇仁**
徳島大学留学生センター助教授。1969年山口県防府市生まれ。1996～1997年、韓国・啓明大学校国際学・通商学大学日本学科客員専任講師、県立広島女子大学国際文化学部助手を経て現職。博士（学術）。
「植民地朝鮮における言語政策と『国語』普及に関する研究」（学位論文）。「国定読本と朝鮮読本の共通性」『植民地教育史研究年報第3号』皓星社（2000）、「ラジオを利用した『国語』教育に関する研究」『広島女子大学国際文化学部紀要』（2002）など。

**樋口雄一**
戦時下朝鮮農民生活史、在日朝鮮人史などを研究。『協和会』『戦時下農民の生活誌』『戦時下朝鮮の民衆と徴兵』『日本の朝鮮人・韓

国人』等。朝鮮史研究会会員。

## 金基奭
ソウル大学校師範大学教育学科教授。ソウル大学校韓国教育史庫韓国教科書影印本刊行委員会・委員長。ウイスコンシン大学・大学院博士課程修了、学術博士。

## 許 哲（訳者）
朝鮮大学教員。1969年生まれ。日本語学。

## 柿沼秀雄
1947年東京生まれ。國學院大学教員。遅々として進まないアフリカ教育史研究と教員養成がライフワーク。論文「イギリス委任統治期タンガニーカの植民地学校史」（『國學院大學教育学研究室紀要』26・27号）、「ニヤサランド「摂理産業宣教団」考」（『國學院雑誌』99巻12号）、共著『現代中国と華僑教育』（多賀出版）など。

## 宮脇弘幸
宮城学院女子大学教員。
専門は社会言語学、特に言語政策・言語教育・多文化教育を中心とする。「マラヤ・シンガポールの皇民化と日本語教育」『岩波講座 近代日本と植民地』第7巻（岩波書店、1993年）。「旧南洋群島に於ける日本化教育の構造と実態及び残存形態」『人文社会科学論叢』第4巻（宮城学院女子大学、1995年）。「『日本語教科書 全6巻』―日本の英領マラヤ・シンガポール占領期1941-1945」（共編 龍溪書舎、2002年）。

## 岡山陽子
東京生まれ。国際基督教大学卒。国際基督教大学大学院行政学研究科前期課程修了。テンプル大学日本校博士課程在籍。第二言語教育、教育人類学専攻。専修大学、東海大学、明星大学で兼任講師。

## 佐野通夫
四国学院大学教員。1954年生まれ。
『アフリカの街角から』（社会評論社、1998年）『近代日本の教育と朝鮮』（社会評論社、1993年）『〈知〉の植民地支配』（編著、社会評論社、1998年）など。

## 西尾達雄
鳥取大学。1950年生まれ。日本の侵略と植民地支配が朝鮮の体育・スポーツに及ぼした影響を主要なテーマとしている。『体育スポーツに見る戦争責任』（アジアに対する日本の戦争責任を問う民衆法廷準備会編 1995）など。

## 三ッ井 崇
日本学術振興会特別研究員、神田外語大学・横浜国立大学非常勤講師。1974年福井県生まれ。朝鮮近代史（政治・教育・文化）専攻。「日本語朝鮮語同系論の政治性をめぐる諸様相」（『朝鮮史研究会論文集』第37集、1999年）、『植民地下朝鮮における言語支配の構造―朝鮮語規範化問題を中心に―』（2001年度一橋大学大学院社会学研究科提出博士論文、2001年）、「「ハングル」に敗れた朝鮮語綴字法」（『ことばと社会』第6号、2002年）など。

## 下司睦子
高知県立高知工業高等学校教諭。1972年高知生まれ。応用言語学専攻。英国ダラム大学大学院英語・言語学部修士課程修了。言語帝国主義理論、言語権よりの視座で、言語教育政策との実態の研究。

## 弘谷多喜夫
熊本県立大学教授。1942年山口県生まれ。「戦後の台湾における日本統治期に関する研究論文・著書目録（1945-1995）」（『熊本県立大学文学部紀要』第5巻第2号、1999年）「日本統治下台湾の子どもと日本の学校――1895（明治28）年～1904（明治37）年」（渡部宗助・竹中憲一編『教育における民族的相克』東方書店、2000年所収）「日本統治下台湾の戦争動員（皇民化運動）期を生きた世代と教育の意義」（『「大東亜戦争」期における日本植民地・占領地教育の総合的研究（平成10・11・12年度科研費報告書）』2001年所収）。

## 山田寛人
朝鮮語教育史。「日本人警察官に対する朝鮮語奨励政策」（『朝鮮史研究会論文集』第38集、2000年）、「普通学校の日本人教員に対する朝鮮語教育」（『歴史学研究』第748号、2001年）、「金融組合理事に対する朝鮮語奨

励政策」(『朝鮮学報』、第182輯、2002年)など。

## 佐藤由美
青山学院大学非常勤講師。教育学・日韓近代教育史専攻。「植民地教育政策の研究【朝鮮・1905—1911】」(龍溪書舎 2002年)など。

## 樫村あい子
一橋大学社会学部地球社会学科修士課程。日本現代史・言語社会学・異文化間教育専攻。「日本軍政下のシンガポール(昭南島)における日本語教育」を研究。「シンガポールを旅して」(『焦げた箸箱焦げたはし箱―語り伝えよう戦時下の小田原』((有)夢工房 1992年)

# CONTENTS

Introductory Remarks ..................................................Editorial Board ... 3

**Features :**

A note on the symposium 'Colonial Rule of Education and the Imperial System' focusing on differences between Euro-American imperialism and Japanese imperialism
.................................................................................................INOUE Kaori ... 8

French education policy in colonial Vietnam focusing on "Mission civilsatrice"
.................................................................................................FURUSAWA Tsuneo .. 11

Christian schooling in China under the Recovery Movement of Education Rights
.................................................................................................SATO Hisako .. 27

Conflict between civilization and Christianization — With reference to the case of colonial powers and Christian schools in the colonized Korea ............ LEE Sung Jeon .. 38

Colonial Control over Education and *Ten'no* System — Remarks from an appointed commentator .................................................................................................SATO Hiromi .. 59

Symposium Record ...............................Organizing Committee INOUE Kaori .72

**Articles**

Research on Mongolia's overseas study program in Manchoukuo ..... Yu Fengchum .. 84

A study of 'The establishment of an East-Asian New Order' and 'The spread of Japanese language onto the Continent' — Viewing Japanese language education as a medium of propaganda
.................................................................................................TANAKA Hiroshi .100

A diachronic study of *Kokugo* education through Radio Program in Chosen (1927~1945)
.................................................................................................UEDA Takahito .160

The conscription system and young people's education in Korea
.................................................................................................HIGUCHI Yuichi .177

The formation of divided education systems in Korea after liberation,1945-1948:The rise of Seoul National University and Kim Il-song University
.................................................. KIM Ki-Seok(translated by HO Chol) .192

**Memoirs of visits to former colonies**

Development, culture and education — notes from field work in Tanzania, 2001
.................................................................................................KAKINUMA Hideo .216

Common school education for the "South Seas Imperial Subjects" — field notes
.................................................................................................MIYAWAKI Hiroyuki .227

Palauan perspectives on colonial education — notes from field interviews
.................................................................................................OKAYAMA Yoko .233

Investigation of "Ho' anden" in Sakhalin ........................................SANO Michio .239

## Research in progress

History research of physical education and sports in Korea under the Japanese colonial rule
.................................................................................NISHIO Tatsuo .246

A memorandum on colonial studies and "Language problems"
................................................................................MITSUI Takasi .254

A current 'English as a Japan's Official Language' issue
In relation to *'Kokugo'* education ideology in Japanese colonies and wartime foreign language education inside Japan ................................................SHIMOJI Chikako .262

## Book Reviews

KOMORI Yoichi : *Postcolonial*.................................................HIROTANI Takio .280

INABA Tuguo : *Japanese Teachers in the Korean Empire and Colonial Korea*
.................................................................................YAMADA Kanto .286

## New Publications

TUKINOKI Mizuo (ed): *Reserch on Japanese Colonial Education in its Colonies and Occupied Areas under the Great Asian War* .......................................SATO Yumi .292

MIYAWAKI Hiroyuki (ed) : *Japanese Textbook during the Japanese Occupation in Malaya and Singapore (1941-1945)*........................................KASHIMURA Aiko .296

Brief history of the Japanese Society for Historical Studies of Colonial Education
— Newsletter No. 11— 12 .300

Editor's note ......................................................................314

Contributors ......................................................................315

＊英文校閲：宮脇弘幸

植民地教育史研究年報　第5号
Annual Reviews of Historical Studies of Colonial Education vol.5

# 『文明化』による植民地支配
Colonial Rule by "Civilized" Powers

編　集

日本植民地教育史研究会運営委員会
The Japanese Society for Historical Studies of Colonial Education

代　　表：宮脇弘幸
運営委員：井上　薫・佐野通夫・竹中憲一
　　　　　田中　寛・弘谷多喜夫・渡部宗助
事務局長：佐藤広美
事務局員：岡山陽子・佐野通夫・三ッ井崇
第5号編集委員会：佐藤広美・田中　寛
　　　　　　　　井上　薫・岡山陽子
事務局：東京家政学院大学家政学部
　　　　佐藤広美研究室
〒194-0292　東京都町田市相原町2600
TEL　042-782-0985（研究室）
FAX　042-782-7350（大学）
E-mail:hsato@kasei-gakuin.ac.jp
郵便振替　00130-9-363885

発行　2003年4月5日
定価　2,000円+税

発行所　**株式会社皓星社**
〒166-0004　東京都杉並区阿佐谷南1-14-5
TEL 03-5306-2088　FAX 03-5306-4125
URL http://www.libro-koseisha.co.jp/
E-mail:info@libro-koseisha.co.jp
郵便振替　00130-6-24639

装丁　藤林省三
印刷　㈱シナノ／㈱小泉企画

ISBN4-7744-0329-6 C 3337